新郑赵庄旧石器时代遗址发掘报告

郑州市文物考古研究院
北京大学考古文博学院 编著

科学出版社
北京

内 容 简 介

2009年，郑州市文物考古研究院和北京大学考古文博学院对河南新郑赵庄旧石器时代遗址进行了联合考古发掘。本书对遗址的发掘过程，地层、年代和埋藏特征，古环境背景，遗存空间分布进行了介绍和分析，并对遗址所出的石制品和动物化石进行了描述和初步分析。大量石制品和动物化石共同构成的遗迹现象，为完善该地区文化序列和揭示人类行为特点提供了宝贵资料。

本书适合从事考古学、古人类学、古生物学、环境学研究的学者及相关专业师生参考、阅读。

图书在版编目（CIP）数据

新郑赵庄旧石器时代遗址发掘报告 / 郑州市文物考古研究院，北京大学考古文博学院编著. —北京：科学出版社，2020.11

ISBN 978-7-03-066373-3

Ⅰ.①新⋯　Ⅱ.①郑⋯②北⋯　Ⅲ.①旧石器时代文化-文化遗址-发掘报告-新郑　Ⅳ.①K878.05

中国版本图书馆CIP数据核字（2020）第197847号

责任编辑：郝莎莎 / 责任校对：王晓茜

责任印制：肖　兴 / 封面设计：北京美光设计制版有限公司

斜 学 出 版 社 出版

北京东黄城根北街16号
邮政编码：100717
http://www.sciencep.com

北京汇瑞嘉合文化发展有限公司 印刷
科学出版社发行　各地新华书店经销

*

2020年11月第　一　版　开本：889×1194　1/16
2020年11月第一次印刷　印张：11　插页：29
字数：418 000

定价：248.00元

（如有印装质量问题，我社负责调换）

序

　　新郑赵庄是一处很重要的旧石器时代晚期遗址。遗址于2009年10～12月发掘。这次发掘出土6000多件石制品及人工搬运石块，还有一具保存较完整的古菱齿象头骨和少量其他哺乳动物化石。赵庄遗址的发现引人关注，并不仅仅在于6000多件石制品或是大象头骨，更重要的是石制品与象头骨保存在同一个古人类活动面上的共存关系。这个遗迹显示，赵庄史前居民不仅在遗址内加工石器，他们还特意到数千米以外，专门搬运回数百块紫红色石英砂岩块，垒砌成石头基座，再摆放上古菱齿象头。这种非功利性的活动发生在距今3万多年前的中原地区，很明显与希望表达某种祈求或愿望的象征性行为有关。遗迹清楚再现了当时人类在该地区栖居活动的具体场面，是MIS3阶段晚期嵩山东麓人类社会发展繁荣景象的生动片段。

　　赵庄遗址发现石堆基座上摆放象头的特殊遗迹现象出现的时代及其所展示的象征性涵义，引起旧石器时代考古研究者以及公众的高度关注。其原因首先在于该遗址所处的时空位置。距今3万多年正值东亚现代人发展的关键时期。嵩山东麓，则既是中原地区同时也是东亚大陆的核心地带。从古人类化石到遗传学的证据都显示，具有解剖学意义的现代人在至少距今4万～3万年的华北地区，如北京周口店田园洞、山顶洞已经出现。前者的时代为距今4万年左右，是目前东亚地区唯一经过古DNA研究，并确认为东亚已发现的最早现代人。重现测定的山顶洞人的时代也与赵庄遗址大致相当。赵庄遗址的史前居民留下数量众多的石英制品，与山顶洞以及同一阶段广泛分布在华北北部至中原地区的以石英为主要原料的石片石器工业一样，也恰恰说明两者同属东亚地区长期流行的简单石核—石片技术传统的晚期成员，为展示中国境内旧石器文化与现代人区域连续演化发展历程增添了非常重要的新证据。

　　旧石器考古亦力求透物见人，要通过田野考古发现复原早期人类社会发展历史，讲述更生动的故事。典型石器类型与技术特点分析，无疑仍是最基础材料与研究重点。但注重遗址平面布局的揭露，更详细了解遗物遗迹之间的共存关系，透过田野考古发掘揭示出远古人类活动故事与发生场景，则更是需要进一步努力的方向。赵庄遗址的新发现，正是这方面努力的成果，也带给类似的旧石器时代遗址发掘工作以启示。

　　赵庄成果虽然有考古发现的偶然性，但更重要的还是与这个发掘项目有明确学术目标，以及坚持有计划开展旧石器调查与发掘工作有关。重视旧石器时代考古是郑州市文物考古研究院（原郑州市文物考古研究所）的长期传统。早在20世纪90年代，就曾发掘荥阳织机洞等遗址。进入2000年之后，又与北京大学考古文博学院合作，开展长达20年之久的旧石器时代考古发掘与研究，发掘了包括赵庄遗址在内的多个重要旧石器遗址。通过系统的旧石器时代考古专项调查，在郑州地区发现多达数百处晚更新世、主要是MIS3阶段以来的旧石器遗址或地点，为探讨嵩山东麓地区从现代人出现到农业起源课题奠定了坚实基础。

　　坚持多学科的合作，努力开展跨学科综合研究也是这项工作顺利完成的重要保证。尤其是赵庄项目开始实施过程中，从发掘前的调研选点开始，即组建了以考古学、古环境与年代学为核心的多学科队伍。首先考察遗址的宏观环境与地貌特点，了解地层堆积特点及文化层相对年代位置，并提取光释光样品，提前进行年代预测定，为制定学术目标明确的研究计划与具体的发掘方案提供了可靠保证。发掘过程中，更注重多学科的现场分析取样，获得系统的多学科综合研究详细材料，为全面认识赵庄遗址古人类活动与行为特点等多方面问题提供了充分信息与可靠证据。在发掘结束之后近10年的整理研究过程中，古环境、年代学、地质学、动物考古、埋藏学等多学科，以及微痕分析、化学元素分析等多种现代科技方法的综合应用与研究成果，也为这本报告的撰写提供了必要条件。

　　赵庄遗址的发掘还带来关于旧石器时代遗址发掘方法方面的启示。从中国旧石器时代考古开始之际，前辈学者即注重对旧石器遗址发掘方法的探索。由于旧石器遗存多是所跨时代久远，遗址埋藏情况复杂多变，因此对如何开展考古发掘，全面揭示并系统记录出土遗物遗迹，一直是难题。因而近年来围绕旧石器时代考古发掘与记录方法的回顾与讨论研究也很多。从早年的"水平方格法"，到"严格按水平层发掘与记录"，再到"自然层（含文化层）内的水平层发掘"的发展过程，全面反映了中国旧石器考古发掘方法的历史与现状。这次赵庄旧石器遗迹现象的揭露，既证实了当下强调在自然层内按照水平层发掘方法的重要性，但同时显示出其操作的困难。距今3万多年的赵庄遗址文化层，更多是流水与风尘带来的自然堆积，人类短暂活动留下的遗存并不如晚期遗址醒目。当高出活动面半米多高的古菱齿象头开始出现时，发掘者所面临的首要问题是必须做好珍贵动物化石的加固保护。所以现在仅能够看到的图像记录是活动面上带着厚层白石膏保护壳的象头与石制品共存的遗迹，而无法获取显示保存象头原貌与活动面关系的现场景象。这种遗憾正好反映了年代久远的旧石器时代遗迹发掘及记录的困难与复杂性，需要更多的从事旧石器研究的同事共同探索，进一步寻求更妥善的发掘与记录方法。

　　赵庄遗址发掘，以及郑州旧石器考古项目从课题选题、立项到研究实施的全过程，都曾得到郑州市、河南省和国家文物局等各级文物管理部门的长期关心支持，还先后获得教育部人文社会科学重点研究基地重大项目和国家社会科学基金重大项目的资助。从遗址发掘现场到室内整理研究的不同阶段，都有来自全国各地不同单位的考古前辈与同行亲临现场给予多方指导，展开深入的学术讨论，使得赵庄遗址的学术意义得以不断深入揭示。编者对上述支持与帮助致以最诚挚的感谢！

　　在此报告即将付印面世之际，还要感谢长期关心中国旧石器考古，亲临多个郑州旧石器遗址现场与整理基地的美国哈佛大学Ofer Bar-Yosef教授，在对赵庄遗址象头遗迹及郑州旧石器的交流讨论中，给予诸多重要意见与建议。遗憾的是Bar-Yosef先生已于数月前离世，已无法看到这项他一直关心的成果面世。值此之际，谨向先生表达最深切的谢意与怀念之情！

王幼平　　顾万发

2020年8月

目　　录

插 图 目 录

插 表 目 录

图 版 目 录

第一章 概　　述

嵩山东麓位于中原核心地区，是联结我国及东亚大陆南北与东西的枢纽，也是中华文明起源与东亚现代人类出现与发展的关键区域。最近十多年来，郑州市文物考古研究院和北京大学考古文博学院合作，对嵩山东麓进行旧石器考古专项调查，新发现300多处旧石器地点（王幼平等，2014）。其中多个地点经过正式发掘，赵庄遗址即是其中之一。在众多遗址当中，赵庄显示了独特的文化面貌，具有重要的考古学意义。本书为赵庄遗址发掘材料的整理报告。

1.1　地理位置、地质地貌

赵庄遗址行政隶属于河南省郑州市新郑市梨河镇赵庄村，南部紧邻长葛市。新郑市（原新郑县）地处中原腹地，东临中牟、尉氏，北靠郑州市，西连新密，南与禹州、长葛接壤。地势总体上西高东低，南北高，中部低。西部、西南部为浅山区，有陉山、具茨山、泰山、梅山等，分属伏牛山系嵩山余脉和五指岭山余脉。中部为丘陵、岗地。东部为黄淮冲积平原。水系方面，西部、南有沂水河（古称溱水河），中有双洎河（古洧水）、黄水河（古溱水），北有十里河、潮河等（河南省新郑县地方史志编纂委员会，1992）（图1.1；图版1）。

赵庄遗址即位于沂水河东岸的三级阶地上。地理坐标北纬N34°18.026'，东经E113°41.548'，海拔104m（图版2）。遗址北部大面积分布含大型钙质结核的红色土，其时代可能老至上新世，南部则是呈水平层理的新石器时代地层，赵庄遗址即位于这一老一新地层的中间，此三者之间存在不整合关系或者断层构造。

沂水河发源于具茨山主岭风后岭西南白龙池，属于颍河水系，自西北向东南流经新郑和长葛，注入淮河。这条河的东部是广袤的黄淮平原，西部则是低山、丘陵相间的地形，包括具茨山和陉山。这两座山脉都属于嵩山东麓。嵩山东麓位于我国二三级阶梯的过渡地带，地貌和气候复杂多变。地形上西北高、东南低。具茨山由下元古届嵩山群五指岭组的银白、浅灰色千枚状石英绢云母片岩或杂色铁质绢云片岩、绢云石英片岩组成，而陉山则是由震旦系上统马鞍山组的紫红色石英砂岩组成，整个山体呈紫红色（河南省地质局区域地质测量队，1978）。

1.2　沂水河流域考古发现

1. 旧石器时代

沂水河是淮河水系的一条小支流，发源自嵩山东麓的低山丘陵区，注入颍河。河流两岸分布有马兰黄土状堆积和下伏的河流相堆积或棕红色古土壤。在旧石器专项调查中，沿河发现十多处地点，均埋藏于河流相堆积中（图1.2，1），其中赵庄遗址和黄帝口遗址经过正式发掘。赵庄遗址是

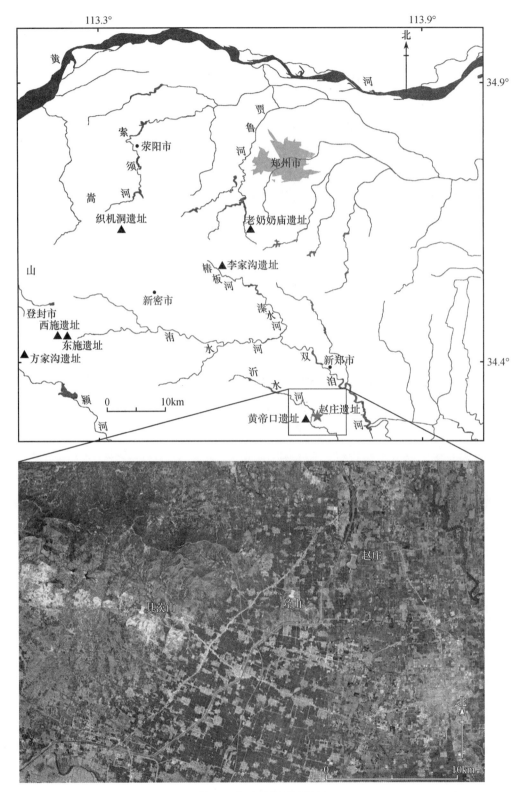

图1.1 赵庄遗址地理位置

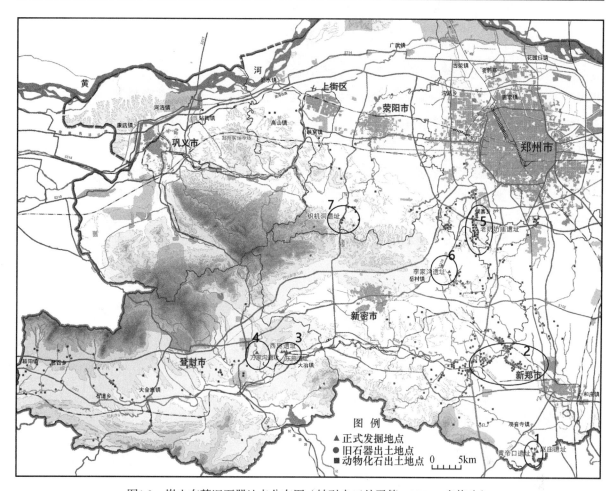

图1.2 嵩山东麓旧石器地点分布图（转引自王幼平等，2014；有修改）
1.沂水河流域 2.双泊河流域 3.洧水流域 4.五渡河流域 5.贾鲁河流域 6.椿板河流域 7.织机洞遗址

本书的主要内容，这里仅介绍黄帝口遗址。

黄帝口遗址（原为沂水寨第四地点）位于沂水河和九龙河的交界处的二级阶地上，赵庄遗址之西南距离不足1km。文化层厚度仅10cm，出土石制品、动物骨骼100余件，推测该处是古人类短暂的活动场所。小型利刃的脉石英制品和动物骨残片等保存状况表明，人类在这里曾进行过简单的石器加工、肉类加工以及骨制品加工等活动。黄帝口遗址的测年在距今3.5万年（校正后）左右（王佳音等，2012）。

除了正式发掘地点外，沂水河流域调查地点出土物也较多，包括千户寨动物化石地点、南王口动物化石地点、湛张旧石器地点、齐河旧石器地点、驮窑动物化石地点、魏庄动物化石地点、赵老庄动物化石地点、唐户动物化石地点、唐户旧石器地点、沂水寨第一至第三以及第五旧石器地点等。其中以沂水寨第三地点遗存最为丰富，该地点位于溱水河西岸的河湖相堆积当中，调查获得了数十件脉石英石制品，类型有石核、石片、断块、碎屑等，均为小型；动物化石1件，较破碎，石化程度深（郑州市文物考古研究院内部资料，2006）。

2. 新石器时代

唐户遗址是泝水河流域发现最丰富的新石器遗址，位于新郑市观音寺镇唐户村，地处泝水河与九龙河两河交汇处。遗址原为高低起伏的岗地，当地人称为南岗，历代相传该地为"黄帝口"。上述旧石器时代的黄帝口地点也位于唐户遗址分布区域。20世纪70年代发现，经调查和发掘确认为一处跨时代的聚落群址，包含裴李岗文化、仰韶文化、龙山文化、二里头文化及商周时期文化遗存。2006～2008年，配合南水北调保护工程进行大规模发掘，发现了裴李岗时期的大面积聚落居址，清理了65座房址，遗存面积达140余万 m²，是迄今为止我国发现的面积最大的裴李岗文化遗址。在房屋中还发现加工石器的迹象，以及1件细石核。唐户遗址对研究早期裴李岗文化聚落形态、房屋建筑方式、家庭、社会组织结构及裴李岗文化的性质、分期等具有重要的学术价值（郑州市文物考古研究院等，2010）。

1.3　嵩山东麓的旧石器时代遗址群

泝水河流域之外，嵩山东麓的贾鲁河、双泊河、洧水河等流域也发现较为密集的遗存，椿板河、五渡河亦有重要发现（图1.2）。

1. 双泊河流域

双泊河位于泝水河之北，亦发源于嵩山东南麓，并有滢水、东沟河等多个支流汇入。从西北部到东南部流经新郑市。调查显示，沿河流分布有十多处旧石器地点。其中靳小寨地点、西云湾地点以及东山水寨沟地点在调查中获得了较为丰富的资料。文化层多分布于马兰黄土底部或者离石黄土上部，代表了嵩山东麓较早的文化堆积。

靳小寨地点位于双泊河北岸支流。文化层埋藏于马兰黄土底部。地层内采集石制品42件，岩性有脉石英、石英砂岩，以脉石英为主。石器类型有石核、石片、断块、碎屑等。石核大部分保留有砾石原始面，主要为多台面石核，简单剥片；石片多不规则；剥片技术以锤击法为主。

西云湾地点位于双泊河北岸，文化层位于棕红色土壤内。地层内采集石制品15件，岩性均为脉石英。类型有石核、石片、断块、碎屑等。石核断块比例较大，大部分石核保留有砾石原始面，部分石核上粘附着钙皮。从石核判断，剥片方法以锤击法为主。

东山水寨沟地点位于双泊河南岸支流滢水。文化层位于红色土壤内，采集标本142件。岩性均为脉石英。保留自然面为砾石石皮。石器类型有石核、石片、刮削器、雕刻器、断块、碎屑等（图1.2，2）。

2. 洧水流域

洧水上游有较多的旧石器地点发现，其中经过发掘的有西施遗址、东施遗址等，均位于登封市境内。

西施遗址位于登封市大冶镇西施村，系嵩山东麓的低山丘陵区。2009年复查，分为西区和东区。2010年发掘了西区，2017年发掘东区。西区最主要收获为石叶加工场遗迹，数以千计的各类石制品和人类搬运石料原地埋藏，保留了石叶生产的操作链。石器原料岩性主要为燧石，原料来源可能就是附近的石灰岩基岩的燧石岩块。石制品主要是与石叶相关或生产石叶的副产品。石核主要为石叶石核，普通石核少见。石叶石核多呈柱状或板状。石片数量较多，包括再生台面石片，是石叶技术存在的标志性产品。工具数量较少，类型包括端刮器、边刮器、雕刻器、尖状器等，并以端刮器为主。除了与石叶相关的产品外，还出土了数件细石核和一些细石叶。细石核呈柱状，细石叶也很典型，其保存状况与石叶相同。西区的AMS测年结果为距今22 000年左右，校正后为距今25 000年左右（高霄旭，2011；张松林等，2011；北京大学考古文博学院，2011）。

西施东区距离西区150米，共发现石制品244件，蚌壳1件。整体看，东区呈现出石片石器与石叶工业并存现象。从遗物出土层位来看，不同文化层的遗物存在较为明显的差异。原料以石英为主，还有少量砂岩、石英砂岩等。仅发现少量的石叶技术产品。与西区典型的石器加工场不同，东区的性质为临时性活动场所（郑州市文物考古研究院等，2018）。

东施遗址位于洧水河北岸的二级阶地，2005年发现，2013年发掘。发掘面积25m²，出土石制品近2600件，可分为上、下两个文化层。上文化层石制品占绝对多数，以燧石为原料，含典型石叶技术与早期发展阶段的细石叶技术，石制品类型多样，但以石器生产阶段的副产品占主导，推测其性质为一处石器加工场所。下文化层出土少量石制品，原料皆为石英，石器面貌为华北石片石器工业。整体上体现了石器技术转型的现象（赵潮，2015；北京大学考古文博学院等，2018）（图1.2，3）。

3. 五渡河流域

方家沟遗址位于登封市卢店镇方家沟村，地处嵩山南麓丘陵地区，也属于颍河水系，为颍河支流五渡河的支流源头。2014～2015年进行了两次发掘，发现大量石制品和动物化石以及原地埋藏的遗迹现象。石制品类型包括备料、石核、石片、断块、碎屑、石锤、石砧、工具等，整体面貌属于华北常见的石片石器工业。古人类在自然沟内短期活动形成的遗迹（G1）蕴含了空间利用方式的信息（林壹等，2017；林壹，2018）（图1.2，4）。

4. 贾鲁河流域

贾鲁河是淮河上游的一条支流，发源于郑州市西南郊。沿河流两岸晚更新世堆积由马兰黄土及下伏的河流相堆积或棕红色古土壤层构成，分布有众多的MIS3阶段的旧石器地点，其中老奶奶庙遗址1～3地点经过发掘，收获非常丰富。

老奶奶庙第1地点旧石器遗存埋藏于河漫滩相堆积之中。文化层可进一步划分为13个小层，显示人类曾较长时间反复在水边居住活动。主要发现是由灰烬、石制品和动物骨骼碎片构成的居住遗迹。石制品超过5000件，包括石核、石片、断块及各类工具。石制品的原料以灰白色石英砂岩和白色脉石英为主，亦有少量其他原料。石核多为多台面石核，均为简单剥片技术的产品，尚不见预制石核的迹象。石英原料体积较小，亦采用锤击技术或砸击技术直接剥取石片。经过仔细加工的工具多系石英原料，数量不多，类型有边刮器、尖状器等（郑州市文物考古研究院等，2012）。

第1地点动物骨骼数以万计。动物种类由马科和原始牛构成，还包括羚羊、鹿类、野猪、犀牛等，并有较多的鸵鸟蛋皮。动物骨骼上完全不见食肉类或啮齿类啃咬痕迹，显示完全是人类狩猎与消费的结果。人类很可能把完整的马科动物搬运到遗址后进行屠宰。动物骨骼中的骨髓与油脂被充分提取。动物死亡年龄结构显示人类以获取成年个体为主，暗示了人类狩猎能力和集体协作行为的发展。另外，较多的骨片大小接近，很多骨片长多在10cm上下，刚好方便手握使用。有些残片有比较清楚的修理痕迹。个别还可见到明确的使用磨痕。这些迹象显示，该遗址的居民除了使用石制品以外，还大量使用骨制工具（曲彤丽等，2018）。

老奶奶庙主要文化层的加速器^{14}C的年代测定结果为距今4万年前后，结合光释光测年数据来看，该遗址实际年龄应在距今45 000年左右（王幼平等，2014）。

老奶奶庙第2地点位于第1地点西南150m处，调查时发现犀牛头骨化石，2015年正式发掘，发现了数量较多的动物骨骼和少量的石制品。动物骨骼以犀牛、牛、马等大型动物为主。石制品以脉石英为原料，特征与第1地点类似，体现了典型的北方石片工业特征。年代与第1地点相当或稍早，为距今45 000年左右（北京大学考古文博学院等，2018）。

老奶奶庙第3地点位于第1地点西北90m，2016年发掘，发现动物化石575件，石制品66件。动物种类包括披毛犀、普氏野马、蒙古野驴、鹿类、牛类、羊类等，揭示出当时的环境为草原—疏林景观。石制品亦属于典型的华北地区小石片石器工业。性质应为临时性营地。年代与第1地点相当或稍早，为距今45 000年前后（李文成等，2018；郑州市文物考古研究院等，2018）（图1.2，5）。

5. 椿板河流域

李家沟遗址位于新密市岳村镇李家沟村西，溱水河上游椿板河东岸，地形为低山丘陵。2004年发现，2009年、2010年连续发掘，发掘面积100m^2。最重要的是发现了早于裴李岗文化的李家沟文化，以及李家沟文化叠压的细石器文化层，即从旧石器时代晚期向新石器时代过渡的连续地层剖面，遗址的文化内涵丰富。细石器层除了典型的细石器文化遗存外，还发现了局部磨光石器、早期陶片、人工搬运石块等，是探讨中原地区早期新石器文化的重要线索；灰黑色土层发现了夹砂陶和无腿磨盘等所代表的早期新石器文化，填补了中原地区裴李岗文化到旧石器时代末期细石器文化之间的空白。两个阶段的动物遗存均以食草类动物为主，但在细石器文化阶段，以形体较大的马、牛以及大型鹿类为主导地位，到新石器早期阶段，马、牛数量减少，鹿类动物体型以较小为主。李家沟遗址的^{14}C测年数据为距今10 500~8600年。李家沟遗址从地层堆积、工具组合、栖居形态到生计方式等不同角度提供了中原地区旧、新石器过渡的重要信息（王幼平等，2011，2013；王幼平，2014；北京大学中国考古学研究中心，2013；郑州市文物考古研究院等，2013，2018；北京大学考古文博学院等，2013，2018；Wang et al，2015）（图1.2，6）。

6. 织机洞遗址

嵩山东麓目前发掘的唯一洞穴遗址，位于荥阳市王宗店村，是岩石灰岩裂隙发育的岩厦式溶洞，处于低山丘陵区。1985年发现，1990~1995年、2001~2004年进行了发掘。发现了数以万计的石制品，揭示了技术和人类行为的演变特点。早期居民习惯使用砾石石器，重型工具，就地取材，加工简单权宜；到距今5万~4万年，则演变为远距离获取岩脉或风化岩块，石器工业以石片石器为主，修理比较简单，较少精制品（张松林等，2003；曲彤丽，2009；王幼平等，2014）（图1.2，7）。

7. 小结

综合上述，沂水河、贾鲁河、五渡河流域的赵庄遗址、黄帝口遗址、老奶奶庙遗址、方家沟遗址以及织机洞遗址的年代测定在距今45 000~30 000年，属于MIS3阶段（深海氧同位素第3阶段）。石器工业为典型的石片技术，与中国北方长期流行的小型石片石器工业传统有非常明显的联系。而洧水河流域的西施、东施遗址年代为距今26 000年左右，石器工业发生明显的变化，石叶和细石器技术开始占据主导地位。到距今1万年前后的李家沟遗址，细石器技术发展到成熟阶段，开始出现了磨制技术和早期陶器。这些新发现的材料确立了该区域旧石器时代中、晚期文化发展序列。

这些遗址为研究嵩山地区现代人出现提供了多重考古学证据。如老奶奶庙遗址发现了多层巨厚文化层显示了人类在河谷区安营扎寨，形成了较长时间停留的中心营地。本书涉及的赵庄遗址发现了古菱齿象头摆放于红色石英砂岩基座之上的遗迹现象等，揭示了此阶段现代人出现和发展的特点。填补了本地区旧、新石器过渡的空白和农业起源研究的空白（王幼平等，2018）。

赵庄遗址时代处在MIS3阶段，是晚更新世的一个间冰期，较为适宜人类生存。这个时期人类的足迹遍布我国南北，甚至到达青藏高原（赵静芳，2017；Zhang *et al*，2018），赵庄遗址的调查和发掘工作为研究该区域旧石器中—晚期过渡、现代人起源和扩散、栖居形态的变化、社会组织以及人类精神层面的发展等考古学、古人类学问题提供新的材料。

第二章 调查与发掘

2.1 调 查

2004年，郑州市文物考古研究院启动了旧石器考古专项调查，在沂水河流域发现了十余处遗址或地点，包括赵庄遗址、黄帝口遗址、沂水寨第三地点等（图2.1），其中以赵庄遗址的发现最为丰富。

遗址区长宽各约100m，分布在沂水河东岸的台地上，地势较为平坦，黄土发育。北部100m处暴露有古老的红色土地层。据当地群众介绍，此处原位一斜坡，后经平整形成一个台地。从台地顶部向下约7m处的地层内发现有石制品和动物化石埋藏。文化层厚0.5～0.8m，地层采集石制品1006件，动物化石140余件。石制品岩性为脉石英、石英砂岩，以脉石英为主，砂岩只占很小比例。类型丰富多样，可见刮削器、尖状器等工具，以及石核、石片等加工产品，多台面石核占有一定的比例，更多的是断块、碎屑，显示应为一处旧石器加工制作场所。动物化石可辨认出大象门齿及其他动物化石，石化程度较深，部分附着钙皮，也有的与石制品粘连在一起。

此次调查领队张松林，参加人员包括汪松枝、王树喜、董许峰、高文太、胡忠、武进何、杜平安、谢武成、刘福来、王聪（郑州市文物考古研究院，2006）。

2009年6月，北京大学考古文博学院和郑州市文物考古研究院联合对嵩山东麓遗址群的重点遗址进行复查，包括二七区老奶奶庙、新密李家沟、登封西施、新郑赵庄等。调查可见赵庄遗址残存剖面高约6m，地层分为马兰黄土和河湖相堆积两层。文化层位于下部（图版3），土质为褐色砂质黏土，局部带锈黄色斑点。遗物发现象牙和为数不多的其他动物化石，以及数量较多的白色脉石英、红色石英砂岩连续分布（图版4）。象门齿所在层位较高，而石制品和其他化石所在的位置稍低，初步判断分为两个文化层。通过上部的马兰黄土堆积推测时代为旧石器时代晚期。由于该处遗址发现了丰富的石制品，并与象化石等共存，而且发现的石英石核打制颇有章法，因此确认了该遗址的重要性，决定于当年进行正式发掘。

复查领队王幼平，参与人员有汪松枝、宝文博、赵静芳、王佳音、刘青彬、陈宥成等（图版5）。

2.2 发 掘

在多次调查的基础上，2009年10～12月，由两院组成的联合考古队对赵庄遗址进行了正式发掘。

2.2.1 发掘方法及流程

发掘中采用了国际上通行的旧石器考古发掘方法，即按照1m×1m来布置探方。上覆地层按照《田野考古工作规程》，根据地层堆积，由晚及早进行发掘，出露石制品后则按照水平层逐层清理，流程如下：

（1）清理。按照水平层清理，发现标本保留原位置不动，清理出标本轮廓，插标签做记号并做方形土柱保留标本（如遇标本密集区则视情况不做土柱，全面揭露）。

（2）编号。每个水平层做完之后将平面清理干净，给每个清理出来的标本编号。编号标签条要提前在室内打印并裁切好，字体大小要照顾到标本尺寸，并且保证照相可以清晰；原则上每个标本均需编号，但赵庄的脉石英碎屑很多，难以做到全面编号，因此尽量将2mm以上标本编号，未编号标本待做完记录后收集。

（3）照相摄像记录。划出文化层地层线，拉好探方线，在每个探方左上角摆探方号，适当位置摆指北针，进行全面照相和分探方照相；每个水平层的照相顺序应保持一致，特殊情况下需要留取摄像记录；照相的时候要尽量保持探方的整洁干净，保证标本的轮廓清理出来，将标本号拍摄清楚。重要的遗迹、遗物需要单独、多次照相，尽量全方位、多角度留取照相记录。

（4）测量。对每个编号标本要测量其三维坐标和并记录产状情况，将出土的信息填写在出土标本登记表上，具体填写内容见附录。

（5）绘图。包括每个水平层的标本图和每个文化层的平面图，以及最终的四壁剖面图。每个水平层的标本图要根据标本的三维坐标标出位置并绘制出简单的轮廓，一般绘制1∶5或者1∶10的比例。在赵庄发掘过程中，我们将这张图整合在探方日记表格中，附录有详述。而文化层平面图及剖面图则按照情况绘制1∶20或1∶50的图。

（6）收取标本。将以上所有的记录做完之后，可以收取标本。收取标本分为两种情况，一种是编号标本，另一种是未编号标本。编号标本要用记号笔将这件标本的编号、野外鉴定结果、探方号、三维坐标以及发掘日期等信息写在封口袋上，然后连同野外的编号标签一起放入封口袋中并注意封好口，防止还未写号的标本在各种运输过程中掉出，导致混淆。另一种是未编号标本，按照探方小区来收集，称为收集品。探方小区是将1m×1m的探方中间画十字，顺时针分为四个小的单位，东北小方为Ⅰ区、东南小方为Ⅱ区，西南小方为Ⅲ区，西北小方为Ⅳ区。这些标本虽然没有编号，通过小方收集即可归于比较小的范围。

（7）每日要及时填写探方日记表格，记录当天的发掘情况，专用探方日记表格见附录。

（8）其他。发掘过程中遗物密集区要过筛处理，发现的标本也按照探方小区来收集。发掘过程要留意测年样品，并注意留取土样。标本取回后由专人管理。照相摄像记录要及时导入电脑，并及时修改名称。

2.2.2 发 掘 经 过

1. 布方、发掘面积和深度

发掘区位于赵庄村西侧，沂水河东岸三级阶地。本次发掘布方区位于一片麦地上，东有一高约2m的陡坎。以陡坎西南角向正西3m处为基点N100E100，北略偏东6°布方，根据地势向北15m、向西到阶地边缘布方。上部面积约有30m²，发掘至下部增大为60m²。分为南北两个发掘区，南部发掘区为N100～N106七排探方，东西最宽4.5m，面积为29m²；北部发掘区包括N107～N114八排探方，东西宽4m，面积为32m²。其中北发掘区的东部2列探方由于无文化遗物出土，于距离基线270cm处暂停发掘，其余探方发掘至距离基线625cm（图2.2）。

2. 发掘过程

依据《田野考古规程》按照地层自上而下、从晚至早逐层挖掘了①～⑤层，⑥层进入文化层（图版6、图版7），待出土一件石制品后转为旧石器发掘方法，按照水平层发掘，每5～10cm为一水平层（由于标本分布密集程度不同，尤其是若干层位非常密集，因此无法严格按照每个水平层同样的深度发掘，而是根据实际的清理情况在5～10cm之间变化），至清理完共计22个水平层。标本发布L1～L8比较零星，L9～L11有所增加，L12～L15非常密集，L16～L19开始减少，L20～L21非常零星直至没有（图5.1；表5.1）。

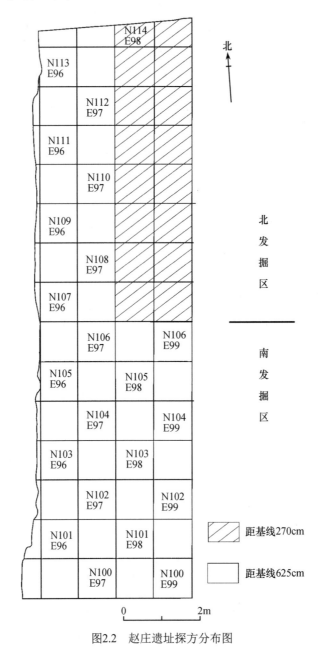

图2.2　赵庄遗址探方分布图

由于在发掘过程中，出土标本密集程度不同，同时由于需要对象化石保护和套箱处理，因此各个区域的发掘进度各不相同。大致经历了如下过程：探方整体发掘至270cm→仅发掘南部区域→南部区域进入文化层后出土物密集→北部区域留两列探方后继续发掘（但出土物十分零星）→南部区域由于要取象头又采取了分区域不同水平层发掘的措施→南部区域取完象头后继续发掘至距离基线625cm→北部发掘区继续发掘至距离基线615cm。现将文化层的发掘过程简要叙述如下（图版8～图版24），以供参考。

10月29日～11月5日，清理L1～L8层，深度距离基线455～550cm（以下简称"深度"）出土少量遗物，包括1枚象门齿（⑥层），以及20件石制品（⑥层13件、⑦层7件），1件陶片（②层）（图版8）。

11月6日，清理L9，深度556cm，象头骨出露，保存非常不好（图版9）。

11月7～9日，清理L10，深度560cm，标本数量增多，象头骨周围出土39件脉石英和1件石英砂岩，以及化石6件（图版10、图版11）。

11月14日，清理L11、L12，深度570cm，象头准备套箱，暂时保护，为套箱需将象头周围挖深之后进行，因此两个区域分开发掘。南部八个探方，即N100E96、N100E97、N101E96、N101E97、N102E96、N102E97、N103E96、N103E97，清理L11层，标本十分密集，尤以N101E97、N102E97特别密集，编号标本83件，细小标本按照小区收集（图版12，1）。北部和东部探方清理L12。

11月15日，清理L11～L13，深度562～580cm，不同区域分开发掘。南部八个探方清理完L11，仍旧密集。非密集区的二十个方，即N104～N106一排各四个方，以及N100E98、N100E99、N101E98、N101E99、N102E98、N102E99、N103E98、N103E99共八个方继续做L12层（仅4件编号标本）、L13层。

11月16日，清理L12～L14，深度562～585cm，不同区域分开发掘。四个探方N103E96、N03E97、102E96、102E97，做L12（图版12，2）。N100E96、N100E97、N101E96、N101E97由于保护象头骨化石以免冻坏，所以用木架、秸秆、塑料布盖了起来，暂停发掘。N106E96、N106E96、N105E96、N105E97、N104E96、N104E97这六个探方继续做L13层，而E98和E99两列共十四个探方做L14层，至585cm。L12编号标本84件，L13编号标本16件。北发掘区开始动工（北区出土标本非常零星，下略）。

11月17～18日，清理L13、L15，深度562～588cm，不同区域发掘进度不同。密集区四个探方因盖着塑料布无法进行，仍旧暂停。N102E96、N102E97、N103E96、N103E97发掘第L13层，在N102E96和N103E96方的交界处继续L12的状况，遗物非常密集，编号147件，其中化石22件，石制品125件（图版13，1）。E98和E99两列十四个探方清理L15层。

11月19～20日，清理L14～L15，深度562～588cm，清理范围为十个探方，即N102E96、N102E97、N103E96、N103E97、N104E96、N104E97、N105E96、N105E97、N106E96、N106E97，遗物仍然集中在中间几个探方，但是分布集中程度较L13层稍小，北部探方较为零星，最北的N106E96、N106E97方中没有遗物。可见遗物分布有南高北低的倾斜趋势（图版13，2；图版14；图版15）。

11月21日，清理L16，深度562～599cm。除了象头骨的四个探方之外，整体都为L16层，标本数量开始减少，密集区在N105E96探方内（图版16）。

11月22～23日，清理L17以及象化石周围的L12，深度570～590cm。N105E96和N106E96清理L17，仍出土零星标本。套箱做好，准备取象头骨化石，但是地面还不够低，因此今日下午还清理了象化石周围，即N100E96、N100E97、N101E96、N101E97四个探方。因暂停层位为L12水平层，仍旧沿用，遗物分布仍非常密集，周围还出土了很多标本，包括大型化石、砂岩石块以及石英标本若干（图版17、图版18）。

11月24～25日，清理象化石分布区L13，深度576～600cm。继续清理象化石周围四个探方L13层，又出土了大量标本，个体比较大，在象头骨之下西部有红色砂岩石块若干件，而且颜色略有不同（图版19）。

11月26日，象化石套箱。象头骨取走后在其下面的地层里继续出土石制品，还是石英砂岩与石英，以大型标本为主，未见到碎屑。

11月27～29日，清理L13、L14和L18、L19，深度580～610cm。继续清理象化石取走后四个探方的L13、L14，出土标本仍较丰富，砂岩石块显著增多，主要分布在西部区域，大致呈条状，彼此叠压在一起（图版20）。除此以外的南发掘区继续清理L18、L19层，有零星标本出土，已经分布至发掘区的西部边缘。

11月30日，清理L15、L16和L19，深度593～610cm。继续清理四个探方的L15、L16层，L15层标本仍较多，编号58件，石制品中仍以石英砂岩为主。南发掘区其余探方继续做L19，有零星标本（图版21、图版22）。

12月1日，清理L17～L20，深度610～615cm。四个探方连续做L17～L19层，与南区其他探方取平，编号21件标本，以N105E96探方和N100E96探方为多。N100E96仍旧以石英砂岩为主。今天结束时南发掘区统一做L20层，仅5件标本（图版23）。

12月2～3日，清理L21～L22，深度615～625cm。仅出土1件化石，较小。本次发掘至此停工（图版24）。

3. 发掘人员

发掘领队张松林、王幼平，执行领队赵静芳，参加发掘人员汪松枝、信应军、刘青彬、王幼平、何嘉宁、王佳音、高霄旭等，测绘人员赵向莉、陈炎、沈明亮等，发掘时驻扎唐户村，唐户遗址发掘领队信应军给予了大力支持（图版25）。

4. 专家指导

在发掘过程中北京大学考古文博学院李伯谦先生、赵辉先生，城市环境学院夏正楷先生及其研究生张俊娜博士，中国科学院古脊椎动物与古人类研究所高星教授，湖南省文物考古研究所袁家荣研究员，南京博物院房迎三研究员等先生亲临工地指导工作（图版26）。

2.3　收　获

赵庄遗址出土了丰富的文化遗物，共计7129件，其中野外编号1259件（陶片1件、石制品1091件、化石167件），室内编号311件（石制品257件、化石54件），1cm以上收集品3135件（石制品2863件、化石272件），1cm以下收集品2424件（全部为石制品）（表2.1）。总计动物化石标本493件、石制品6635件以及陶片1件。其中野外编号和室内编号的标本均为观察标本，对其测量尺寸和重量并填写观察表格。室内编号的标本是在野外收集品中选取出来的非碎屑类石制品或者具有鉴定意义的动物化石。1cm以上收集品测量尺寸和重量。1cm以下标本按照单位测重量。1cm以下的标本实际数量应大于目前的统计数据，在后期整理的过程中，化石表面也会附着小碎屑，这些未进入统计。

表2.1　赵庄遗址出土标本统计表　　　　　　　　（单位：件）

地层	石制品				动物化石			陶片	合计
	野外编号	室内编号	1cm以上收集品	1cm以下收集品	野外编号	室内编号	收集品	野外编号	
②								1	1
⑥	14		1	3			1		
	18				1				19
⑦	1077	257	2862	2421	167	54	271		
	6617				492				7109
总计	1091	257	2863	2424	167	54	272		
	6635				493			1	7129

赵庄更为重要的发现是罕见的遗迹现象：所有遗物的空间分布显示，紫红色或砖红色的石英砂岩石块呈堆垒状分布，其上置巨型象头（由于后期埋藏作用，略有错位），周围还分布有碎小的脉石英制品。这一遗迹现象在我国尚属首次发现。

第三章　地层、年代、埋藏特征

3.1　地　层

从剖面上看，上部为马兰黄土，下部为河湖相地层。发掘深度距离基线625cm。整个发掘区堆积比较一致（图3.1、图3.2；图版27～图版29），以发掘区南壁剖面为例，自上而下分为七层（图3.1）。

①层，黄褐色砂质黏土，土质较疏松，厚0～60cm，为耕土层，包含植物根系、石块、青花瓷片、粗瓷片、红砖块、青砖块、夹砂红陶片、泥质红陶片等。①层下有2个坑状堆积H1和H2。H1有泥质红陶片出土。

②层，黄色砂质黏土，质地较硬，较纯净，厚0～360cm。本层为文化层，包含有素面的泥质红陶片。

③层，灰黄色砂质黏土，厚0～192cm，马兰黄土，物质质地偏硬，夹杂褐色斑点及小料姜石颗粒，料姜石直径一般小于或等于1cm，此外还有白色点状，应为更小的料姜石，不包含文化遗物。

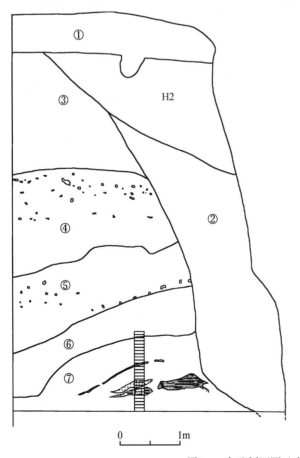

图3.1　南壁剖面图（含环境土样采样位置图）

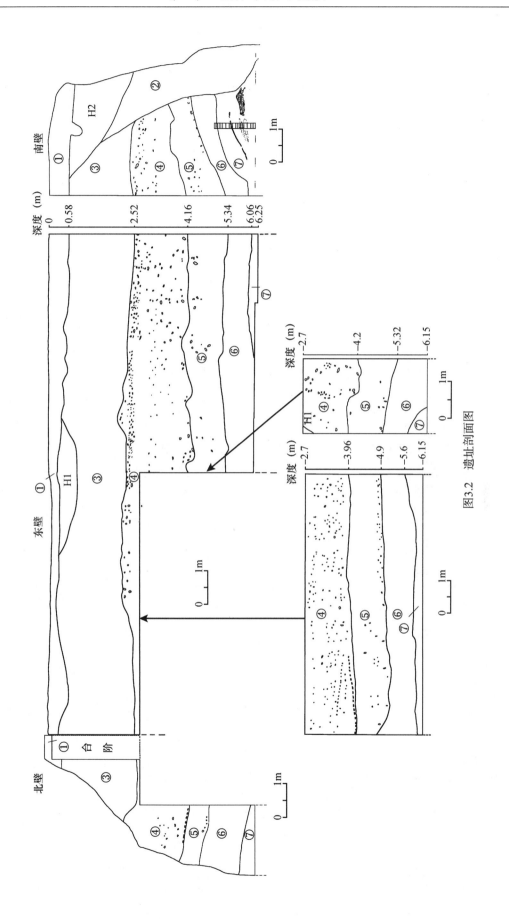

图3.2 遗址剖面图

④层，黄色砂质黏土，厚0～350cm，马兰黄土，质地偏硬。包含大量料姜石，直径2～15cm不等，以5cm左右者为多。未见文化遗存。

⑤层，黄褐色黏土质粉砂，厚60～120cm，马兰黄土，包含少量料姜石，未见文化遗存。

⑥层，灰褐色黏质砂土，厚50～80cm，土质较硬，带灰黄色斑点，含少量料姜石和蜗牛壳。本层为文化层，包含极少量文化遗物。

⑦层，灰白色黏质砂土，土质略硬，含砂量比⑥层大，局部见锈黄色斑点以及黄灰相间的水平层理，层理间距1mm，包含极少量的螺壳和料姜石，未见底。本层为文化层，包含大量石制品、化石及古菱齿象头位于红色石英砂岩石堆之上的遗迹现象，本书整理材料绝大多数出自该层。

3.2　年　代　测　定

1. ^{14}C测年

由于赵庄遗址缺乏火塘和烧骨的材料，所以在发掘过程中十分注意其他测年样品的收集。我们将收集到的样品分两次送往北京大学考古文博学院第四纪年代实验室进行测年。第一次送检3个炭屑，第二次送检4个炭屑和6个骨骼。由于骨骼的石化程度高，骨骼胶原蛋白保存差，无法提取。最后得到4个^{14}C年代数据，均为炭屑的年代。

4个测年结果均来自⑦层，结果表明赵庄遗址的时代在28735±100～33040±170B.P.之间（表3.1），树轮校正年代为33 000～38 000（cal.B.P.），处于旧石器时代中、晚期过渡时期。

测年结果存在两个问题，一是年代倒置现象，14号炭屑深度最大，距离基线600cm，但是测年结果相对年轻；二是均属于L12水平层，深度很接近的两个标本测年结果却相差3500年左右。第一个问题可能是因为遗址地势南高北低，该样品位置偏北，虽然绝对深度大，但在地层上并不低。第二个问题情况比较复杂，可能与样品的性质有关。

表3.1　赵庄遗址^{14}C测年结果

实验室编号	样品	原编号	地层	水平层	深度（cm）	年代（B.P.）	树轮校正后年代	
							1σ（68.2%）	2σ（95.4%）
BA10006	木炭	6号	⑦	11	−558	30690±155	34804BP（68.2%）34472B.P.	34950BP（95.4%）34266B.P.
BA10007	木炭	11号	⑦	12	−565	29515±110	33840BP（68.2%）33609B.P.	33956BP（95.4%）33491B.P.
BA10008	木炭	14号	⑦	18	−600	28735±100	33091BP（68.2%）32691B.P.	33306BP（95.4%）32476B.P.
BA110701	木炭	12号	⑦	12	−563	33040±170	37489BP（68.2%）36735B.P.	37896BP（95.4%）36495B.P.

注：所用^{14}C半衰期5568年，树轮校正曲线ⅠntCal 13，校正程序OxCal v4.2.4

2. 光释光测年

2009年11月，北京大学考古文博学院宝文博老师亲赴工地采集光释光测年样品。分别在H1、H2，②、③、④、⑤、⑥层各取1个样品，⑦层2个样品，共取9个样品，最后7个测年样品有测试结果，如表3.2所示。

表3.2　赵庄遗址光释光测年结果

样品原编号	实验室编号	地层	深度（m）	U（ppm）	Th（ppm）	K（%）	含水率	剂量率（Gy/ka）	等效剂量率De（Gy）	年代（Ka B.P.）
东壁H1-1	20091220	H1	0.3	2.7 ± 0.3	12.2 ± 0.6	2.4 ± 0.1	10 ± 5	5.0 ± 0.2	95.3 ± 2.3	18.9 ± 0.9
南壁H2-2	20091221	H2	0.9	2.2 ± 0.2	15.0 ± 0.8	1.9 ± 0.1	10 ± 5	4.6 ± 0.2	59.2 ± 2.9	12.8 ± 0.8
南壁②-6	20091225	②	4.5	2.7 ± 0.3	12.3 ± 0.6	2.3 ± 0.1	10 ± 5	4.8 ± 0.2	101.3 ± 4.8	21.1 ± 1.3
南壁③-3	20091222	③	1.2	2.5 ± 0.2	14.1 ± 0.7	2.1 ± 0.1	10 ± 5	4.8 ± 0.2	133 ± 10	27.5 ± 2.5
南壁④-4	20091223	④	2.9	2.7 ± 0.3	14.1 ± 0.7	2.0 ± 0.1	10 ± 5	4.8 ± 0.2	133.9 ± 8.8	27.8 ± 2.2
南壁⑤-5	20091224	⑤	4.1	2.8 ± 0.3	11.7 ± 0.6	1.7 ± 0.1	10 ± 5	4.2 ± 0.2	145.7 ± 9.6	34.7 ± 2.7
南壁⑦-9	20091228	⑦	5.9	2.2 ± 0.2	10.9 ± 0.5	1.7 ± 0.1	10 ± 5	3.9 ± 0.2	109.9 ± 8.4	28.4 ± 2.5

从表3.2看，①层下2个灰坑年代在距今2万～1.2万年，②层距今2.2万～2万年。③～⑤层是马兰黄土堆积，其中③层是距今3万～2.5万年，④层是距今3万～2.6万年，⑤层是距今3.8万～3.2万年，年代基本连续，且符合马兰黄土的年代，说明距今3.8万～1.2万年赵庄这里的堆积比较稳定。但文化层⑦层的数据反而比较年轻，仅有3.1万～2.6万年。

造成年代倒置的原因尚不得而知，推测可能与堆积成因有关。③～⑤层是马兰黄土堆积层，风成占主要因素，而⑥～⑦层是河湖相堆积层，主要形成原因是河流。前者比较稳定，后者受到水流影响，不太稳定。河流沉积对光晒退会产生一定的影响，实际的年龄可能比所测的年龄要老，应该比上覆的⑤层年代早。

综上所述，^{14}C年代校正后数据为距今3.8万～3.3万年。光释光年代⑦层的数据为距今3.1万～2.6万，但此数据比上覆马兰黄土的年代距今3.8万～3.2万年要晚，因此，光释光⑦层的年代应至少大于3.2万年，这样与^{14}C数据接近。综上，推出赵庄遗址的年代为距今3.8万～3.2万年。

3.3　埋藏总特征

在发掘过程中我们记录了遗物的产状和保存状况，可以据此对赵庄遗址的埋藏特征予以分析。

产状是指标本出土时的状态和方位，包括倾向、长轴、倾角三个数据。赵庄运用简化的方式来记录。长轴指遗物出土时，其长轴在水平面上的方向，即从正北或正南开始每45°为一个方向，用1～4来表示。倾向是指遗物出土时倾斜的方向，用0～9来概括0°～360°，其中1～8表示从正北方向开始每45°角划分一个单位，0表示水平，9表示垂直。倾角是指遗物出土的角度，概括为水平、倾斜、垂直三个级别，分别用"—""/""|"来表示。具体记录标准见附录二。

由于⑥层出土标本数量少，统计意义不大。我们仅统计了⑦层出土标本的产状信息（图

3.3）。从倾向来看，除了水平（0）的标本偏多以外，1～9方向上的标本数量相差不多，均在6%～10%之间。长轴的数值也比较平均，四个方向均在23%～28%之间。倾角以倾斜为主，水平其次，垂直最少。总之，从产状来看，赵庄遗址在埋藏之后受到的水流作用非常微小。

在野外观察发现，石制品在埋藏之后的风化磨蚀均为无。尤其是脉石英标本质地致密坚硬，短时间不易产生风化磨蚀现象。而石英砂岩则在搬入遗址之前在原料产地就经历过一定程度的风化磨蚀。

化石由于其表面多覆盖碳酸钙包裹物，导致不能明确判断其风化程度。从不多的出露骨皮的化石来看，以中度为主，有少量的重度标本，可能代表了遗物在地表曾经暴露过一段时间，后被埋藏。

总之，从产状来看，遗物几乎没有受到水流的作用，基本上为原地埋藏；从保存状况看，化石上有一定的风化磨蚀程度可能代表了遗物曾经暴露过一段时间后才被埋藏。

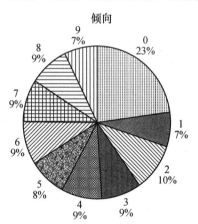 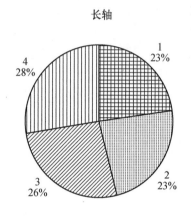 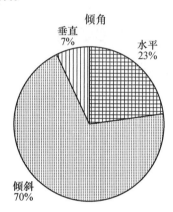

图3.3　赵庄遗址出土遗物产状图

第四章 古 环 境

4.1 采 样 剖 面

赵庄遗址的剖面图如下（图4.1），采样主要在文化层中，包括⑥层下部和⑦层。AMS^{14}C测年结果显示，赵庄遗址旧石器晚期文化层的年代在距今3.5万年前后。

在文化层所在的⑥～⑦层以5cm为间隔连续采样25个，进行了相关的色度、磁化率、粒度、孢粉、常量化学元素分析（图4.1）。

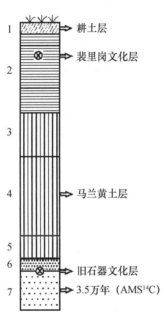

图4.1 赵庄遗址采样地层剖面图

4.2 遗址沉积物分析

在野外考察的基础上，我们对所采集的25个样品进行了实验室孢粉、粒度、磁化率、色度、化学元素分析。各实验具体的分析步骤如下。

对沉积物进行色度测量的具体步骤是：首先，将沉积物样品放入恒温40℃的烘箱内充分烘干；其次，在不破坏原有颗粒的情况下，将样品用橡胶磨棒研磨至45μm以下，以备测量；再次，将5～8g样品分别装入等体积的圆柱形塑料盒中，压实、压平，保持表面光滑平整；最后，将样品分别放在土色计下面进行测量。最终根据所测得的数据计算出亮度（L*）、红度（a*）、黄度（b*）三个色度参数值。

样品的磁化率测试在北京大学地表过程分析与模拟教育部重点实验室和中国地质科学院地质力

学所沉积物分析实验室完成。测试仪器均为英国Bartington仪器公司生产的MS2型磁化率仪，该仪器产生的交变磁场强度约80A/m。测量之前，先用研磨钵把烘干的样品在不破坏原有结构的情况下碾碎，然后装入1cm³的正方体塑料盒中压实、封紧，再利用电子天平测出其质量。测量时，在仪器状态稳定的情况下，工作频率选择低频（0.47kHz）和高频（4.7kHz），分别测得样品的低频磁化率和高频磁化率。为保证测试精度，高、低频磁化率均重复测试6次，并求出其算术平均值，再用各样品所测的磁化率数据除以其密度，分别求得低频质量磁化率（X_{lf}）和高频质量磁化率（X_{hf}）（单位$10^{-8}m^3/kg$）。再通过公式$X_{fd}=[(X_{lf}-X_{hf})/X_{lf}]\times100\%$计算得到样品的频率磁化率。

样品的粒度分析在北京大学第四纪沉积物分析实验室和中国地质科学院地质力学研究所沉积物分析实验室完成，均采用英国Malvern公司的Mastersizer2000激光粒度仪进行测量。样品的前处理如下：①称量：首先进行实验性测试以获得不同岩性样品的最佳称重范围，用电子天平称取适量样品，放入200ml的烧杯中，并标明样品编号。②加过氧化氢：加入1：3的H_2O_2以除去有机质，视反应情况加入至过量。③除过氧化氢：加入去离子水至150ml，加热溶液至沸腾后静置冷却。④加盐酸：加入过量HCl以除去碳酸钙，之后加入去离子水至150ml，加热至沸腾。⑤洗酸：静置24小时，用虹吸法除去上层清液。加入去离子水至200ml，静置24小时后，用虹吸法再次除去上层清液。重复此步骤，直至用PH试纸测试溶液呈弱酸性。⑥加分散剂：抽取清液后，加入0.05mol/L的六偏磷酸钠10ml作为分散剂，再加去离子水至150ml后，加热至沸腾并持续5分钟，之后冷却至室温。测量时，每个样品一般测3次：不加超声波，加超声波震荡30秒，再加超声波震荡30秒（共60秒）。结果分析一般取超声波震荡60秒的粒度测试数据。

进行孢粉分析的实验室样品处理方法是：每个样品取碎好过筛（筛子孔径0.28cm）的干样品30g，加入约6000粒石松孢子（用于计算孢粉浓度Concentrations）后，进行盐酸→氢氟酸→盐酸处理，用筛选法将样品中的孢粉集中在试管中。然后制片，并通过显微镜进行详细鉴定和统计。

4.3　粒度、磁化率、色度分析

1. 粒度、磁化率、色度参数特征分析

根据色度、磁化率、粒度实验室分析结果，分别选取参数进行对比研究。色度主要选取亮度（L*）、红度（a*）和黄度（b*）作为参数；磁化率主要选取低频磁化率（Lf）和频率磁化率作为参数；粒度主要选取中值粒径d（0.5）、（体积）平均粒径、表面积平均粒径，以及按照乌登—温特沃斯分类标准所划分的黏土（<2μm）、粉砂（2~63μm）、砂（>63μm）的含量。

如图所示（图4.2），主要根据粒径的粗细变化，将剖面划分为四个沉积旋回：

④层：深125~95cm，对应剖面⑦层的下部。中值粒径变化范围为36.69~47.78μm，指示了一个"粗—细"变化的沉积旋回。此段亮度（L*）、红度（a*）、黄度（b*）变化情况基本一致，在底部值较低，随后值升高。低频磁化率（X_{lf}）和频率磁化率（X_{fd}）的变化规律不明显。此段黏土含量较低，不到10%，粉砂含量最高，为60%~70%，砂的含量为20%~30%。

③层：深95~60cm，对应剖面⑦层的中部。中值粒径变化范围为40.94~48.12μm，指示第二

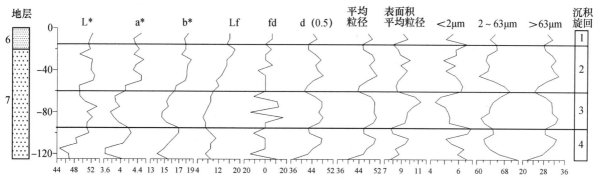

图4.2 赵庄遗址粒度、磁化率、色度参数曲线图

个"粗—细"变化的沉积旋回。此段亮度（L*）值较高，红度（a*）和黄度（b*）值降低，表明沉积物颜色变浅。低频磁化率值降低，频率磁化率值波动剧烈。此段黏土含量降低，为4%～5%，粉砂和砂的含量变化呈现相反的对应关系。

②层：深60～20cm，对应剖面⑦层的上部。中值粒径变化范围为42.11～48.19μm，指示第三个"粗—细"变化的沉积旋回。此段亮度（L*）变化不大，而红度（a*）和黄度（b*）值较高，表明沉积物颜色偏黄偏红。此段低频磁化率值升高，频率磁化率值波动减小。黏土、粉砂、砂的含量范围变化不大。

①层：深20～0cm，对应剖面⑥层。此段中值粒径又开始变粗，可能指示另外一个沉积旋回的开始。由于此段仅采样3个，各参数变化规律不明显，因此略去不表。

粒度结果显示，剖面从下到上中值粒径、平均粒径的变化范围均在35～50μm的范围内，波动不明显。粒度以粉砂为主，占60%～70%；砂次之，占20%～35%；黏土含量最少，不足7%，整个剖面各粒径组分的含量变化不大。分析显示，采样剖面又可分为四个"粗—细"变化的沉积旋回，指示了水动力条件"强—弱"的规律、循环变化。表明当时的沉积环境是水动力条件有规律变化的环境。

色度结果显示，亮度（L*）的变化范围在44.6～53.35，平均值为50.41，在整个剖面底部（110cm以下）较低，110cm以上L*值较高。L*值的变化与粒径有着一定的对应关系（尤其是在①～③层）：粒径粗，L*值大，粒径细；L*值小。这种对应关系的原因显而易见：粒径较粗的颗粒沉积物比粒径细的颗粒沉积物对光线的反射率更强，因此颜色较浅。当然，亮度值的大小还和矿物的含量有关，这个问题我们在化学元素部分将进一步讨论。红度a*值变化范围为3.63～4.54，平均值为4.14；黄度b*值变化范围为13.96～18.86，平均值为16.56。红度和黄度值得变化和低频磁化率呈明显的正相关关系，这是因为给沉积物赋予黄色的褐铁矿、赋予红色的赤铁矿等矿物都属于磁性矿物，和磁化率也存在着明显相关关系。

磁化率的变化和粒度之间的相关关系不明显，这表明了河流沉积物磁化率特征的复杂性。不仅仅与沉积物的粗细有关，还与气候、环境、成壤作用、人类活动等因素有一定关系。

2. 粒度、磁化率、色度参数相关性分析

为了进一步研究色度、磁化率、粒度参数之间的相互关系，对这些参数做了相关性分析，分析结果如下（表4.1）。

表4.1　赵庄遗址粒度、磁化率、色度参数相关系数表

	L*	a*	b*	X_{lf}	X_{fd}	d（0.5）	平均粒径	砂	粉砂	黏土
L*	1.00									
a*	0.60	1.00								
b*	0.56	0.96	1.00							
X_{lf}	0.30	0.78	0.84	1.00						
X_{fd}	0.25	0.17	0.09	0.14	1.00					
d（0.5）	0.42	-0.01	-0.01	-0.04	0.08	1.00				
平均粒径	0.42	0.00	0.01	0.00	0.02	0.99	1.00			
砂	0.44	0.10	0.10	0.06	0.05	0.96	0.97	1.00		
粉砂	-0.42	-0.14	-0.14	-0.06	-0.03	-0.90	-0.91	-0.98	1.00	
黏土	-0.29	0.10	0.09	-0.04	-0.11	-0.73	-0.74	-0.61	0.43	1.00

表中可见，某些参数之间存在着明显的相关关系：

L*值与a*和b*之间均存在较强的正相关关系，相关系数分别为0.6和0.56；L*与X_{lf}和X_{fd}之间的正相关关系不显著，分别为0.3和0.26；L*与中值粒径、平均粒径、砂（>63μm）之间均存在较显著的正相关关系，相关系数分别为0.42、0.42和0.44，而L*与粉砂和黏土之间则为负相关关系。说明沉积物亮度值的大小和粒径有关，粒径越粗，沉积物越亮，反之，粒径越细，沉积物越暗。

a*和b*值与其他参数之间的相关关系基本一致：a*和b*值呈显著的正相关关系，相关系数达到了0.96；a*、b*和L*之间的相关系数分别为0.6和0.56，也呈正相关关系；此外，a*、b*值和X_{lf}之间存在显著正相关关系，相关系数分别高达0.78和0.84；a*、b*值和其他参数之间的相关性较弱，相关系数都在-0.2~0.2之间，说明a*、b*值和粒度之间不存在特别明显的对应关系。分析表明，红度a*、黄度b*和低频磁化率之间的相关性最强，这是由于铁的化合物不仅是沉积物的主要着色剂，同时也是沉积物磁性的主要物质。

X_{lf}值和a*、b*值的相关系数最高，分别为0.78和0.84；X_{lf}和L*、X_{fd}之间也呈正相关关系，但相关系数仅为0.3和0.14；X_{lf}和粒度参数之间的相关性很弱，相关系数的范围仅为-0.1~0.1，说明频率磁化率值和粒度之间没有特别的对应关系。决定X_{lf}值的主要因素还是沉积物中的铁化合物。

X_{fd}值和其他参数之间的相关系数均接近0，说明频率磁化率值和色度、粒度、低频磁化率之间没有特别明显的对应关系。由于频率磁化率表明了沉积物中超顺磁性颗粒的存在及其含量，说明超顺磁性颗粒与色度、粒径之间的相关性不大。

中值粒径、平均粒径之间的相关系数为0.99；它们与砂（>63μm）之间的相关关系显著，分别为0.96和0.97，说明粒径的主要组分是砂；中值粒径、平均粒径与粉砂（2~63μm）和黏土都呈明显的负相关关系，相关系数的范围在-0.7~-1，说明赵庄剖面的粒径组分中，粒径较粗的砂占主要

成分，而粉砂和黏土则不是主要成分。

3. 粒度曲线特征分析

由于25个样品的粒度频率曲线和粒度概率累积曲线基本一致，因此我们仅选择一个代表性样品分析其曲线特征（样品10XZ-14）。

图4.3中可见，样品粒度频率曲线为单峰态，主峰位置在4~4.5Φ左右，含量接近10%，属窄峰，分选较好，在细粒端含小的拖尾（6~12Φ），含量均不足1%（图4.3，a）。粒度概率累积曲线图呈两段式，主要由跃移总体和悬移总体两部分构成，缺乏推移组分，跃移组分（3~5Φ）约占70%以上，斜率很大，反映较强的水动力条件，由斜率不同的两段组成，反映水流的往复作用；悬移组分（>5Φ）约占30%，斜率小，分选差（图4.3，b）。粒度频率曲线上细尾端次高峰的出现、粒度概率累积曲线图上跃移段占主要组分、斜率高、且由斜率不同的两段构成等特征，指示水流流速较急，水动力条件较强，颗粒主要以跃移方式运移，并受水流往复运动的影响，出现不同斜率的两部分，属于水动力条件较强的河流边滩堆积。

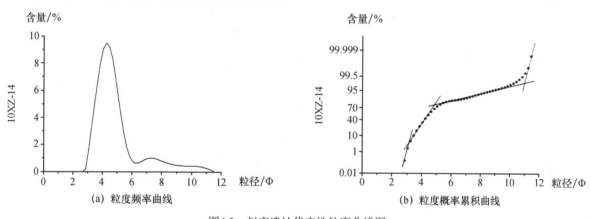

(a) 粒度频率曲线　　　　(b) 粒度概率累积曲线

图4.3　赵庄遗址代表性粒度曲线图

4.4　孢　粉　分　析

1. 孢粉种属

孢粉样品经过详细分析鉴定，所含孢粉较少，经过计算，孢粉浓度最大的为29粒／克，孢粉浓度最小的为2粒／g。共出现62科植物。

其中乔、灌木植物有柏科（Cupressaceae）、松属（*Pinus*）、落叶松属（*Larix*）、云杉属（*Picea*）、冷杉属（*Abies*）、桤木属（*Alnus*）、桦属（*Betula*）、榛属（*Corylus*）、流苏树属（*Chionanthus*）、鹅耳枥属（*Carpinus*）、水青冈属（*Fagus*）、栎属（*Quercus*）、椴属（*Tilia*）、黄栌属（*Cotinus*）、大戟属（*Euphorbia*）、胡桃属（*Juglans*）、枫杨属（*Pterocarya*）、柳属（*Salix*）、雪柳属（*Fontanesia*）、榆属（*Ulmus*）、乌桕属（*Sapium*）、卫矛属（*Euonymus*）、绣线菊属（*Spiraea*）、荚蒾属（*Viburnum*）、丁香属（*Syringa*）、蔷薇属（*Rosa*）、胡颓子属（*Elaeagnus*）。

草本植物有苋科（Amaranthaceae）、石竹科（Caryophyllaceae）、菊科（Compositae）、十字花科（Cruciferae）、紫草科、禾本科（Gramineae）、龙胆属（*Gentiana*）、报春花科（Primulaceae）、叶底珠属（*Phyuantheae*）、豆科（Leguminosae）、百合科（Liliflorae）、毛茛科（Ranunculaceae）、唇形科（Labiatae）、堇菜属、茄属（*Solanum*）、玄参科（Scrophulariaceae）、瑞香科（Thymelaeaceae）、虎耳草科（Saxifragaceae）、蒿属（*Artemisia*）、藜科（Chenopodiaceae）、车前草属（*Plantago*）、葎草属（*Humulus*）、荨麻属（*Urtica*）、蓼属（*Polygonum*）、唐松草属（*Thalictrum*）、地榆属（*Sanguisorba*）、莎草科（Cyperaceae）及水生植物香蒲属（*Typha*）、浮萍属（*Lemna*）。

蕨类植物有铁线蕨属（*Adiantum*）、石松属（*Lycopodium*）、卷柏属（*Selaginella*）、中华卷柏（*S. sinensis*）、水龙骨科（Polypodiaceae）。

2. 孢粉带

根据孢粉的组合特征，将剖面划分为四个孢粉带，自下而上如图4.4所示。

第Ⅳ孢粉带：深1.25~1m，对应于⑦层底部（样品10XZ25~10XZ20）。本带孢粉浓度2~29粒/g。以乔、灌木植物为主，占53.03%~83%，其中松属占绝对优势（30%~71.68%），还有云杉属、榛属、栎属、胡桃属、榆属等落叶阔叶树，以及亚热带树种水青冈属；草本含量为17%~45.45%，C/A值较低，小于1，主要有菊科、禾本科、蒿属、藜科以及少量莎草属、香蒲属等湿生草本；蕨类含量较少，为0~2.7%，主要有中华卷柏、水龙骨科等。此层可细分为Ⅳ-1（1.25~1.1m）和Ⅳ-2（1.1~1m）两层，其中下层Ⅳ-2层的乔木以松属为主，上层Ⅳ-1层则有更多的阔叶树，说明Ⅳ-1层比Ⅳ-2层气候更加温暖。总体指示比较温暖湿润的温带或亚热带落叶阔叶林植被。

第Ⅲ孢粉带：深1~0.8m，对应于第7层中下部（样品10XZ19~10XZ16）。本带孢粉浓度略有降低，为3~19粒/g。乔、灌木植物含量有所下降，占33.3%~67.1%，松属含量急剧下降

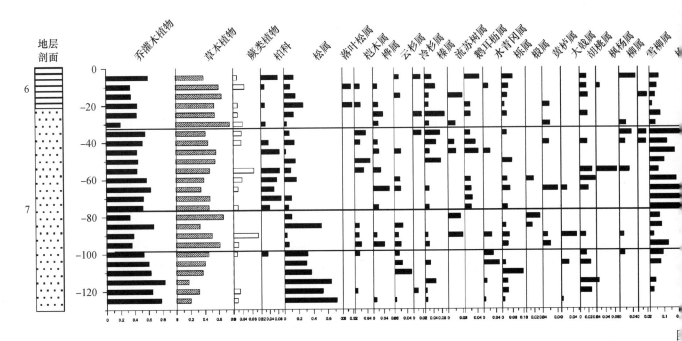

（4%～50.7%），但仍为优势树种，其次为榆属（2.7%～12.8%），云杉属含量降低，栲木属、桦属、流苏树属、栎属、椴属、黄栌属等落叶阔叶树都有出现；草本含量为32.9%～66.7%，C/A值升高，为0.33～1，草本植物中菊科含量增大、禾本科含量降低、其他草本植物还包括十字花科、紫草科、蒿属、藜科、龙胆属、报春花科、毛茛科等，湿生草本植物莎草科含量增高，伴生植物荨麻属有一定含量；蕨类含量升高，为0～10.6%，主要种属是水龙骨科。此层气候略冷干，指示温带疏林草原植被，以及有水的生境。

第Ⅱ孢粉带：深0.8～0.35m，对应于⑦层中上部（样品10XZ15～10XZ7）。本带孢粉浓度很低，为2～6粒/g。乔、灌木植物含量有所升高，占43.5%～63.3%，榆属含量突然升高（5.9%～32%），成为优势树种，其次为松属（0～16.7%）、柏科（0～9.5%），云杉属、栲木属、桦属、榛属、流苏树属、鹅耳枥属、栎属、胡桃属等落叶阔叶树都有出现；草本含量为34.7%～56.5%，C/A值升高，为0.4～2，草本植物以菊科、禾本科、十字花科、蒿属、藜科、毛茛科、虎耳草科等，湿生植物莎草科、香蒲属含量大增，伴生植物荨麻属有一定含量；蕨类含量为0～8.82%，主要种属是水龙骨科，石松属在局部有较高含量。表明气候进一步变暖变湿，指示温暖湿润的温带或亚热带落叶阔叶林植被，以及有水的生境。

第Ⅰ孢粉带：深度0.35～0m，对应于第7层中上部（样品10XZ6～10XZ1）。本带孢粉浓度升高，为3～14粒/g。以草本植物为主，含量为38.7%～76%，C/A值范围为0～2，草本植物以菊科、禾本科、蒿属、藜科、虎耳草科为主，湿生草本植物莎草科含量较高，伴生植物荨麻属较频繁出现并有较高含量；乔、灌木植物含量降低（20%～59.7%），其中松属含量最高，为4%～26%，其次为榛属、榆属、胡桃属，出现落叶松属，柏科、栲木属、桦树、云杉属、冷杉属、流苏树属、鹅耳枥属、栎属、胡桃属等都有较少含量；蕨类植物含量为0～5%，主要为水龙骨科。表示气候向干冷方向转变，但仍旧为温暖湿润的温带疏林草原植被，以及有水的生境。

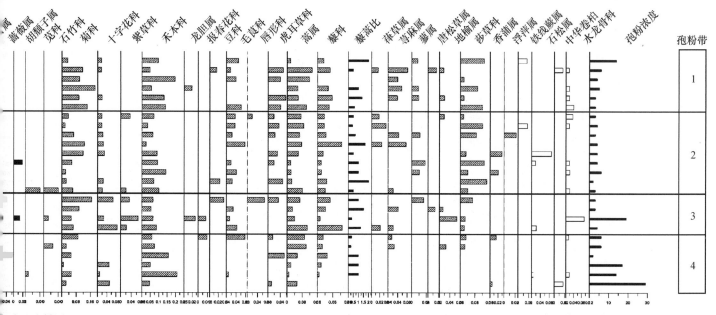

遗址孢粉图

4.5　常量化学元素分析

1. 常量化学元素曲线分析

对样品做了沉积物的常量化学元素分析，各常量元素的含量曲线如图4.5所示。

按照各元素含量的变化，将剖面分为3层，从下到上分别为：

③层：深度1.25～1.05m。大致对应孢粉曲线的④层。此段SiO_2、Al_2O_3、K_2O、Na_2O、LOI的变化情况基本一致，为一个小的波谷；Fe_2O_3、MgO、TiO_2情况基本一致，处于高值；CaO、MnO、P_2O_5为一个小的波峰。

②层：深度1.05～0.75m。大致对应孢粉曲线的③层。此段SiO_2、Al_2O_3、Fe_2O_3、MgO、K_2O、Na_2O、TiO_2、P_2O_5都处于谷值，元素总含量也有一个小的波谷，CaO、MnO、LOI处于高峰。

①层：深度0.75～0m。大致对应孢粉曲线的①、②层。此段SiO_2、Al_2O_3、Fe_2O_3、MgO、K_2O、Na_2O、MnO、TiO_2、P_2O_5都处于高值；CaO、MnO、LOI处于低值。

剖面中一些明显的现象，如①层CaO含量骤然降低，可能指示了脱钙现象，即钙的淋失，这可能反映了湿热的环境。然而，河流沉积物中化学元素的含量不但指示了风化的强弱，还与沉积动力有关。因此，仅凭剖面中各个化学元素的含量并不能直接判断气候与环境条件，需要做进一步的分析。

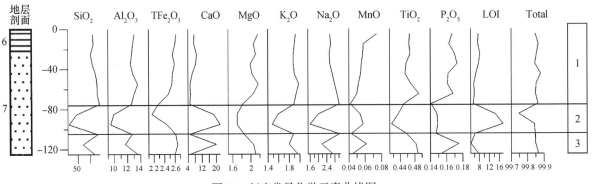

图4.5　赵庄常量化学元素曲线图

2. 常量化学元素相关性分析

为了了解各化学元素之间以及化学元素和色度、磁化率、粒度之间的相关性，对各参数进行了相关性分析（表4.2）。

相关分析可见，L*值和各化学元素之间的相关性不是很明显；a*值和TFe_2O_3呈正相关关系，相关系数为0.37，和MnO的相关系数为0.34；b*值和TFe_2O_3与MnO呈正相关关系，相关系数均为0.49。说明亮度L*与各常量化学元素之间并不存在特别显著的对应关系，而红度a*和黄度b*值与TFe_2O_3和MnO之间均存在一定的正相关关系。

低频磁化率X_{lf}和TFe_2O_3之间的相关系数最大，为0.62，这说明TFe_2O_3是主要的磁性矿物成分；频率磁化率则和TFe_2O_3之间呈负相关关系，相关系数为-0.49，说明频率磁化率所代表的超顺磁性

表4.2 赵庄遗址常量化学元素相关性分析表

	L*	a*	b*	Xlf	Xfd	d(0.5)	平均粒径	砂	粉砂	黏土	SiO₂%	Al₂O₃%	TFe₂O₃%	CaO%	MgO%	K₂O%	Na₂O%	MnO%	TiO₂%	P₂O₅%	LOI%	Total%
L*	1.00																					
a*	0.54	1.00																				
b*	0.45	0.94	1.00																			
Xlf	0.15	0.76	0.82	1.00																		
Xfd	0.33	-0.06	-0.25	-0.24	1.00																	
d (0.5)	0.48	0.02	0.01	-0.01	0.03	1.00																
平均粒径	0.46	0.04	0.04	0.02	-0.03	0.99	1.00															
砂	0.45	0.11	0.10	0.05	0.04	0.97	0.97	1.00														
粉砂	-0.43	-0.14	-0.15	0.07	-0.05	-0.91	-0.92	-0.98	1.00													
黏土	-0.32	0.11	0.17	0.04	0.02	-0.71	-0.71	-0.56	0.39	1.00												
SiO₂%	0.03	0.24	0.19	0.43	-0.17	0.04	0.00	-0.12	0.23	-0.45	1.00											
Al₂O₃%	-0.16	0.29	0.27	0.55	-0.23	-0.25	-0.27	-0.36	0.44	-0.19	0.93	1.00										
TFe₂O₃%	-0.50	0.37	0.49	0.62	-0.49	-0.42	-0.40	-0.34	0.30	0.36	0.33	0.55	1.00									
CaO%	-0.15	-0.40	-0.29	-0.45	0.12	0.05	0.07	0.19	-0.30	0.41	-0.96	-0.90	-0.28	1.00								
MgO%	-0.34	0.27	0.36	0.66	-0.35	-0.44	-0.43	-0.47	0.49	0.15	0.57	0.81	0.71	-0.52	1.00							
K₂O%	-0.15	0.24	0.23	0.55	-0.21	-0.17	-0.20	-0.30	-0.39	-0.25	0.94	0.99	0.52	-0.88	0.80	1.00						
Na₂O%	0.02	0.14	0.07	0.31	-0.16	0.12	0.09	-0.05	0.18	-0.56	0.98	0.86	0.23	-0.94	0.43	0.88	1.00					
MnO%	0.11	0.34	0.49	0.47	-0.11	-0.04	0.01	0.08	-0.15	0.27	-0.36	-0.17	0.31	0.38	0.32	-0.16	-0.47	1.00				
TiO₂%	-0.60	-0.22	-0.15	0.26	-0.33	-0.39	-0.38	-0.48	0.55	-0.11	0.61	0.76	0.54	-0.50	0.80	0.78	0.56	-0.05	1.00			
P₂O₅%	-0.29	0.15	0.39	0.61	0.48	-0.13	-0.08	-0.07	0.05	0.13	0.10	0.30	0.62	0.00	0.07	0.35	-0.02	0.60	0.53	1.00		
LOI%	0.30	0.40	-0.03	-0.37	0.26	-0.04	000	0.09	-0.17	0.32	-0.85	-0.85	-0.49	0.68	-0.67	-0.89	-0.81	0.16	-0.78	-0.38	1.00	
Total%	-0.16	0.39	0.46	0.44	-0.46	-0.31	-0.30	-0.33	0.32	0.21	0.57	0.65	0.67	-0.53	0.56	0.61	0.48	-0.08	0.41	0.25	-0.57	1.00

颗粒与TFe_2O_3的含量之间是呈一定的负相关关系。

从各化学元素之间的相关关系来看，SiO_2、Al_2O_3、Na_2O、K_2O、TiO_2之间的相关系数较大，大于0.6；CaO、LOI之间的相关性较强，为0.68；Fe_2O_3、MgO、P_2O_5之间的相关系数较大，大于0.6。

从这个剖面来看，各化学元素和粒径之间的相关性并不是很强，相关系数都在-0.5~0.5。根据各化学元素与中值粒径的相关系数大小，我们把化学元素分为四类（表4.3）。

表4.3　赵庄遗址常量化学元素分类表

相关系数	化学元素/相关系数
-0.45~-0.3	MgO/-0.44；Fe_2O_3/-0.42；TiO_2/-0.39；Total/-0.31
-0.25~-0.1	Al_2O_3/-0.25；K_2O/-0.17；P_2O_5/-0.13
0.04~0.12	SiO_2/0.04；CaO/0.05；Na_2O/0.12
-0.04	MnO/-0.04；LOI/-0.04

3. 常量化学元素参数分析

由于河流沉积物中的化学元素与沉积动力有可能相关，因此我们在处理时，根据前面的分类，注意避开和粒度相关性较强的MgO、Fe_2O_3、TiO_2、Total等值，采用其他化学元素的含量，选取几个指标进行分析：

SiO_2/Al_2O_3：反映着某些矿物的含量关系，特别是石英与长石的含量关系。是自然环境水热结构的重要标志，能反映某些矿物的含量关系、气候条件和风化条件。在表生风化壳中，SiO_2/Al_2O_3比值与气候有关：比值大，指示较暖的气候；比值小，指示较冷的气候。

Al_2O_3/（CaO+K_2O+Na_2O）：反映了活动组分与惰性组分之间的关系。其中CaO、K_2O、Na_2O迁移能力较强，在暖湿气候条件下容易风化和迁移；而迁移能力最差的组分——惰性组分为Al_2O_3。因此，用Al_2O_3/（CaO+K_2O+Na_2O）比值反映了活动组分与惰性组分之间的关系。在暖湿气候条件下，CaO、K_2O、Na_2O等活动组分易迁移流失，Al_2O_3/（CaO+K_2O+Na_2O）值越大；反之，在干冷的气候环境下，其值越小。

K_2O/CaO：前人对黄土的研究表明，迁移能力最强的活动组分为CaO和MgO，而K_2O、Na_2O的迁移能力仅为前者的1/3左右[2]。因此，Ca的迁移能力比K强，在相同气候条件下，Ca先迁移。K_2O/CaO比值越大，反映气候越暖湿；K_2O/CaO比值越小，反映气候越干冷。

CIA［Al_2O_3/（Al_2O_3+K_2O+Na_2O+CaO）×100］：Nesbitt和Young（1982）在对加拿大古元古代Huronian超群的碎屑岩研究时将CIA作为一个反映源区风化程度的指标提了出来。由于K_2O、Na_2O、CaO都属于比Al_2O_3易迁移和风化的化学元素，因此由表生环境中元素的地球化学行为可知，化学风化越强，这些参数值越高。

SiO_2/P_2O_5：P的迁移能力比Si强，在湿润气候下，P_2O_5易被风化和淋失，使沉积物中的SiO_2相对富集。SiO_2/P_2O_5的比值越大，指示气候越暖湿；反之则表示气候较干。

Al_2O_3/P_2O_5：P的迁移能力比Al强，在气候湿热的环境下更易淋溶和迁移，因此Al_2O_3/P_2O_5的比值也反映了气候的暖湿程度。

根据各化学元素在曲线上的分布，将其划分为4层，从下而上分别为（图4.6）：

④层（1.25～1m）：可分为④-1层和④-2层，分别对应孢粉曲线的④-1层和④-2层。在④-2层，各参数值均较低，各呈现一个小的低谷，指示气候较为冷干；而在④-1层，各参数值均骤然升高，出现小的波峰，指示温暖的气候环境。

③层（1～0.8m）：各化学元素参数值呈现明显的低谷，指示干冷的气候条件。

②层（0.8～0.45m）：各化学元素参数值都呈现高值，指示温暖的气候环境。

①层（0.45～0m）：各化学元素参数值略有下降，波动不大。

由以上分析可知，各常量化学元素参数曲线所指示的气候冷暖干湿的变化和孢粉曲线的结果大致一致。证明在除去水动力条件的干扰以后，某些常量化学元素参数可以作为指示气候变化的很好的指标。

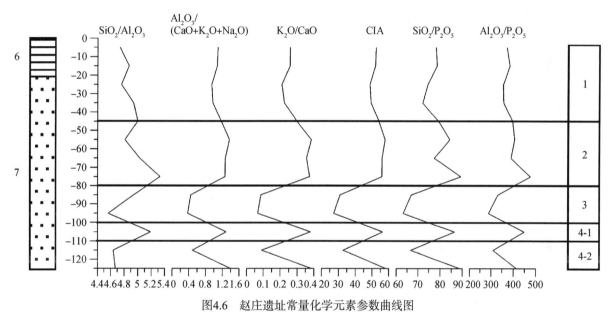

图4.6　赵庄遗址常量化学元素参数曲线图

4.6　赵庄遗址古人类生存环境分析

1. 地貌部位

从赵庄遗址文化遗迹的分布情况看，文化层所在的第6、7两层中，象头骨、石制品等古人类活动的遗迹均被掩埋在地层之中。这说明在赵庄古人类活动的同时，他们所在的地貌部位还处于不断堆积的沉积过程中。通过对地层的观察和剖面描述，我们初步判断文化层所在的沉积为流水沉积。结合河流沉积的特点，判断古人类生活的地貌部位为河漫滩上。

根据对赵庄剖面所进行的粒度分析，我们可以得到赵庄遗址文化层的粒度变化曲线，即呈现有规律的"粗—细"循环变化；通过粒度频率曲线上细尾端次高峰的出现、粒度概率累积曲线图上跃移段占主要组分、斜率高、且由斜率不同的两段构成等特征，推测当时的沉积环境属于水动力条件较强的河流边滩。结合地层剖面特征，如出现倾斜砂条等，最终判断赵庄遗址古人类生活时期的地貌部位为河流滨河床沙坝，赵庄古人类主要生活在滨河床沙坝较为干燥的背水坡部位，在古河道附近活动。

2. 气候和植被环境

对赵庄遗址古气候的研究来自于对剖面进行的粒度、色度、磁化率、化学元素等古气候指标的分析。根据对以上各气候指标参数的分析结果，我们将赵庄的古气候变化过程分为4个阶段，按照时间顺序从早到晚分别为：

第一阶段，对应地层剖面1.25～1m。该段以松属为代表的乔、灌木为主，草本含量较少，其中下部松属含量较高，上部阔叶树含量较高；各常量化学元素参数值在下部较低，上部出现小的波峰。说明本段气候总体较为温暖湿润，属于针阔叶混交林森林，相比之下，晚期比早期气候更为暖湿。

第二阶段，对应地层剖面1～0.8m。该段孢粉浓度略有降低，乔、灌木含量下降，松属含量骤然降低，草本植物的含量和种类都明显增多；各常量化学元素参数值在本段出现明显的波谷。说明本段气候总体比之前段变冷变干，森林乔、灌木植物含量减少，草本植物增多，属于温带疏林草原环境。

第三阶段，对应地层剖面0.8～0.35m。该段乔、灌木的含量有所增大，其中榆树含量骤增，超越松属，成为优势种，其他落叶阔叶树的含量也有所增加；与之相应，各常量化学元素参数值在本段出现显著的波峰。指示本段气候又一次变暖变湿，为温暖湿润的以落叶阔叶树为主的森林。

第四阶段，对应剖面0.35～0m。该段孢粉以草本为主，乔、灌木含量降低，其中榆属含量明显下降，松属含量略有增加；各常量化学元素参数值在本段略有下降。说明本段气候相比前期变冷变干，为温和的疏林草原环境。

以上分析可知，赵庄遗址古人类活动时期，气候出现了冷暖干湿的波动，总体来说经历了"暖湿—冷干—暖湿—冷干"的四个时期，但从植被孢粉的情况来看，气候波动变化并不显著，气候整体较为温暖湿润，属于环境较好的温带/暖温带针阔叶混交森林—疏林草原植被带。

第五章 空间分布与遗迹

5.1 各水平层分布

赵庄遗址仅有⑥、⑦两个文化层，⑥层标本数量很少，文化遗物主要集中于⑦层。我们从水平层来看遗物在纵向空间上的分布。从第一件文化遗物开始划分水平层（距基线480cm），到遗物完全没有为止（距基线625cm），共计发掘22个水平层。

从各水平层分布图（图5.1）来看，遗物数量正态分布。L1～L8数量零星，从L9开始逐渐增多，L12～L15最为集中，以L13为最多，然后L16～L19逐渐减少，L20～L22非常零星（图5.1；表5.1）。

L12～L15最集中的区域为距离基线550～590cm。可见赵庄的遗物主要集中分布在纵向约40cm的范围内。

以下逐一介绍各水平层的发掘情况。根据标本出土的密集程度分为五组。

第一组：L1～L8（零星）。

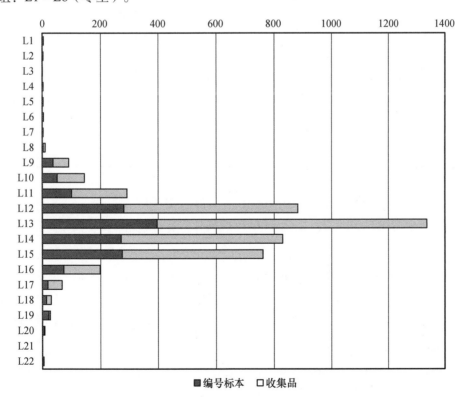

图5.1 赵庄遗址各水平层分布图

表5.1　赵庄遗址各水平层出土标本登记表

深度（cm）	水平层	石制品			动物化石			合计
		野外编号	室内编号	收集品	野外编号	室内编号	收集品	
480~485	L1	4						4
485~490	L2	3						3
490~495	L3					1		1
495~500	L4	3						3
514~520	L5	2						3
516~522	L6	4						3
534~536	L7	2			1			3
550~553	L8	3		10				13
537~557	L9	30		104	6	2		142
550~563	L10	40	4	265	6	1	3	319
560~565	L11	75	17	322	8		6	428
550~575	L12	167	57	999	38	19	64	1344
562~581	L13	255	82	1517	47	12	128	2041
575~588	L14	183	39	916	41	8	39	1226
566~593	L15	200	48	840	17	10	15	1130
588~595	L16	64	8	177	1		12	262
594~597	L17	18	1	87			1	107
590~600	L18	13		33	1			47
595~605	L19	20	1	14	1			36
595~615	L20	5		2		1		8
615~620	L21							0
620~625	L22			1		1	3	5
合计		1091	257	5287	167	54	272	7128

　　L1出土4件标本，均属⑥层，编号001~004，均为脉石英石制品（图5.2）。

　　L2出土3件标本，均属⑥层，编号006~007，均为脉石英石制品（图5.3）。

　　L3未出标本。

　　L4出土3件标本，均属⑥层，编号008~010，均为脉石英石制品（图5.4）。

　　L5出土2件石制品，均为脉石英，编号011~012，均属⑥层（图5.5）。

　　L6出土4件标本，其中1件陶片属于②层，1件石制品属于⑥层，2件石制品属于⑦层，编号013~016，石制品均为脉石英（图5.6）。

　　L7出土3件标本，其中1件为象门齿，属于⑥层，另2件为脉石英石制品，属于⑦层，编号017~018（图5.7）。

　　L8出土13件标本，均属于⑦层，均为石制品，3件编号020~022。10件收集品（图5.8）。

　　第二组：L9~L10（较多），均属⑦层。

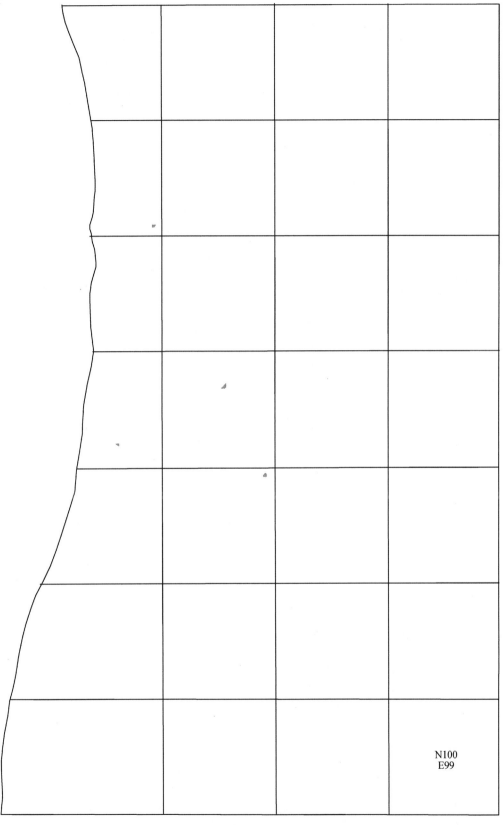

图5.2　L1水平层平面图

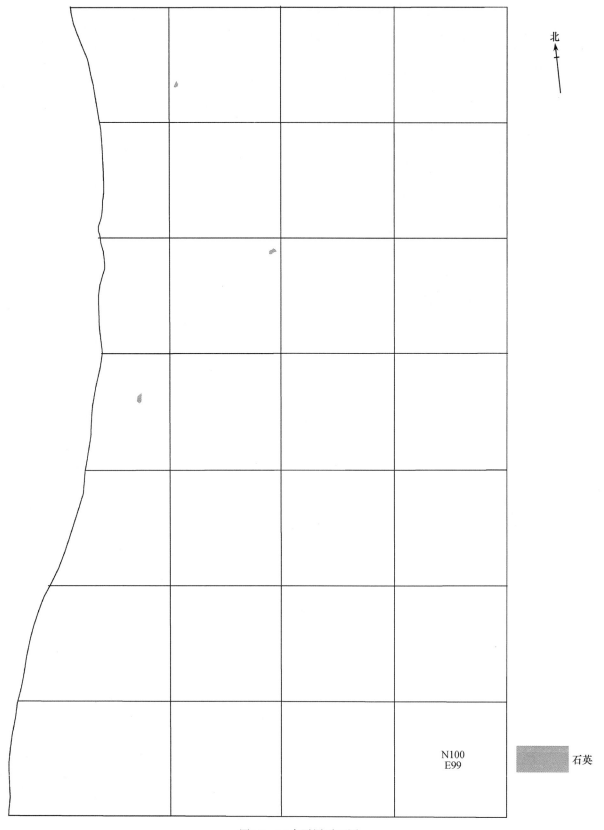

图5.3　L2水平层平面图

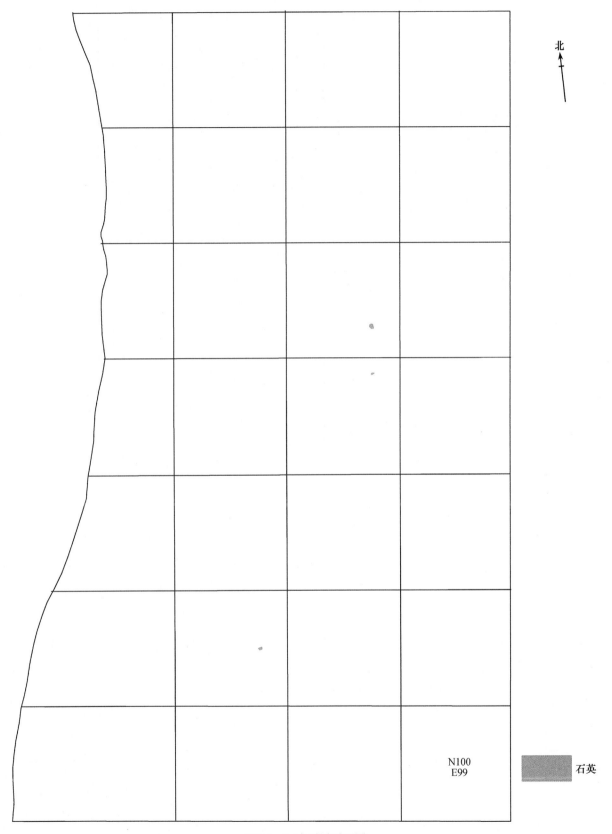

图5.4 L4水平层平面图

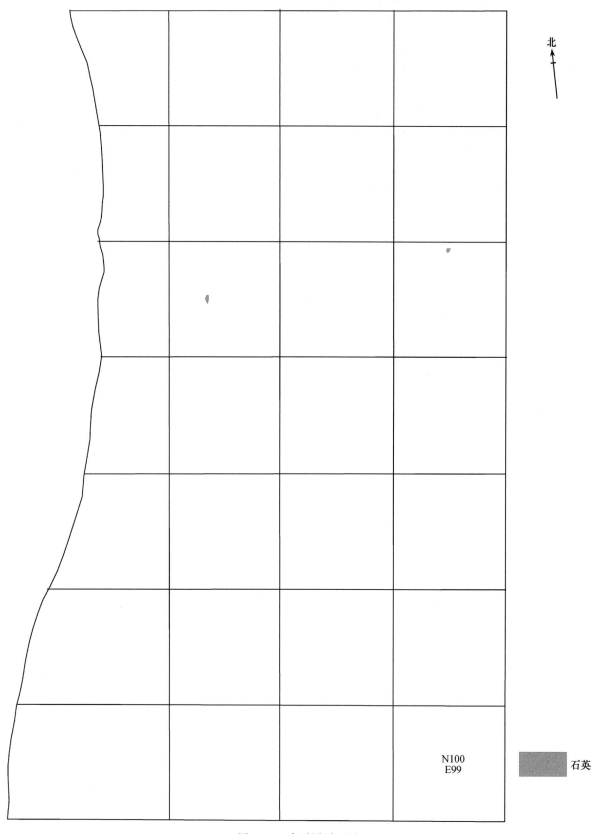

北

N100
E99

石英

图5.5　L5水平层平面图

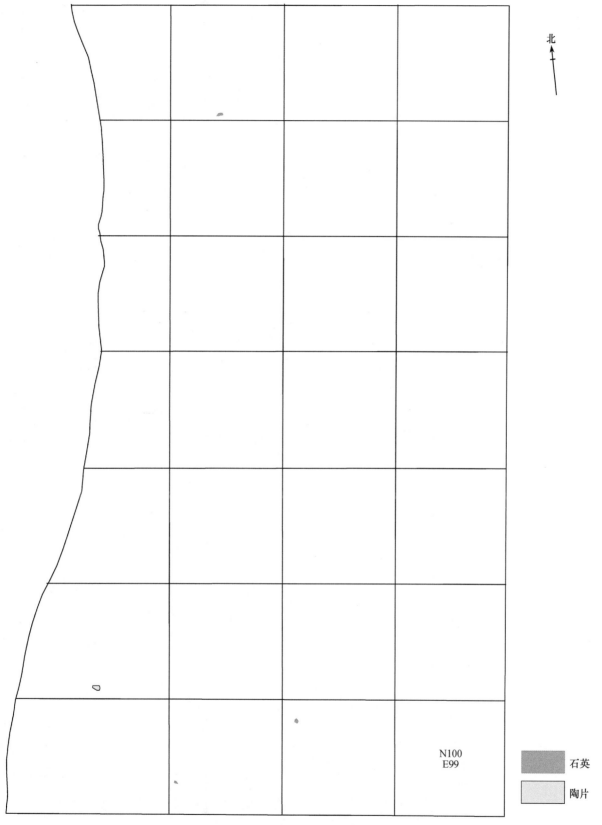

图5.6　L6水平层平面图

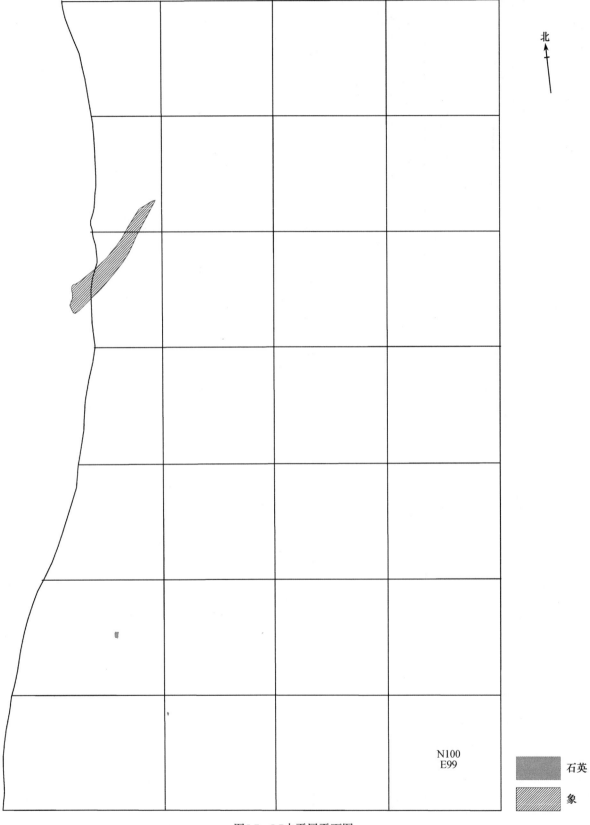

北

N100
E99

石英

象

图5.7　L7水平层平面图

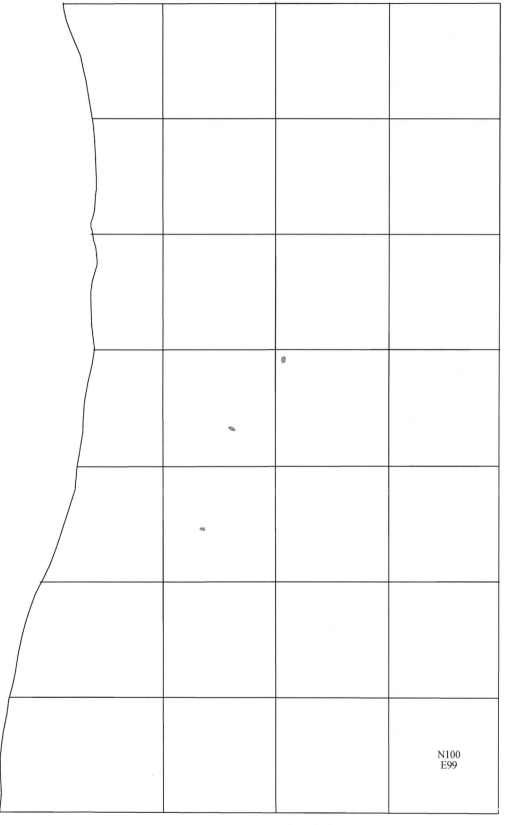

北

N100
E99

石英

图5.8　L8水平层平面图

L9出土142件标本，36件野外编号023～058，其中6件化石，30件石制品（图5.9）。

L10出土319件标本，46件野外编号059～104，其中6件化石，40件石制品（图5.10）。

第三组：L11～L15（集中），均属⑦层。

L11出土428件标本，83件野外编号105～184、189～191，其中8件化石，75件石制品（图5.11）。

L12出土1344件标本，205件野外编号185～188、208～291、801～917，其中38件化石、167件石制品（图5.12）。

L13出土2041件标本，302件标本野外编号192～438、936～1077，其中47件化石、255件石制品（图5.13）。

L14出土1226件标本，224件标本野外编号437～604、1092～1149，其中41件化石、183件石制品（图5.14）。

L15出土1130件标本，217件野外编号605～760、1047～1207，其中17件化石、200件石制品（图5.15）。

第四组：L16～L19（较多），均属⑦层。

L16出土262件标本，65件野外编号761～800、1208～1232，其中1件化石、64件石制品（图5.16）。

L17出土标本107件标本，18件野外编号918～935，均为石制品（图5.17）。

L18出土标本47件标本，14件野外编号1078～1091，1件化石，13件石制品（图5.18）。

L19出土标本36件标本，21件野外编号1233～1253，1件化石，20件石制品（图5.19）。

第五组：L20～L22（零星），均属⑦层。

L20出土8件标本，5件野外编号1254～1258，均为石制品（图5.20）。

L21未出土标本。

L22出土5件标本，均为收集品。

5.2　各探方分布

遗物在各个探方的分布图有助于理解遗物在平面上的分布概况。对赵庄遗址所有出土物在各探方的分布做一统计，如图5.21。

从图5.21可以明显地看到，赵庄遗址所有的遗物主要集中分布在N100E96、N101E96、N102E96、N103E96、N104E96、N105E96这一系列探方里，尤其以N102E96的分布最为密集。其次是N100E97、N101E97、N102E97、N103E97探方较为集中。每种石制品原料及动物化石的分布见下文。

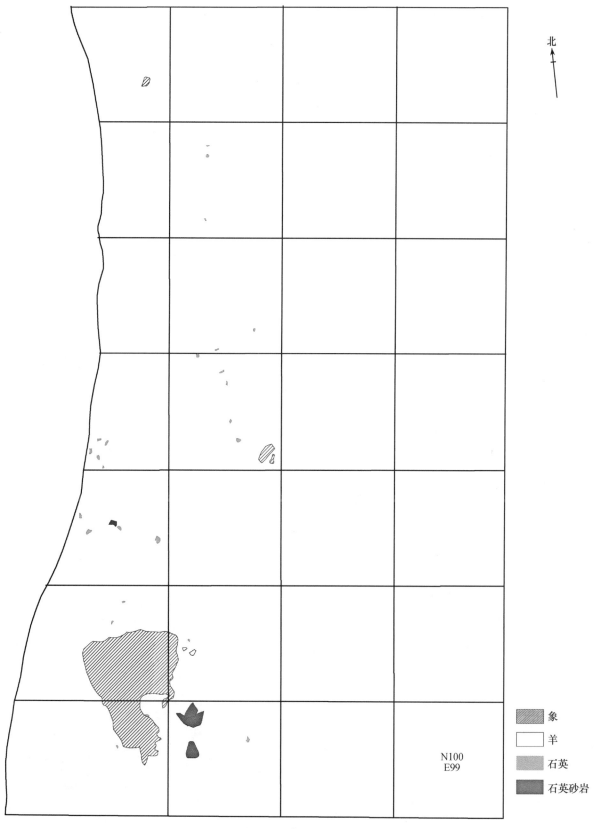

北

N100
E99

象
羊
石英
石英砂岩

图5.9　L9水平层平面图

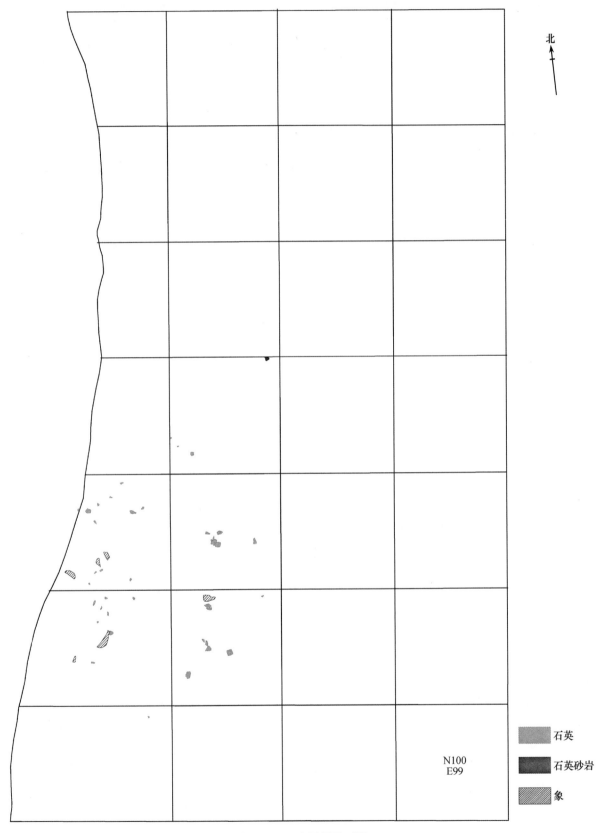

石英

石英砂岩

象

N100
E99

图5.10　L10水平层平面图

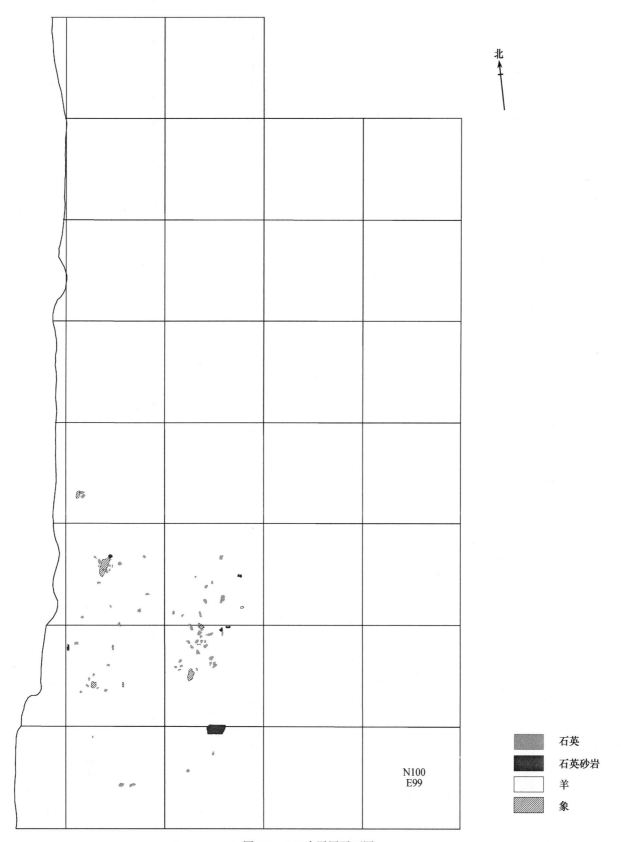

图5.11 L11水平层平面图

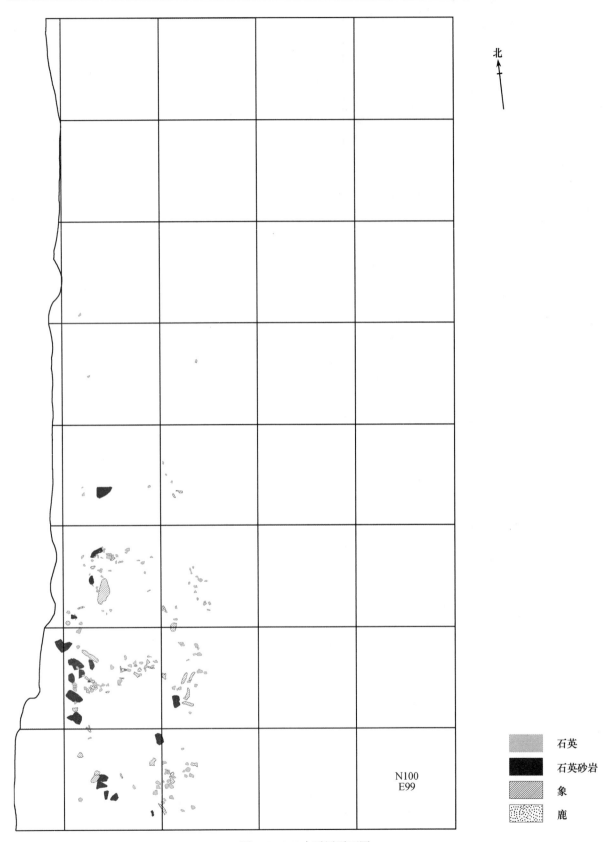

北

N100
E99

	石英
	石英砂岩
	象
	鹿

图5.12　L12水平层平面图

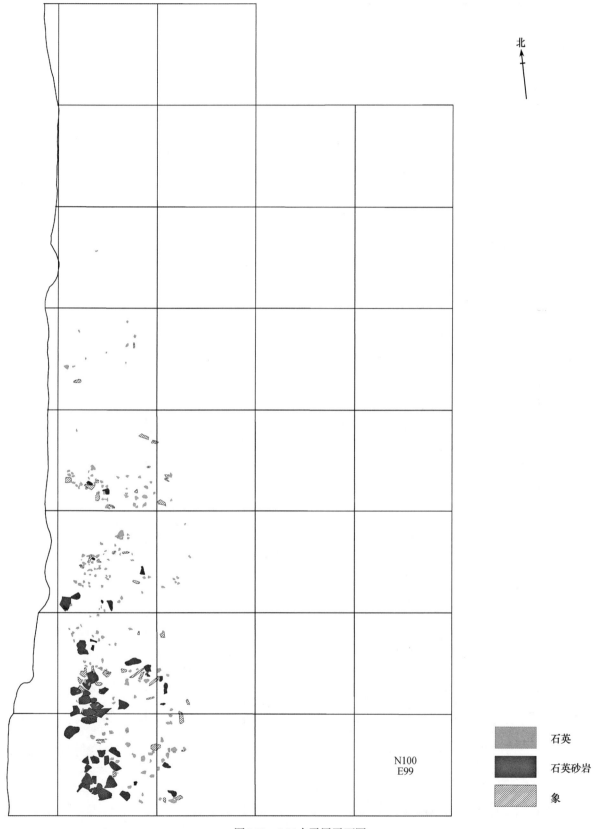

北

N100
E99

石英

石英砂岩

象

图5.13　L13水平层平面图

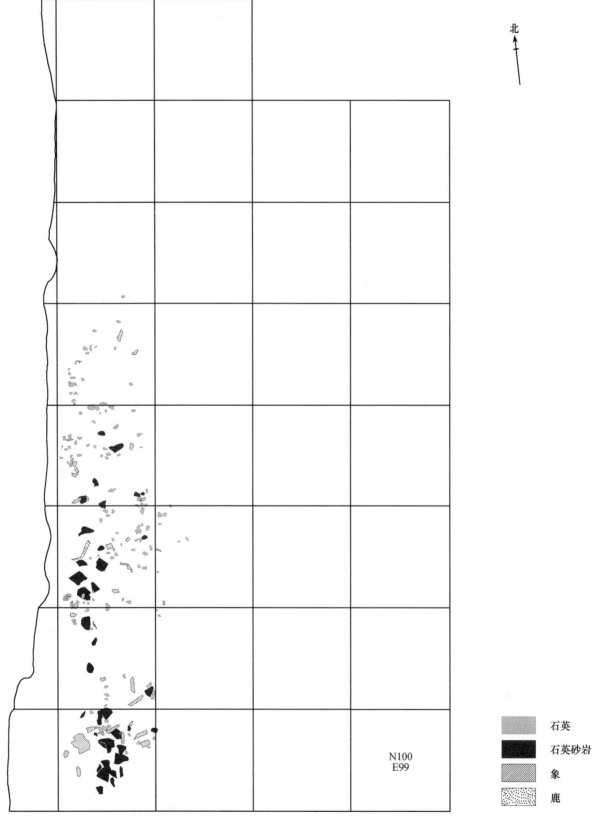

图5.14　L14水平层平面图

北

N100
E99

石英
石英砂岩
象
鹿

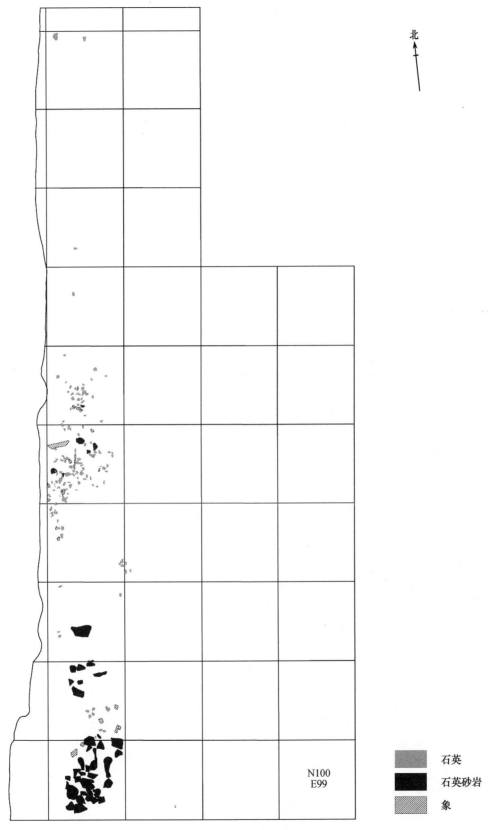

北

N100
E99

石英

石英砂岩

象

图5.15　L15水平层平面图

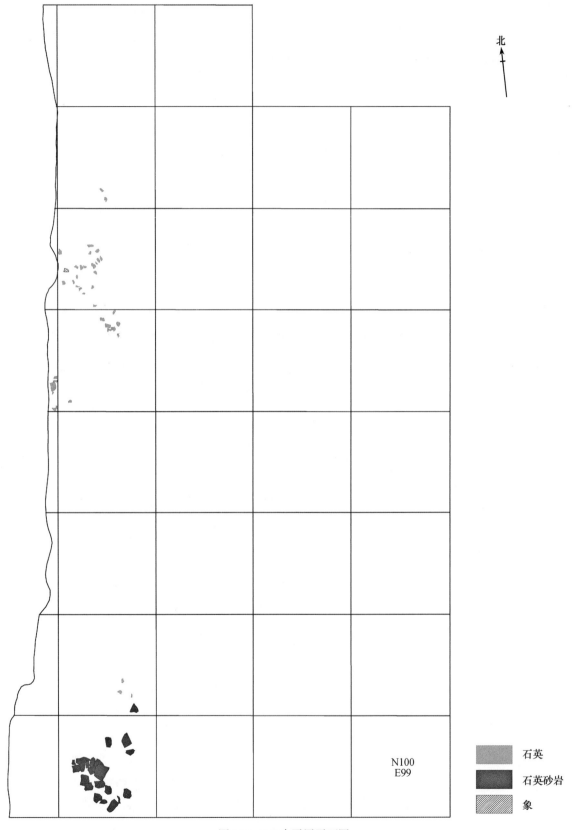

北

N100
E99

石英

石英砂岩

象

图5.16　L16水平层平面图

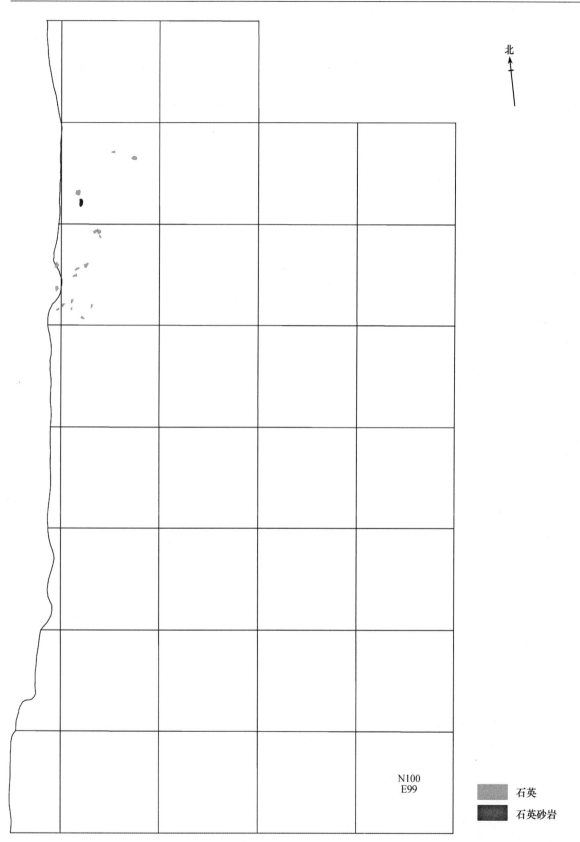

图5.17　L17水平层平面图

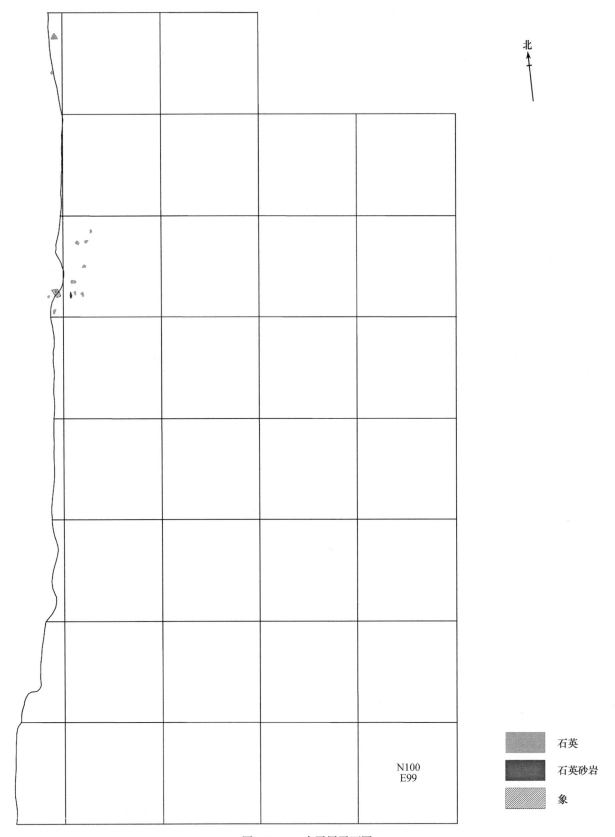

北

N100
E99

石英

石英砂岩

象

图5.18　L18水平层平面图

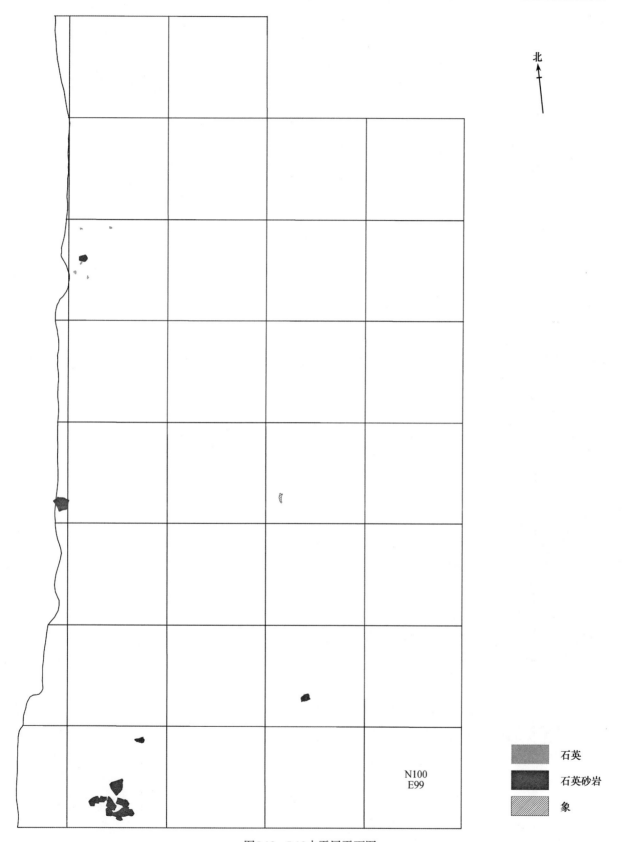

北

N100
E99

石英
石英砂岩
象

图5.19 L19水平层平面图

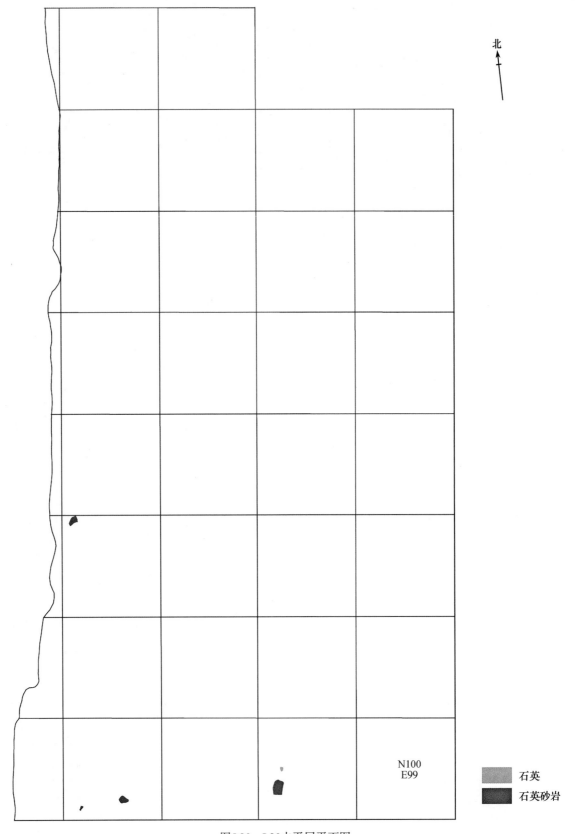

北

N100
E99

石英
石英砂岩

图5.20　L20水平层平面图

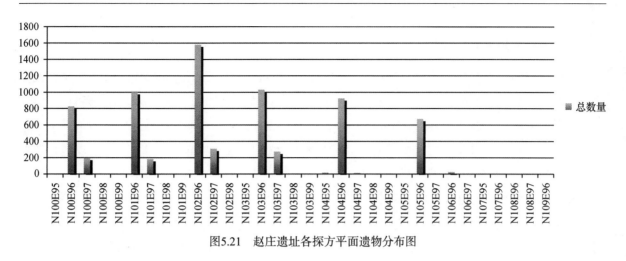

图5.21　赵庄遗址各探方平面遗物分布图

5.3　空间总分布

根据野外编号标本的三维坐标，将所有标本全部绘制在Arcmap上，得到⑥层和⑦层的标本分布图。

1. ⑥层标本分布（图5.22）

⑥层标本非常少，仅有14件，其中1件为象门齿，其余皆为脉石英。零星分布于南发掘区。

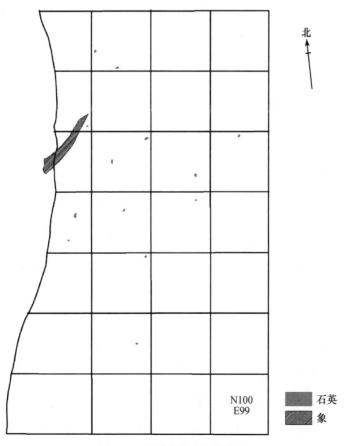

图5.22　⑥层遗物平面分布图
（仅南发掘区有遗物）

2. ⑦层标本分布（图5.23）

根据第三章埋藏分析，可以证明赵庄遗址为原地埋藏，也就是说遗址形成的原因主要是人类行为，而不是其他自然因素。这就为我们进一步分析赵庄人对空间的利用提供了前提条件。

从平面上看，遗物呈现出集中分布的趋势，与上文探方分布数量研究一致，绝大多数标本分布于发掘区的西南部。最集中的区域是南发掘区西侧两列探方（E96、E97系列），标本数量达到总数的99%以上。尤以E96一列探方数量最多，占85%。

各类标本在平面上也有各自密集分布于的区域。石英砂岩标本集中分布于西南区域，而脉石英标本则多分布于发掘区最西侧一列探方，位于砂岩以北的区域。动物骨骼标本散布在石质标本中间，以象头的分布最为明显。象头与石英砂岩集中区域非常接近，略有错位，偏向东北。

从剖面上看，标本也呈集中分布的态势。西侧剖面显示：脉石英标本呈南高北低、逐渐倾斜的趋势；而石英砂岩标本则比较集中分布在靠南的位置。据此推测当时的地面可能呈北低南高、略微倾斜的地势。南侧剖面显示：石英砂岩分布非常密集，呈堆垒状，东高西低，应是依照地势分布；其上则分布有脉石英石制品和象头，这两类遗物难以分清楚孰上孰下。据剖面分布可知，赵庄人的活动范围位于一个略向上凸起的区域，这个凸起的区域东高西低、南高北低，并且南北坡较缓、东西坡度较陡。结合上述水平层可知赵庄标本纵向集中分布在40cm的范围内。

根据集中分布的剖面，象头和脉石英夹杂分布，位置靠上，说明其堆积的时间比较接近，堆积较晚；而石英砂岩位置更靠下，表明堆积的时间最早。说明人类行为的时间先后，可能是先把石英砂岩搬来堆砌，然后放置象头和打制、使用脉石英产品。

在剖面上紧密分布的态势说明遗址可能是一个人类非常短期、集中活动所留存下来的堆积。据分析整个堆积的形成时间有可能时间不超过两星期（与巴约瑟夫交流）。

需要说明的是从分布图上来看，遗物集中分布的西部6个探方都位于发掘区的边缘地带，发掘区西面可能缺失了部分遗存，南部也有可能略微缺失。当时的发掘情况也有所证明，赵庄所在的陡坎曾经遭受过人为或者自然力的破坏。赵庄的研究工作基于此次发掘的情况。

5.4　各类遗物分布与人类行为

赵庄的遗存是短时期内集中活动的产物，因此我们可以在平面上分析各类遗物之间的相互空间关系。根据Binford的研究，一个遗址中的主要功能区包括火塘周围、睡眠区、广泛活动的区域、房屋、废弃区以及储藏区。目前对于空间分布的研究多基于对火塘及其周围标本分布的分析。赵庄遗址未发现火塘，我们可以从各类遗物分布的集中区域来试分析赵庄遗址人类行为的空间信息。

1. 脉石英分布状况（图5.24）

脉石英分布在西部的两列探方中，呈条带状集中分布在整个布方区的南部，石英砂岩石堆的北侧。整个区域内布满了石核、石片、断块、工具等各个操作链环节上的石制品，各种类型夹杂分布。大量废品存在指示这里曾经发生过剥片、修理以及原地废弃行为。从微痕分析的结果得知，工具、断块、石片这类产品都进入了使用环节。使用的标本与剥片标本分布在同一区域。因此从分布上看，没有剥片区域、使用区域、废弃区域等明显的功能分区。

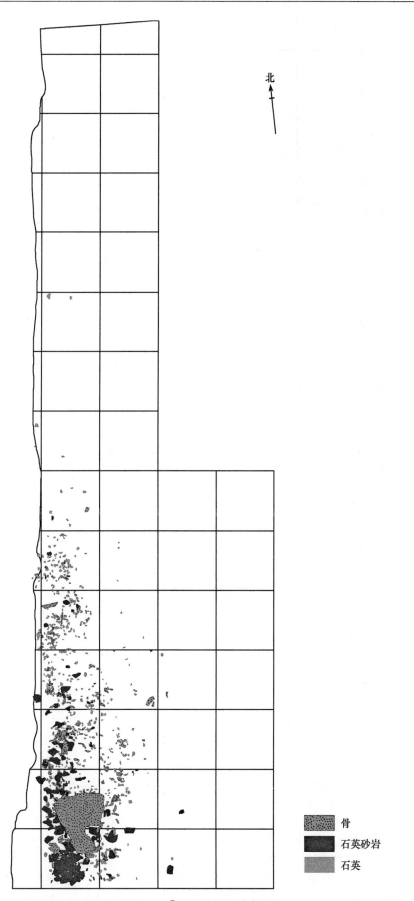

图5.23　⑦层遗物平面分布图

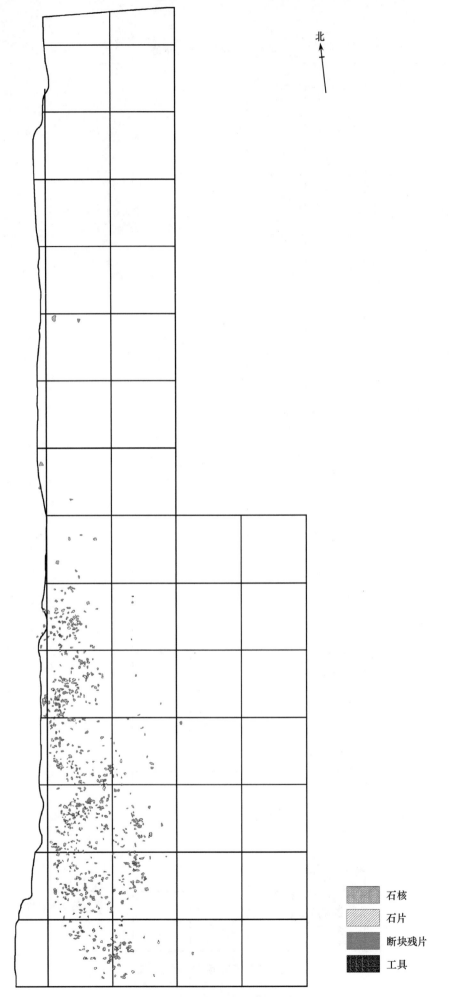

北

石核
石片
断块残片
工具

图5.24　脉石英石制品平面分布图

2. 石英砂岩分布状况（图5.25）

石英砂岩密集分布于遗址西南部，尤其以探方N100E96最为集中。据统计，该探方发现的石英砂岩为132件，占所有石英砂岩总数将近一半。剖面观察，位于该探方的石英砂岩呈现堆起状，可能是人类为了搁置大象而故意为之。

由于缺乏石英砂岩碎屑类产品，推测剥片行为在发掘区以外的地方。

3. 动物骨骼分布状况（图5.26）

赵庄的动物种类仅包括象、鹿、羊三种。

象的骨骼包括头骨及一些碎骨。头骨分布在N100E96和N101E96两个探方内。象头包括上颌骨带左右二臼齿，呈竖立状，由于年代久远，其形状略微扭曲变形，两个臼齿的嚼面未在同一平面上。臼齿嚼面方向朝向探方南壁，而不是朝下。造成头骨竖立的原因可能有二：一是当时人类是将其门齿朝上搁置象头，埋藏过程中门齿可能断裂，仅剩下竖立的头骨；二是人类将臼齿嚼面向下将象头搁置在石英砂岩石堆之上，埋藏过程中，由于象头骨本身海绵质结构易遭侵蚀，导致头骨和象门齿失去平衡倒下呈竖立状，其位置也稍稍偏离石英砂岩石堆。

象的其他骨骼分布在象头以北的区域。象的头后骨非常破碎，没有一件完整的带关节的骨骼。同时，碎骨与脉石英以及其余的石英砂岩标本夹杂在一起，表明人类行为是造成骨骼破碎的直接原因，可能是人类利用石制品处理肉类、骨骼留下的遗存。

羊的下颌骨分布在象头之上，与超大的象头形成鲜明对比。鹿角则分布于石制品之中，由于剥片技术没有明确显示软锤技术，所以鹿角存在的作用还不确定。

5.5　遗　　迹

赵庄的遗物包括了象、脉石英、石英砂岩这三个文化元素，它们集中分布于遗址的西南部。根据空间分析，结合石制品和动物骨骼的研究，认为赵庄的三个文化元素共同构成了一个遗迹现象。

象头骨竖立分布，臼齿嚼面朝南。石英砂岩的石制品呈块状或者片状，大多没有经过深度加工。它们互相叠压，堆垒分布，多数位于象头骨的下面。这类原料并不是当地河滩砾石，而是来自于与遗址有一定距离的陉山山脉。同时，石英砂岩制品个体较大，有相当的重量，如果为了放置象头骨而专门搬运到该遗址，则说明这是一种体力上的投资行为。这种额外的投资行为与史前人类日常从事的狩猎、食腐、制作工具等日常生产生活行为没有必然的联系，更可能是为了某种特殊的目的。根据象头骨与石英砂岩的相互位置关系可知，象头骨应当是被故意放置在这堆石英砂岩之上的，而不是自然原因形成的这种埋藏状况。以上分析说明，赵庄先民可能从陉山搬来石英砂岩石块并且堆砌起来，然后将象头骨放置在上面，这一系列专门行为有着不同于日常生活行为的特殊目的。在石英砂岩石堆的周围，特别是其北部，布满了脉石英制品，零星的骨骼化石亦在其中。这些脉石英制品包括相当数量的工具和使用过的石片或断块，联系到出土的三种动物骨骼，它们应当是用来食用肉类的工具。综上所述，赵庄遗址出土的象头骨、石英砂岩制品和脉石英制品三者形成一个有机的整体，共同组成了史前人类的活动遗迹。

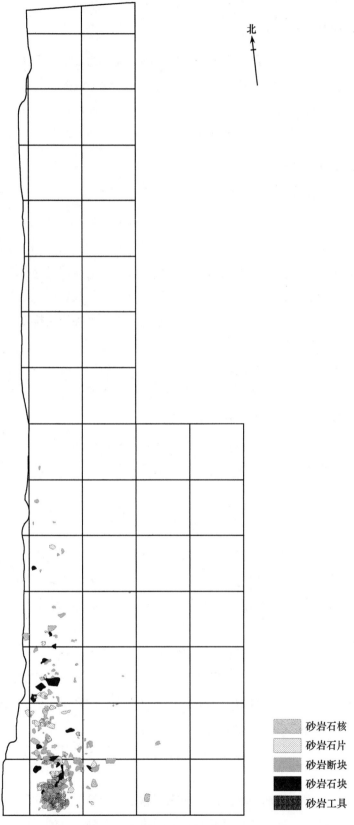

北

	砂岩石核
	砂岩石片
	砂岩断块
	砂岩石块
	砂岩工具

图5.25 石英砂岩石制品平面分布图

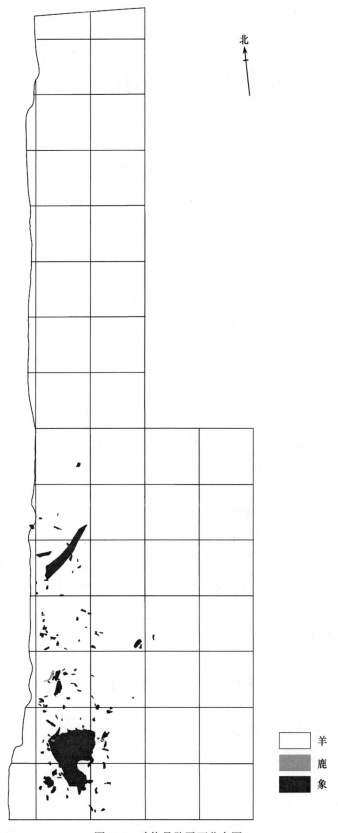

北

羊
鹿
象

图5.26　动物骨骼平面分布图

第六章　石制品概述

赵庄遗址的遗物包含石制品和动物骨骼，其中石制品的数量丰富，特点鲜明。第六章至第八章的内容都与石制品相关。本章对石制品的整体特征进行概括介绍，第七、八章分别对脉石英和石英砂岩石制品分类介绍。

6.1　赵庄遗址石制品分类系统

本书的分类原则借鉴操作链思想，按照目前学术界较为通行的做法（卫奇，2001；王幼平，2006；陕西省考古研究院等，2007），结合赵庄遗址石制品的实际情况，将出土的全部石制品纳入分类系统，包括未加工者、石核、石片、工具以及在制作和使用石器当中产生的废品。

1. 赵庄石制品分类系统

（1）未加工者。

未加工的标本是指在遗址中出土的、表面未见人工剥片的标本，包括砾石和石块。这类石制品在目前的分类中常被称为"备料"，意指人类搬运至遗址准备进一步加工的石料。但赵庄未加工的石英砂岩石制品比较特殊，可能并没有备料的意图，因此将其命名为"未加工者"。

（2）石核。

按照剥片方法分为锤击石核和砸击石核。

锤击石核按照台面及剥片面的关系分为单台面、双台面、多台面。根据台面与剥片面的关系单台面又可分为Ⅰ1型、Ⅰ2型、Ⅰ3型，分别代表1个台面1个、2个以及多个片疤；双台面可分为Ⅱ1型、Ⅱ2型，分别代表2个台面2个、3个及以上片疤；多台面石核称Ⅲ型石核，代表3个以上台面和3个以上剥片疤。

砸击石核按照可辨台面的数量分为单级和两极石核。

（3）石片。

按照剥片方法分为锤击石片和砸击石片。锤击石片按照Toth的分类系统，分为Ⅰ～Ⅵ型（Toth，1985）。砸击石片分为单级和两极石片。

石片亦可按照完整性分为完整石片和断裂片。断裂片按照断裂方式分为断片和裂片。断片是指横向断开的标本，又可细分为近端、中间和远端断片。裂片（split）则是通过打击点裂开的标本，又可再分为左裂片和右裂片。

（4）工具。

按照功能可以分为第一类工具和第二类工具（张森水，1987）。第一类工具通常指石锤、石砧类加工工具。

第二类工具按照常规分为边刮器、尖状器、砍砸器等。由于赵庄遗址边刮器较多，又进一步按照刃缘数量分为单刃、双刃、复刃刮削器。

（5）废品。

包括残片、断块和碎屑。大于10mm的石制品当中无法归入上述各类别的标本称为残片或者断块，小于10mm者归为碎屑。残片是指能够观察到石片的某些特征，如打击点、放射线等，既不是完整石片也不是断裂片的片状石制品。断块则是指无法归入上述大类以及残片的、大于10mm以上的标本。

2. 分类实际操作说明

在实际分类的过程中，有些标本可以归于分类系统上的两个甚至多个环节。尤其对于脉石英这类均质、韧性都比较差的原料，更是难以绝对地将某件标本排他性地归入某一类。况且，从古人类的角度而言，许多石制品本身就是"身兼数职"。因此，无论是哪一种分类的标本数量都不是绝对的。下面将对分类当中遇到的难题统一说明，仅代表作者在本次研究中所采取的处理方法。

（1）第一类工具。

赵庄并没有出土专门意义上的石锤、石砧。在某些标本上可见有白色的点状坑疤，可能是作为石锤或者石砧使用过。由于缺乏较明确的证据证实这些坑疤的形成原因，因此，凡是这类具有坑疤的标本均做观察和说明，不作为分类的依据。这类标本又往往被再次剥片，这类再次剥片的石制品我们就纳入了剥片后的分类当中去，如石核、工具等。

（2）未加工者。

在标准化石时代的石器研究文章当中，这类"不起眼"的石制品经常被研究人员忽略。但是随着操作链思想的引入，学者们逐渐意识到：遗址内部出土的所有石制品均应与人类行为相关。这种未被加工而在遗址中出现的石制品往往被认为是操作链环节中靠前的位置，最有可能是人类在原料产地带回之后准备投入加工。不同学者对其命名有所区别，如原料（卫奇，2001）、搬入石材（李锋，2010）、备料等。以上这些命名或多或少已经包含了研究人员的研究意图。但是不同遗址当中出土的未加工石制品的作用需要进一步研究才能确定。本书作者在此仅将其命名为未加工者，并将其性质（包括岩性和原型）置其后，以表达其客观存在的属性。如脉石英石制品中此类石制品命名为"未加工者—脉石英砾石"，而后文即将提到的石英砂岩石制品则命名为"未加工者—石英砂岩石块"。赵庄遗址的原料仅包括脉石英和石英砂岩两类，脉石英数量占绝对优势，但未加工者数量极少，几乎可以忽略不计；而石英砂岩数量不多，没有加工的石制品却很多，因此赵庄遗址的未加工者的分类主要是为了定义石英砂岩的石制品。

（3）石核。

理论上石核可以按照技术分为锤击法或者砸击法。但是在实际分类过程中，我们发现对于某些剥片比较多的复杂石核，很难绝对地推测出石核的打击方法。相反，在同一个石核上经常会观察到使用两种方法进行剥片的片疤。同时，即便是简单的石核，其剥片方法有时也比较难以确定。这与脉石英的原料性质有很大的关系。因此，我们仅仅将较为确定的砸击石核区别出来，其余无法确认的石核相应的归入另外一类，称为"锤击石核或者无法确定"（简称为"锤击石核"）。

与砸击石核的不确定性类似，碰砧石核具有与锤击石核相似的特征，因此具有更大的不确定性，因此，我们没有将碰砧石核单独列出。

（4）石片。

就形成的原因来讲，石片至少有两种，一是从石核上剥落下来的石片，可以直接使用，或者进一步修理成工具；二是在修理工具的过程中剥落下来的石片。但是在赵庄遗址的实际分类操作中是很难将这两类石片截然分开。

理论上按照技术可以将石片分为锤击、砸击以及碰砧石片。但是同石核一样，有些标本模棱两可，在这种情况下只好将砸击石片特征比较明显的标本分出，其余的石片标本均归入另一类，称锤击石片或者无法确定的石片。

石英砂岩个体较大，某些标本进行了剥片，难以确定是修理还是剥片。鉴于整体上看石英砂岩的工具没有精致加工，凡是可以形成刃缘的剥片均归入修理系列，即相应的标本归入"工具"。

（5）废品。

理论上讲，废品是指在剥片和制作工具过程当中没有成形的标本。在实践当中，会遇到性质模棱两可、难以归类的标本。如某些标本上可见1～2片疤，若从技术上来讲还不能完全归入工具类，但从功能上来讲已经具有工具的作用。这类具有一定意义的石制品，我们将其归入断块残片。另外还有一类断块标本上亦见到剥片疤的某些特征，如放射线、反泡等，但缺失打击点，与完整意义上的石核有区别。为了与普通断块相区别，我们将以上两类断块称为II类断块，表示这类标本包含有比普通断块更多的人类打制信息。

6.2　石制品定位与观察测量项目

6.2.1　基本项目

1. 石制品大小

石制品按照标本最大长度或宽度划分5个等级（卫奇，2001），结合赵庄石制品碎屑产品较多的特征分为6个级别，即碎屑（L<10mm），微型（10mm≤L<20mm）；小型（20≤L<50mm），中型（50≤L<100mm），大型（100≤L<200mm），巨型（L≥200mm）。

2.石制品重量

根据赵庄标本的实际情况分为8个级别：<1g；1～20g；20～50g；50～100g；100～200g；200～500g；500～1000g；≥1000g。

3.岩性

根据目鉴结果确定石制品原料的岩性，赵庄遗址仅包括脉石英和石英砂岩两种。

4. 自然性质

是指由于自然原因导致石制品表面的改变，包括风化程度、磨蚀程度、锈蚀、碳酸钙覆盖程度、砾石自然面比例、岩石风化面自然面比例、节理面比例等方面。风化程度根据断口的新鲜程度和结构致密程度分为0～3四个等级，0代表断口新鲜，结构致密，1代表断口较新鲜，结构致密，2代表断口较模糊，结构较疏松，3代表断口非常模糊，看不到节理细节。磨蚀程度按照棱角的磨圆程度分为0～3四个等级，0代表棱角十分锐利，1代表棱角略微有磨圆，2代表棱角次磨圆，3代表磨圆严重，棱角非常不明显。锈蚀根据是否在表面上能够观察到锈蚀来记录，有记为1，无记为0。碳酸钙覆盖程度、砾石自然面比例、岩石风化自然面比例、节理面比例均用百分比制来记录，根据实际情况记0～100。

5. 疑似使用痕迹初步观察

是指在初步观察石制品时，将肉眼可以观察到的、疑似为使用痕迹的标本记录下来，为以后进一步显微观察提供参考。观察项目包括微疤、磨圆和光泽，可见记为1，不可见记为0。可见的使用痕迹要测量长度，以mm为单位。

6.2.2　石　核　类

1. 定位

以石核的最大剥片面为基准，剥片工作面上下的最大距离为石核长度（高度），剥片工作面左右最大的宽度为石核的宽度，剥片工作的前后最大距离为厚度。

2. 整体特征

首先全面观察石核，找出台面和剥片面，根据台面剥片面的数量确定石核的类型。理论上要观察到每一个剥片面，包括有打击点和没有打击点的。但实际操作过程中对于脉石英这种原料制作的石制品，很多信息无法确定，本报告将可观察到的较为确定的剥片面和剥片疤记录下来。

根据石核保留自然面的性质、台面和剥片面的关系，确定石核的原型。原型，是指该件石核形成之前的状态，石制品的所有类型都有可能用来剥片，所以原型可以是砾石、岩块，也可以是石片（包括完整石片和不完整石片）、残片、断块，甚至是工具。

3. 台面特征

台面数量，用数字1、2、3……来表示。台面编号，从主台面开始依次编号为台面1、台面2……原则上每个台面都需要记录台面性质、台面形状以及测量数据。台面性质，保留有一定面积的台面包括自然、打击、节理以及他们的组合方式，如自然＋节理，自然＋打击等；未能保留面积的台面则记为无台面，一般形状为点状、刃状。台面形状，包括三角形、四边形、五边形、点状、不规则、破损等多种情况。下文情况也相同。

这里的节理面包括两种情况，一种是岩石本身所带的带节理面，经过风化之后仍然可辨；另一种是在打制过程中，由于破裂机制和岩石本身的节理面共同作用而成。前者称风化节理面，实际为自然面；后者称破裂节理面，实际为人工面。下文情况也相同。

测量数据，包括台面长、宽和台面角，台面长是指沿着打击点的最大长度，宽度则是垂直于长度的最大数据；台面角是指台面与剥片面之间的角度。

4. 剥片面特征

与台面观测同理，若存在多个剥片面，则需要按照同一台面之下对剥片面进行编号，以数字1、2、3……来表示剥片顺序。由于每个剥片面的性质可能不同，因此每一个剥片面要分开记录，包括片疤数量、疤间关系、尾端形态、深度和延展程度等指标。片疤数量，是指该剥片面上可以数出来的剥片疤的数量，用阿拉伯数字表示。疤间关系，不同片疤之间的位置关系，分为包含（叠压）、打破（相交）、独立等几种。尾端形态包括包括尖灭、折断、阶梯、卷边等。片疤深度，根据片疤凹陷的程度分为浅平、深、很深。 片疤延展程度，根据片疤在该剥片面上的延伸程度分为短、中、长三个级别，分别表示疤痕占石核长度的1/4者、1/4至1/2者和1/2以上者。测量数据，对明确的剥片面测量长、宽数据，测量方法与石片的测量方法对应。

6.2.3　石　片　类

1. 定位

打击点朝上，腹面朝向观测者，上为台面近端，下为远端，腹面左侧为左，右侧即为石片的右侧。

2. 整体特征

首先要按照分类系统确定石片类型，是完整石片或不完整石片，完整石片细分为锤击石片六类和砸击石片两类，不完整石片细分为裂片两类和断片三类。然后记录横、纵剖面形状，横剖面即轮廓形状，如三角形、四边形、梯形、不规则形，纵剖面如正三角形、倒三角形、等腰三角形、平行四边形等。纵剖面还需记录弯曲程度，是靠近背面还是腹面，或位于中间。根据背面情况确定石片的原型，同石核。

测量石片长度、宽度、石片角。石片长度有多种测量方法，本文所用的方法是，腹面打击点处至远端的垂直距离，测量时游标卡尺的上尺下沿要卡在台面上，标本位于游标卡尺两尺之间的平面内。宽度则是垂直于长度的最大宽度。石片角是指过打击点处台面与腹面之间的夹角，注意避免受到半锥体凸起的影响。

3. 台面特征

台面类型，同石核，分为自然、打击以及无明显台面。台面形状：点状、刃状、线状、等边三角形、等腰三角形、普通三角形、梯形、平行四边形、普通四边形、五边形、半圆形、柳叶形、椭圆形、弓形以及不规则形等。台面状态，分为平、凸、凹三种。清点台面小疤数量，自然台面为0，单纯一个疤的打击台面为1（素台面），多一个疤则为2，以此类推，点状、刃状为无法计数。台面小疤分布情况，平行或者不规律。打击点是否可见。测量台面长、宽，平行于石片厚度方向的台面最大厚度为台面长，平行于石片宽度的台面最大长度为台面宽。

4. 腹面特征

石片腹面特征包括半锥体、打击泡、同心波、放射线、锥疤等，可见记为1，不可见记为0。腹面形态，包括平、凸、凹三种。

5. 背面特征

包括背脊形态、片疤数量分布以及自然面比例等指标。背脊形态包括无背脊、单横、单纵、单斜、双斜、双纵、横纵、纵横、Y形、倒Y形、H形、复杂背脊等。片疤数量用阿拉伯数字表示。片疤分布形态包括同向、对向、垂直或斜交、多向、向心等。

6. 边缘特征

边缘包括远端、近端和左右侧边缘。远端形态可分为尖灭、阶梯、折断、内卷、外翻等。左右侧边缘状态包括尖灭、断面、砾石面、背面—腹面打击疤、腹面—背面打击疤、近端—远端打击疤等。两侧边缘形态有平行、汇聚、相交、先扩后聚等。是否为潜在的工具缘及其所在的位置，近端、远端、左边或者右边。

6.2.4　工　具　类

1. 定位

每件工具要明确定位，一般原则如下：以石片（完整石片或不完整石片）为毛坯者，按照石片的定位法则来观测；以块状石制品（包括断块、岩块、石核等）为毛坯，按照平面为正面、凸面为反面，背面朝向观测者，重心朝下的定位原则；不规则者单独列出。

2. 整体特征

按照分类系统确定工具类型，包括边刮器、尖状器、砍砸器三类。边刮器又可分为单直刃、单凸刃、单凹刃、双直刃、双凸刃、凹凸刃、复刃边刮器。尖状器分为正尖、歪尖。砍砸器数量少，不再细分。

确定工具的毛坯，包括石块、砾石、石核、断块、完整石片、不完整石片、残片等。

观察工具横截面形状，包括三角形、四边形、梯形、不规则等。

测量数据，包括长、宽、厚，重，按照定位原则测量，如定位为石片，则按照石片测量，如为断块，则按照最大原则测量。

3. 刃缘特征

明确刃缘数量，刃缘间的关系，是否存在潜在工具边缘及其位置。刃缘间关系包括平行、相交、聚合、不规则等。

对每个刃缘进行观测，包括加工部位、加工方向、刃角、刃缘形状、刃缘长度、修疤特点等。加工部位即定位系统下左侧或者右侧，远端或者近端，或者它们的组合。加工方向，包括正向、反向、交互、转向、错向等。描述刃缘形状，包括直、凸、凹，记录刃缘状态，平齐、锯齿、不规则。测量刃角度数，可能是一个数字，也可能是一个范围。尖状器测量尖角度数。测量修理刃缘长度和刃缘长度。

修疤特点包括加工距离、疤痕分布、疤痕形态、疤间关系、疤痕大小等指标。具体而言，加工距离分为近、中、远三个级别，近指加工不及工具宽的1/10，远指加工超过工具宽1/3，中是两者之间的距离。疤痕分布状态包括连续、断续、不均匀、独立等。疤痕形态，包括普通状、阶梯状、叠层状、鱼鳞状等。疤间关系包括叠压、相邻、平行、独立等。疤痕大小分为微（≤2mm）、小（2～5mm）、中（5～12mm）、大（12～20mm）、很大（≥20mm）五个等级。

6.2.5　其　他　类

未加工者：记录基本项目长、宽、厚、重。

断块残片类：记录基本项目长、宽、厚、重。

碎屑类：10mm以上记录长、宽、厚、重；10mm以下仅记录重量。

6.3　赵庄遗址石制品构成

6.3.1　每个文化层石制品构成

赵庄遗址共发现石制品6635件。其中⑥层18件，仅占所有石制品的0.27%；⑦层6617件，占99.73%（表6.1）。

1. ⑥层石制品

⑥层标本零星，种类不全，包括石核、石片、废品等。其中石核1件，占⑥层总数的5.56%；石片2件，占11.11%；废品15件，占83.33%。

2. ⑦层石制品

⑦层标本占绝对多数，包括全部种类，其中未加工者20件，占⑦层所有石制品的0.3%。石核144件，占2.18%；石片239件，占3.61%；工具143件，占2.16%；废品6071，占91.75%。废品中又以断块数量最多（N=3431），占废品总数的56.51%；其次为碎屑，占39.88%。

6.3.2　石制品构成（整体）

未加工者标本最少，仅20件，占所有标本的0.3%，全部位于⑦层。未加工标本中砾石仅1件，石块19件。事实上，1件砾石为脉石英，19件石块均为石英砂岩。

石核　145件，占2.19%，⑥层仅1件，其余144件位于⑦层。可以确认的砸击石核仅10件，其余为锤击或不确定剥片方法的石核，135件。

石片　241件，占3.63%，⑥层仅2件，其余239件位于⑦层。可以确认的砸击石片仅16件，其余为锤击石片或者不确定剥片方法的石片，225件。

工具　143件，占2.16%。均位于⑦层。以各类刮削器数量最多，达126件，尖状器11件，砍砸器数量最少，仅6件。

废品数量最多，6086件，占到91.73%。其中⑥层15件，其余均位于⑦层。废品中尤以断块最多，达3435件；残片226件，碎屑2425件。

从以上分析可知，⑥层标本非常稀少，代表赵庄遗址被埋藏之后人类零星的活动。⑦层则是赵庄人集中活动的遗存。根据统计，⑥层标本构成与⑦层类似，也包括了除未加工者和工具之外常见的石核、石片、及废品类，只是每一类的数量极少，几乎没有统计意义，无法进一步做历时性对比工作。而⑦层出土了非常丰富的文化遗物，代表了赵庄文化的主体特征。因此，为了体现赵庄主体文化的特征，下文的分析讨论若不特别注明，均是围绕⑦层的6617件石制品展开。

表6.1　赵庄遗址出土石制品统计表（按地层）

类型	⑥层				⑦层			
	N	%	N	%	N	%	N	%
未加工者	0	0			20	0.3		
砾石			0	0			1	5
石块			0	0			19	95
石核	1	5.56			144	2.18		
砸击石核			0	0			10	6.94
锤击石核或不确定			1	100			134	93.06
石片	2	11.11			239	3.61		
砸击石片			0	0			16	6.69
锤击石片或不确定			2	100			223	93.31
工具	0	0			143	2.16		
刮削器			0	0			126	88.11
尖状器			0	0			11	7.69
砍砸器			0	0			6	4.2
废品	15	83.33			6071	91.75		
断块			4	26.67			3431	56.51
残片			7	46.67			219	3.61
碎屑			4	26.67			2421	39.88
合计	18	100			6617	100		

6.3.3　石制品大小（整体）

根据石制品的尺寸可以分为碎屑（<10mm）、微型（10~20mm）、小型（20~50mm）、中型（50~100mm）、大型（100~200mm）、巨型（≥200mm）等6个等级。整体而言，赵庄遗址当中以微型制品为多（N=2552，38.57%），其次为小于10mm的碎屑类（N=2421，36.59%），小型标本也占有一定的数量（N=1385，20.93%）。中型（N=113，1.71%）、大型（N=138，2.09%）标本数量不多，还有8件（0.12%）巨型标本（图6.1）。

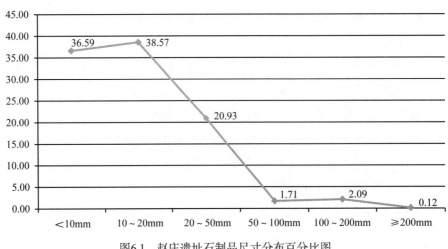

图6.1　赵庄遗址石制品尺寸分布百分比图

不同类型石制品尺寸大小统计显示（表6.2）：未加工者以大型（N=16）和巨型（N=3）为主；石核以小型（N=91）为最多，中型（N=24）和大型（N=21）次之，仅8件标本为微型；石片亦以小型（N=131）为最多，其次为微型（N=47）和大型（N=35），中型（N=24）标本最少；工具类也是以小型（N=118）占绝对多数，微型（N=10）和中型（N=11）标本其次，大型标本（N=4）最少；废品的尺寸分布与石制品的整体分布相似，是以微型（N=2486）标本为多，碎屑标本其次（N=2421），小型标本也占有一定数量（N=1043），中型和大型标本分别为53件和62件，巨型标本5件。

表6.2　赵庄遗址石制品尺寸大小的分类统计　　　　　　　　　（单位：mm）

尺寸 类型	<10		10~20		20~50		50~100		100~200		≥200	
	N	%	N	%	N	%	N	%	N	%	N	%
未加工者							1	0.02	16	0.24	3	0.05
石核			8	0.12	91	1.38	24	0.36	21	0.32		
石片			47	0.71	133	2.01	24	0.36	35	0.53		
工具			10	0.15	118	1.78	11	0.17	4	0.06		
废品	2421	36.59	2487	37.59	1043	15.76	53	0.80	62	0.94	5	0.08
总计	2421	36.59	2552	38.57	1385	20.93	113	1.71	138	2.09	8	0.12

赵庄遗址石制品的重量大小分异度很大，因此根据实际情况将其分为8个等级。其中小于1g的标本最多（N=4385，66.27%），1~20g的标本其次（N=1839，27.79%），这两部分即占到94.06%之多。其余重量级别的标本中以20~50g略多（N=145，2.19%），数量最少的为100~200g的标本（N=23，0.35%）。值得注意的是大于200g的标本有174件，占所有标本的2.78%，其中≥1000g的标本有75件之多，占1.13%。总之，赵庄石制品重量的变化趋势是：随着重量增加，数量先急剧减少，随后又略升高（图6.2）。

不同类型标本的重量分布也有所不同，如表6.3。未加工者均在50g以上，以大于500g的标本占有绝对多数（N=15），占3/4。石核标本则以20~50g为多（N=42），较轻的1~20g（N=32）的标

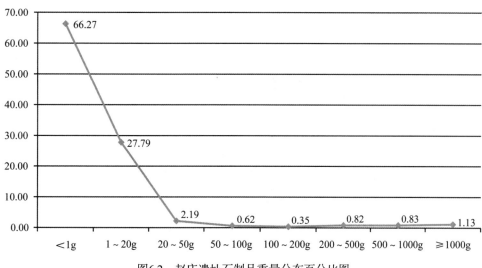

图6.2 赵庄遗址石制品重量分布百分比图

本和最重的≥1000g的标本（N=29）数量接近。石片中1～20g标本占绝对多数（N=167）；其次为200～500g，19件；500g以上石片有29件。工具中也是以1～20g标本占绝对多数（N=109），其次为20～50g（N=25），＞500g标本共5件。废品类当中，以＜1g标本占绝对多数（N=4371），其次为1～20g（N=1531），其余重量级别标本均较少。

表6.3 赵庄遗址石制品重量的分类统计表

重量 类型	＜1 g		1～20 g		20～50 g		50～100 g		100～200g		200～500 g		500～1000g		≥1000g	
	N	%	N	%	N	%	N	%	N	%	N	%	N	%	N	%
未加 工者							1	0.02	1	0.02	3	0.05	6	0.09	9	0.14
石核			32	0.48	42	0.63	22	0.33	10	0.15	2	0.03	7	0.11	29	0.44
石片	8	0.12	167	2.52	11	0.17			5	0.08	19	0.29	16	0.24	13	0.20
工具			109	1.65	25	0.38	3	0.05			1	0.02	3	0.05	2	0.03
废品	4377	66.15	1531	23.14	67	1.01	15	0.23	7	0.11	29	0.44	23	0.35	22	0.33
总计	4385	66.27	1839	27.79	145	2.19	41	0.62	23	0.35	54	0.82	55	0.83	75	1.13

需要强调的是，以上统计是基于全部标本的分类统计。事实上，考古遗址内各类型标本的属性受到原料制约的因素很大。尤其是对于岩性差别较大的遗址来说，不同原料的石制品表现出来的面貌和性质可能会截然不同。赵庄遗址的石制品仅包含脉石英和石英砂岩2种原料，并且这2种原料岩性差异很大，放在一起统计无法突出各自的特征，因此下文将按照原料来分析石制品构成和统计石制品大小，以便进一步探讨石制品的技术、组合、功能等。

6.4　按原料分析石制品构成

6.4.1　石制品构成（按原料）

赵庄遗址⑦层出土石制品6617件，仅包括脉石英和石英砂岩2种原料。其中脉石英占绝对多数（N=6341，95.83%），石英砂岩数量较少（N=276，4.17%）。

脉石英石制品中以废品数量占绝对多数（N=5909，93.19%），其次为石片（N=185，2.92%），工具（N=138，2.18%）略少，与石核（N=108，1.7%）数量相近，未加工者最少，仅1件（0.02%）。废品中小于10mm的碎屑（N=2420）占废品总数的40%以上，说明了遗址原地剥片、原地埋藏的性质。

石英砂岩石制品中废品数量也最多（N=162，58.7%），其次为石片（N=54，19.57%），再次为石核（N=36，13.04%），未加工者（N=19，6.88%），工具数量最少（N=5，1.81%）。缺乏碎屑产品表明了在异地剥片的性质。

石制品分类统计和描述见第七章。

表6.4　赵庄遗址⑦层石制品分类统计表

岩性 / 类型	脉石英						石英砂岩					
	N	%	N	%	N	%	N	%	N	%	N	%
未加工者	1	0.02					19	6.88				
砾石			1	100					0	0		
石块			0	0					19	100		
石核	108	1.7					36	13.04				
砸击石核			10	9.26					0	0		
锤击石核或不确定			98	90.74					36	100		
单台面					33	30.56					18	50
双台面					40	37.04					13	36.11
多台面					25	23.15					5	13.89
石片	185	2.92					54	19.57				
砸击石片			16	8.65					0	0		
锤击石片或不确定			169	91.35					54	100		
完整石片					149	88.17					47	87.04
断裂片					20	11.83					7	12.96

续表

岩性 类型	脉石英						石英砂岩					
	N	%	N	%	N	%	N	%	N	%	N	%
工具	138	2.18					5	1.81				
刮削器			127	91.97					0	0		
尖状器			10	7.3					0	0		
砍砸器			1	0.73					5	100		
废品	5909	93.19					162	58.7				
断块			3310	56.02					121	74.69		
残片			179	3.03					40	24.69		
碎屑			2420	40.95					1	0.62		
合计	6341	100					276	100				

6.4.2　石制品大小（按原料）

就尺寸大小而言，脉石英石制品的尺寸以50mm以下为主（N=6295），占所有脉石英的99.3%。而石英砂岩以50mm以上标本为主（N=213），占所有石英砂岩的77.2%，尤其以100~200mm最多，占一半，而<10mm的标本仅1件（图6.3）。可见脉石英绝大多数标本在5cm以下，而石英砂岩则以5cm以上标本为主。

从重量分布上看（图6.4），脉石英标本以50g以下占绝对多数，6296件，占99.3%；其余为零星；缺乏500g以上标本。石英砂岩中>200g的标本较多，181件，占65.6%；尤其是以>1000g的标本数量最多，达75件；20g以下标本不到1/3。

脉石英石制品数量多而重量小，以<50mm、<50g的标本为主，属于易于携带和使用的范围。而石英砂岩则以数量少而重量大为特点。以>50mm为主，尤以100~200mm为多。重量以>200g为多，平均重量达779g，最大重量达3590g，超1000g的标本最多。这样的尺寸和重量在我国北方旧石器考古遗址当中是不多见的，在携带和使用方面都不十分便利。

综上，赵庄遗址脉石英和石英砂岩在遗址内的面貌大相径庭，因此，在石制品分类属性描述时按照脉石英和石英砂岩分别进行，不作合计。

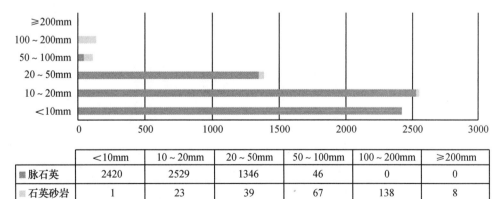

	<10mm	10~20mm	20~50mm	50~100mm	100~200mm	≥200mm
脉石英	2420	2529	1346	46	0	0
石英砂岩	1	23	39	67	138	8

图6.3　赵庄遗址石制品尺寸分布图（区分原料）

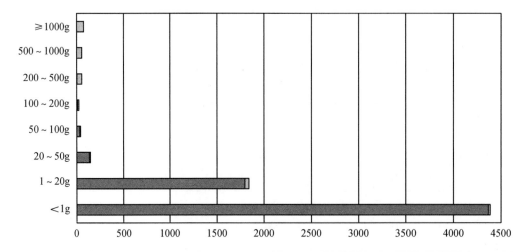

	＜1g	1~20g	20~50g	50~100g	100~200g	200~500g	500~1000g	≥1000g
■ 脉石英	4366	1797	133	32	10	3	0	0
□ 石英砂岩	19	42	12	9	13	51	55	75

图6.4　赵庄遗址石制品重量分布图（区分原料）

第七章　脉石英石制品

赵庄遗址出土的脉石英颜色为乳白色、纯白色甚至透明，少数淡黄色。呈油脂光泽。许多标本上可见附着淡绿色、紫红色绢云母，个别可见紫红色或者土黄色晶洞。有的标本上可见金色片状物，应为某种金属。结构非常致密，多数均质一般，有节理，性脆，易碎，不易形成贝壳状断口。硬度为7。

共出土脉石英石制品6359件。其中⑥层18件，包括石核1件、石片2件、断块残片11件、碎屑4件。⑦层6341件，其中未加工者1件，石核108件，石片185件，工具138件，断块残片3489件，碎屑2420件。

以下统计数据以⑦层标本为基础。

7.1　未加工者

未加工的脉石英仅1件，原型为砾石，不见未被剥片的岩块。赵庄唯一一件可以确认的砾石，标本号09XZ·802，长67.1 mm，宽38.2mm，厚32.3 mm，重89g。

7.2　石　核

脉石英石核108件，占脉石英总数的1.7%。均为简单剥片石核，未见预制石核。根据剥片方法可分为锤击石核（N=98）和砸击石核（N=10）；根据台面和剥片面的数量又可将锤击石核进一步分为单台面（N=33）、双台面（N=40）和多台面石核（N=25），将砸击石核分为单级（N=2）与两级石核（N=8）（表7.1）。

表7.1　赵庄遗址脉石英石核分类统计表　　　　　　　　　（单位：件）

岩性	统计	单台面			双台面		多台面	砸击		合计
		Ⅰ1	Ⅰ2	Ⅰ3	Ⅱ1	Ⅱ2	Ⅲ	单级	两级	
脉石英	N	22	7	4	22	18	25	2	8	
	%	20.37	6.48	3.7	20.37	16.67	23.15	1.85	7.41	
	N	33			40		25	10		108
	%	30.56			37.04		23.15	9.26		100.00

表7.2为石核的测量统计表。脉石英石核的重量范围在3.4～266g之间，平均值52.1g。长（高）、宽、厚的平均值分别为34.15mm、38.65mm、31.82mm，属于小型范围。长宽指数（宽度/长度×100）和宽厚指数（厚度/宽度×100）可以反映石制品的形态。根据数学和美学的黄金分割律，石制品的形态可以分为4个等级：①宽厚型，长宽指数≥61.8，宽厚指数≥61.8；②宽薄型，长

宽指数≥61.8，宽厚指数<61.8；③窄薄型，长宽指数<61.8，宽厚指数<61.8；④窄厚型，长宽指数<61.8，宽厚指数≥61.8（卫奇，2001）。脉石英石核的平均长宽指数和宽厚指数分别为124.59和85.83，说明形态以宽厚型为主（图7.1；表7.2）。

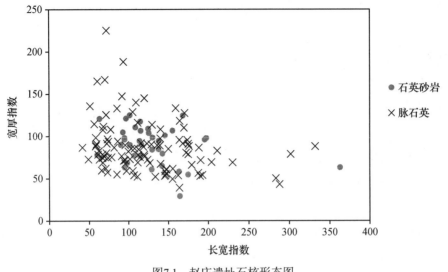

图7.1　赵庄遗址石核形态图

表7.2　赵庄遗址脉石英石核测量统计表

统计	重量（g）	长（高）（mm）	宽（mm）	厚（mm）	长宽指数	宽厚指数
计数	108	108	108	108	108	108
最大值	266	83.5	81.9	74.9	332.10	225.10
最小值	3.4	14	12.6	10.7	41.65	43.18
平均值	52.11	34.15	38.65	31.82	124.59	85.83
标准偏差	48.11	12.41	13.36	12.00	57.11	30.64

1. 锤击石核

98件，占脉石英石核总数的90.74%，包括单台面石核、双台面石核、多台面石核。

单台面石核　33件，占所有石核的30.56%。其中，Ⅰ1型石核数量较多22件，占20.37%。Ⅰ2型和Ⅰ3型石核共11件，占10.18%。Ⅰ1型石核可能为测试石核，是最浅层次的利用。而Ⅰ2型是指在台面固定的情况下，旋转了一次剥片面，属于中等层次利用。Ⅰ3型石核则表明旋转次数更多，代表了更深层次地利用。

双台面石核　40件，占所有石核的37.04%。其中，Ⅱ1型22件，占所有石核的20.37%，中等层次利用。Ⅱ2型18件，占16.67%，代表在剥片过程中转过2次及以上台面，可能表明对原料较深层次的利用。

09XZ·0548，Ⅱ2型石核（图7.2，1；图版30）。长45.8mm，宽53mm，厚48.7mm，重129g。原料为质地细腻的脉石英。原型为带皮断块，石皮平坦，之前应为节理面。可观察到2个不分先后的剥片序列，2个序列的台面相邻，共计2个剥片面，6个片疤，双向剥片。序列1的台面为打击，形状为四边形；此台面有3个片疤，推测剥片方法均为锤击法。序列2的台面为风化节理面，至少进行

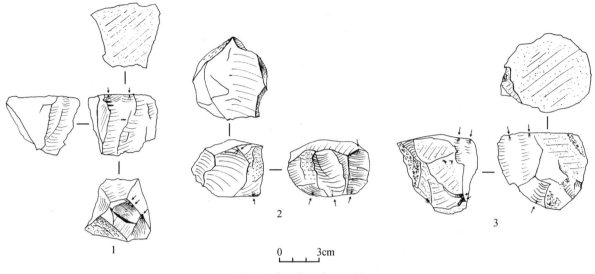

图7.2　脉石英双台面石核

1. 09XZ·0548　2. 09XZ·0910　3. 09XZ·0956

了4次剥片，2个剥片可见打击点，剥片面近端可见多次打击形成的层叠状分布以及阶梯状尾端显示打片法可能为连续砸击。自然面比例为25%。

09XZ·0910，Ⅱ2型石核（图7.2，2；图版31）。长42.7mm，宽55.3mm，厚62.9mm，重184.8g。原料为含脉状黑色云母的脉石英。原型为带皮石块，节理较发育。可观察到2个剥片序列，第1序列为锤击，第2序列为砸击，为锤砸并用石核，双向剥片。主台面为自然，台面形状不规则，台面长57.9mm，宽52.3mm，台面角95°。主片疤深，延展程度长，片疤长30.4mm，宽27.7mm。可见白色砸痕，可能兼做石锤。自然面比例40%。

09XZ·0956，Ⅱ2型石核（图7.2，3；图版32，1）。长62.2mm，宽74.4mm，厚58.1mm，重266g。原料为含红色物质、黑色云母的脉石英，原型为砾石，节理发育。可观察到2个剥片序列，第1序列为砸击，第2序列可能为锤击，为一锤砸并用石核，双向剥片。整体呈近球状。主台面为打击，形状不规则，台面长49mm，宽69.1mm，台面角91°。主片疤很深，延展程度中，长28.7mm，宽28.3mm。后部中央可见白色砸点，可能兼做石锤。自然面比例80%。

多台面石核（Ⅲ型石核）　25件，占所有石核的23.15%，3个及以上台面及剥片面，代表对原料的利用程度最深。

09XZ·0406，Ⅲ型石核（图版32，2）。长52.5mm，宽62.3mm，厚54.6mm，重186.8g。原料为夹杂块状黑云母的脉石英。原型为带皮断块，节理发育。可观察到4个序列至少6个剥片。剥片方法锤砸并用。主台面为打击，形状不规则，长43.1mm，宽47mm，台面角84°。片疤6个。主片疤很深，延展程度长，片疤长31.1mm，宽42.3mm。风化节理面比例为50%。

09XZ·0646，Ⅲ型石核（图7.3，1；图版33，1）。长83.5mm，宽52.1mm，厚43mm，重231.6g。原料为脉石英。原型为带皮断块，节理发育。可观察到6个序列，6个片疤，第1序列可能为砸击，第2序列可能为砸击或锤击，第3序列可能为锤击或砸击，第4序列为砸击或者锤击，第5序列为锤击或砸击，第6序列为锤击。这是一个砸击技术和锤击技术并用的石核。主台面为风化节理面，台面形状不规则，台面长17.5mm，宽15.5mm，台面角88°。主片疤很深，延展程度中，片疤长41.5mm，宽45.4mm，风化自然面10%。

09XZ·0815，Ⅲ型石核（图7.3，4；图版33，2）。长35.9mm，宽40.3mm，厚31.5mm，重56.5g。原料为含红色物质的脉石英，原型为断块。可观察到3个剥片序列，第1序列为砸击，第2序列可能为锤击，第3序列为砸击。为一锤砸并用的石核。主台面为打击，形状不规则，台面长38mm，宽34.5mm，台面角92°。主片疤较深，片疤延展程度中，片疤长21.4mm，宽30mm。自然面15%。此标本已经接近球形。

09XZ·0915，Ⅲ型石核（图7.3，5；图版34，2）。长48mm，宽35.7mm，厚33.5mm，重35.6g。原料为脉石英，原型为断块，节理一般，形状近球形。可观察到3个序列，为锤击石核。主

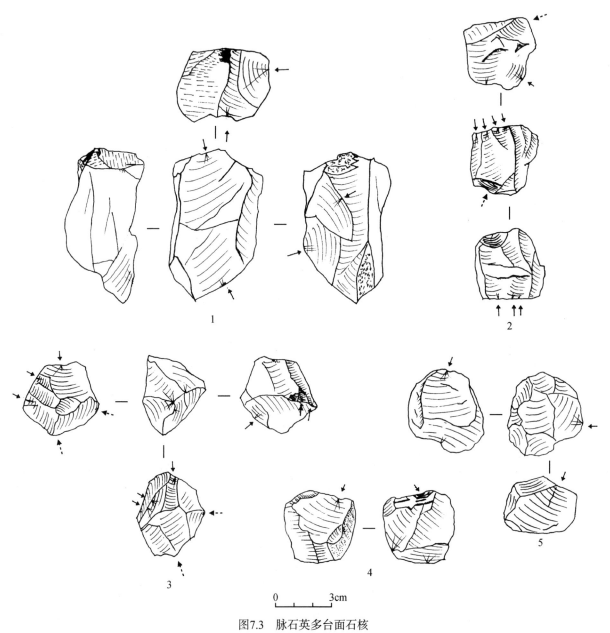

图7.3 脉石英多台面石核
1.09XZ·0646 2.09XZ·1040 3.09XZ·0878 4.09XZ·0815 5.09XZ·0915

台面打击，形状不规则，台面微凸，台面长23.9mm，宽44.1mm，台面角91°，片疤浅平，延展程度长，片疤长24.9mm，宽33.8mm。无自然面。

09XZ·1040，Ⅲ型石核（图7.3，2；图版35）。长44mm，宽43.9mm，厚36.1mm，重78g。原料为脉石英，原型为断块，节理一般，较脆。可观察到3个剥片序列，可能为锤砸并用。主台面为打击，形状不规则，长30.7mm，宽33.4mm。主片疤较深，延展程度中，片疤长16.4mm，宽24.8mm。无自然面。

09XZ·0878，Ⅲ型石核（图7.3，3；图版34，1）。长41mm，宽42.4mm，厚36.2mm，重60.6g。原料为脉石英，原型为断块，节理一般。可观察到5个剥片序列，锤砸并用。主台面为打击，形状不规则，台面长33.8mm，宽42.7mm。主片疤浅平，延展程度中，长25mm，宽34mm。无自然面。

2. 砸击石核

10件，占脉石英石核总数的9.26%。其中单级石核2件，两级石核8件（表7.1）。

09XZ·0752，砸击石核（图7.4，1；图版36，1），原料为含绢云母的脉石英。长31.6mm，宽22.7mm，厚18.2mm，重10.7g。原型为断块，整体呈枣核状。仅1个序列，台面为刃状台面，打击点明显，1个片疤沿节理面破裂，较深，与打击点相对的一端形成层叠分布的片疤。

09XZ·1369，砸击石核（图7.4，2；图版36，2），原料为脉石英。长29.4mm，宽19.7mm，厚15.5mm，重11.1g。原型为有节理的断块，整体扁平。台面不规则，较平坦。剥片面上1个浅平片疤，打击点较明显。

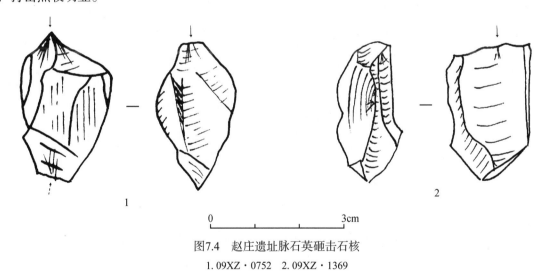

1   2

0 —————————— 3cm

图7.4 赵庄遗址脉石英砸击石核

1.09XZ·0752 2.09XZ·1369

7.3 石 片

共计185件，占脉石英总数的2.92%，包括完整石片165件和断裂片20件。

1. 完整石片

完整石片165件，其中锤击石片或不确定（以下简称锤击石片）149件，砸击石片16件。

按照Nick Toth的分类法，石片按照台面和背面自然面和人工面的关系分为Ⅰ～Ⅵ六型，分别代表自然台面—自然背面、自然台面—部分人工背面和部分自然背面、自然台面—人工背面、人工台面—自然背面、人工台面—部分人工背面和部分自然背面、人工台面—人工背面，这种分类方法可从某种程度上反映人类对原料的利用程度。总体上，脉石英完整石片中，Ⅰ～Ⅲ型自然台面共52件，Ⅳ～Ⅵ型人工台面97件，人工台面数量居多；同时，包含人工背面的Ⅱ、Ⅲ、Ⅴ、Ⅵ型石片也占有多数，可见该遗址对脉石英石料的利用程度较高（表7.3）。

表7.3　赵庄遗址脉石英完整石片类型统计表　　　　　　（单位：件）

类型	Ⅰ	Ⅱ	Ⅲ	Ⅳ	Ⅴ	Ⅵ	砸击	总计
N	3	31	18	3	40	54	16	165
%	1.82	18.79	10.91	1.82	24.24	32.73	9.7	100

脉石英完整石片重量范围在0.1～31.5g之间，平均值为6.86g（表7.4）。

完整石片长、宽、厚的平均值分别为26.98mm、23.85mm、9.41mm，最大值落在中型范围，最小值落在小型范围，整体上属于小型（图7.5）。

表7.4　赵庄遗址脉石英完整石片测量统计表

统计	重量（g）	长（mm）	宽（mm）	厚（mm）	长宽指数	宽厚指数
计数	165	165	165	165	165	165
最大值	31.5	58.1	49.1	20.7	235.71	114.70
最小值	0.1	11.7	2.9	2.3	21.97	16.36
平均值	6.86	26.98	23.85	9.41	93.81	41.60
标准偏差	6.39	9.01	8.68	3.63	36.53	14.65

形态方面，从图7.6所示，脉石英石片以宽薄型占绝对多数，其次为窄薄型和窄厚型，宽厚型标本非常零星。

Ⅰ型石片

3件。

09XZ·1526（图7.7，1），Ⅰ型，石英。长15.7mm，宽19.8mm，厚8mm，重1.9g。轮廓呈四边形，纵剖面呈三角形。台面为略凸不规则形自然面，长4.4mm，宽10.3mm。石片角103°。腹面凸起，打击点、打击泡、放射线清楚，左侧缘为自然面，右侧缘尖灭，远端阶梯状。背脊呈倒Y形。背面均为自然面。

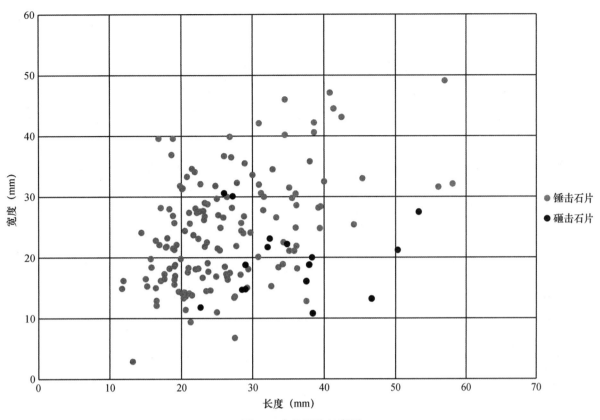

图7.5　完整石片长宽图

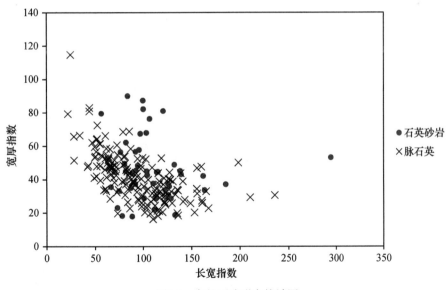

图7.6　完整石片形态统计图

Ⅱ型石片

31件。

09XZ·0155（图7.7，2；图版37，1），Ⅱ型，石英。长23.1mm，宽27.7mm，厚5.7mm，重3.3g。轮廓呈四边形，纵剖面呈细长四边形。台面为平坦不规则形自然面，长4.3mm，宽10.3mm。石片角98°。腹面凹，打击点、放射线清楚，左侧缘尖灭，右侧缘为断面，远端尖灭。背脊呈双斜形。背面三个片疤，方向不明。背面自然面0，节理面比例10%。

09XZ·0396（图7.7，3），Ⅱ型，石英。长30.9mm，宽32mm，厚7.4mm，重6.6g。轮廓近四边形，纵剖面呈倒等腰三角形。台面为平坦不规则形自然面，长5mm，宽11.4mm。石片角108°。腹面凸起，打击泡、放射线清楚，左、右侧缘均为尖灭，远端折断。背脊不明显。背面4个以上片

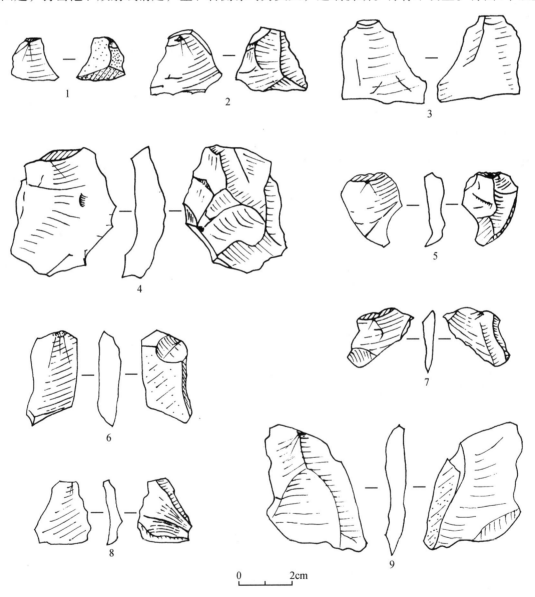

图7.7　赵庄遗址脉石英石片Ⅰ～Ⅲ型

1. Ⅰ型（09XZ·1526）　2～5. Ⅱ型（09XZ·0155、09XZ·0396、09XZ·0704、09XZ·0220）　6～9. Ⅲ型（09XZ·0876、09XZ·1402、09XZ·1487、09XZ·0928）

疤，方向不明，自然面比例10%。

09XZ·0704（图7.7，4；图版37，2），Ⅱ型，石英。长38.6mm，宽42.2mm，厚13.4mm，重26.4g。轮廓呈五边形，纵剖面呈倒等腰三角形。台面为自然面，有节理，平坦不规则形，长8mm，宽23.1mm。石片角125°。腹面凸凹不平，打击泡、放射线清楚，左、右侧缘及远端均为尖灭。背脊上纵下斜。背面2个片疤方向不明，自然面比例80%。

09XZ·0220（图7.7，5），Ⅱ型，石英。长22.4mm，宽23.1mm，厚7.7mm，重4.3g。轮廓不规则，纵剖面呈四边形。台面为平坦三角形自然面，长6.9mm，宽14.9mm。石片角111°。腹面凸起，打击点、打击泡、放射线清楚，左侧缘断面，右侧缘尖灭，远端内卷。背脊斜形。背面8个以上片疤，方向为多向，无自然面。

Ⅲ型石片

18件。

09XZ·0876（图7.7，6），Ⅲ型，石英。长36.2mm，宽18.2mm，厚9.8mm，重8.5g。轮廓呈四边形，纵剖面不规则。台面为平坦不规则形自然面，长7.2mm，宽12.6mm。石片角87°。腹面凸起，打击点、打击泡十分清楚，放射线、锥疤清楚，左、右侧缘均为断面，远端折断。背脊双纵形。背面4个片疤，方向不明，无自然面。

09XZ·1402（图7.7，7），Ⅲ型，石英。长18.3mm，宽28mm，厚5.7mm，重2.4g。轮廓不规则，纵剖面呈四边形。台面为平坦不规则形自然面，长5.8mm，宽16.9mm。石片角103°。腹面凸起，打击点、打击泡、放射线清楚，左侧缘为断面，右侧缘及远端尖灭。单斜背脊。背面10个以上片疤，1个同向，1个垂直，余者方向皆不明，无自然面。

09XZ·1487（图7.7，8；图版37，3），Ⅲ型，石英。长23.6mm，宽22.5mm，厚6.2mm，重2.9g。轮廓呈四边形，纵剖面呈倒等腰三角形。台面为平坦三角形自然面，长4.5mm，宽8.2mm。石片角103°。腹面凹，打击点、放射线清楚，左、右侧缘及远端均为尖灭。背脊不明显，7个以上片疤，方向不明，无自然面。

09XZ·0928（图7.7，9；图版38，1），Ⅲ型，石英。长42.4mm，宽43.1mm，厚8.8mm，重11.5g。轮廓近四边形，纵剖面呈五边形。台面为平坦不规则形自然面，长3.9mm，宽18.9mm。石片角108°。腹面凸起，打击点、放射线清楚，左、右侧缘及远端均为尖灭。背脊不明显。背面3个片疤，1个同向，余者不明，无自然面。

Ⅳ型石片

3件。

09XZ·0260（图7.8，1；图版38，2），Ⅳ型，石英。长23.3mm，宽26.8mm，厚4.9mm，重3.2g。轮廓呈四边形，纵剖面不规则。台面为平坦不规则形打击台面，1个片疤，长2.8mm，宽9.5mm。石片角99°。腹面略凸，打击点、打击泡、放射线清楚，左侧缘为自然面，右侧缘尖灭，远端为阶梯状。背脊不明显，背面6个以上片疤，方向不明，自然面比例50%，风化节理面比例50%。

Ⅴ型石片

40件。

09XZ·0060（图7.8，2），Ⅴ型，石英。长21.2mm，宽25.6mm，厚9.5mm，重5.4g。轮廓呈五边形，纵剖面呈倒等腰三角形。台面为平坦不规则形打击台面，4个片疤，长9.1mm，宽19.8mm。石片角95°。腹面略凸，打击点、打击泡、放射线、锥疤清楚，左、右侧缘均为断面，远端尖灭。背脊为单斜形，背面2个片疤，方向不明，自然面比例55%。

09XZ·0255（图7.8，3；图版38，3），Ⅴ型，石英。长30mm，宽33.6mm，厚11.3mm，重9.6g。轮廓近四边形，纵剖面不规则。台面为较平坦近三角形打击台面，片疤1个，长7.3mm，宽13.2mm。石片角91°。腹面平坦，打击点、放射线清楚，左、右侧缘及远端均为尖灭。背脊不明确。背面4个片疤，方向不明，无自然面，风化节理面比例25%。

09XZ·0274（图7.8，4），Ⅴ型，石英。长32.6mm，宽15.3mm，厚9.5mm，重4.4g。轮廓呈四边形，纵剖面形状呈倒等腰三角形。台面为微凸打击崩损台面，石片角无法测量。腹面平坦，放射线清楚，左、右侧缘及远端均为尖灭。背脊呈倒Y形。背面3个片疤，方向不明，自然面比例20%。

09XZ·0743（图7.8，5；图版39，1），Ⅴ型，石英。长23.3mm，宽29mm，厚8.5mm，重4.5g。轮廓呈四边形，剖面近四边形。台面为凹凸不平三角形打击台面，1个片疤，长7.1mm，宽8.3mm。石片角91°。腹面平坦，打击点、打击泡、放射线清楚，左侧缘尖灭，右侧缘为断面，远端尖灭。背脊呈倒Y形。背面6个以上片疤，方向不明，自然面比例30%。

09XZ·1381（图7.8，6），Ⅴ型，石英。长17.9mm，宽21.8mm，厚6.5mm，重2.1g。轮廓近四边形，纵剖面呈倒等腰三角形。台面为点状打击台面。腹面略凹，打击点、打击泡、放射线清楚，左侧缘为断口，右侧缘为自然面，远端尖灭。背脊呈<形。背面6个以上片疤，方向不明，自然面比例20%。

09XZ·0357（图7.8，10），Ⅴ型，石英。长16.8mm，宽39.6mm，厚12.1mm，重7.7g。轮廓近四边形，纵剖面呈三角形。平坦不规则形打击台面，1个片疤，长3.7mm，宽11.2mm。石片角89°。腹面凹下，打击点、放射线、锥疤清楚，左、右侧缘均为断面，远端折断。背脊呈Y形。背面7个以上片疤，1个垂直，余者方向不明，自然面比例70%。

Ⅵ型石片

54件。

09XZ·1163（图7.8，6；图版39，2），Ⅵ型，石英。长24.8mm，宽31.8mm，厚12.7mm，重10.8g。轮廓呈四边形，纵剖面不规则。台面为略凸不规则形打击台面，1个片疤，长12.2mm，宽29.9mm。石片角102°。腹面凹下，打击点、半锥体、放射线清楚，打击泡十分清楚，左、右侧缘尖灭，远端折断。单纵背脊。背面5个片疤，1个同向，余者不明，无自然面。

09XZ·0470（图7.8，8），Ⅵ型，石英。长26.8mm，宽17.5mm，厚8.4mm，重3.4g。轮廓呈四边形，纵剖面不规则。台面为破损刃状打击台面，1个片疤，长2.9mm，宽8.7mm。石片角无法测量。腹面凸起，打击泡、放射线清楚，左、右侧缘及远端均为尖灭。背脊单斜。背面4个片疤，2个同向，余者不明，无自然面。

09XZ·1117（图7.8，9），Ⅵ型，石英。长22.7mm，宽32.1mm，厚8.6mm，重5.9g。轮廓不规则，纵剖面呈倒等腰三角。台面为平坦不规则打击台面，1个片疤，长10.9mm，宽27.4mm。石片角

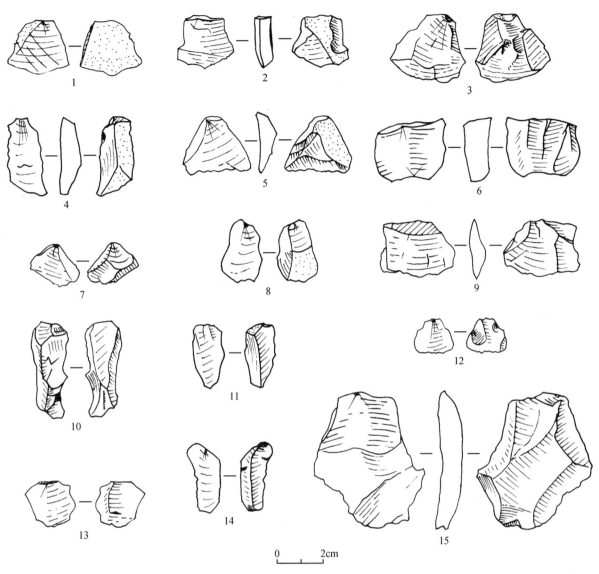

图7.8　赵庄遗址脉石英石片Ⅳ～Ⅵ型

1. Ⅳ型（09XZ·0260）　2～5、7、10. Ⅴ型（09XZ·0060、09XZ·0255、09XZ·0274、09XZ·0743、09XZ·1381、
09XZ·0357）　6、8、9、11～15. Ⅵ型（09XZ·1163、09XZ·0470、09XZ·1117、09XZ·1411、09XZ·1502、09XZ·1383、
09XZ·1525、09XZ·0526）

120°。腹面凸起，打击点、放射线清楚，打击泡十分清楚，左、右侧缘及远端均为尖灭。无背脊。背面3个片疤，方向不明，无自然面。

09XZ·1411（图7.8，11），Ⅵ型，石英。长27.4mm，宽13.4mm，厚5.5mm，重2.1g。轮廓呈四边形，纵剖面不规则。台面为平坦三角形打击台面，长4.3mm，宽6.8mm。石片角110°。腹面平坦，打击点、打击泡、放射线清楚，左、右侧缘及远端均为尖灭。背脊为纵。背面5个片疤，方向不明，无自然面。

09XZ·1502（图7.8，12），Ⅵ型，石英。长15mm，宽16.5mm，厚2.7mm，重0.7g。轮廓呈四边形，纵剖面呈三角形。台面为凹凸不平的不规则形打击台面，2个片疤，长2.5mm，宽6.6mm。石片角106°。腹面略凹，打击点、半锥体、打击泡、同心波、放射线均清楚，左、有侧缘及远端皆为尖灭。无背脊。背面5个以上片疤，方向不明，无自然面。

09XZ·1383（图7.8，13），Ⅵ型，石英。长18.8mm，宽21.5mm，厚4.6mm，重1.7g。轮廓近四边形，纵剖面呈L形。台面为凹凸不平的不规则形打击台面，2个片疤，长4.5mm，宽14.5mm。石片角105°。腹面略凸，打击点、打击泡、放射线清楚，左、右侧缘及远端均为尖灭。背脊先纵后斜。背面4个片疤，方向不明，无自然面。

09XZ·1525（图7.8，14），Ⅵ型，石英。长29.2mm，宽15mm，厚6.3mm，重2.2g。轮廓近四边形，纵剖面呈倒等腰三角形。台面为不规则形打击台面，1个片疤，长2.4mm，宽4.2mm。石片角无法测量。腹面平坦，打击点、打击泡、放射线清楚，左、右侧缘尖灭，远端阶梯状。单纵背脊。背面4个片疤，方向不明，无自然面。

09XZ·0526（图7.8，15；图版39，3），Ⅵ型，石英。长57mm，宽49.1mm，厚11.2mm，重31.5g。轮廓呈五边形，纵剖面不规则。台面为线状打击台面，宽13.3mm。石片角无法测量。腹面凸起，打击泡十分清楚，放射线清楚，左、右侧缘均为断面，远端尖灭。单斜背脊。背面6个片疤，3个同向，余者不明，无自然面。

砸击石片

16件。

09XZ·1399（图7.9，1），砸击，石英。长38.3mm，宽20mm，厚14.5mm，重10.6g。轮廓近四边形，纵剖面呈四边形。台面为凹凸不平的不规则打击台面，4个片疤，长6.7mm，宽16.9mm，石片角无法测量。打击点、放射线清楚，远端折断。背面10个以上片疤，无自然面。左右侧皆有小疤，可能为修理。

09XZ·0194（图7.9，2；图版40，1），砸击，石英。长34.8mm，宽22.2mm，厚11.5mm，重7.6g。轮廓呈椭圆形，纵剖面呈阶梯形。台面为刃状，破损，石片角无法测量。腹面略凹，放射线清楚，左侧缘为断面，右侧缘尖灭，远端阶梯。单纵背脊。背面3个以上片疤，方向不明，无自然面。

09XZ·0303（图7.9，3；图版40，2），砸击，石英。长29mm，宽18.8mm，厚9mm，重6.1g。轮廓呈椭圆形，纵剖面不规则。台面为刃状，石片角100°。腹面略凹，放射线清楚，左侧缘尖灭，右侧缘为断面，远端尖灭。无明显背脊。背面5个片疤，方向不明，无自然面。

09XZ·0137（图7.9，4），砸击，石英。长49.6mm，宽13.2mm，厚6.8mm，重4.4g。轮廓近四边形，纵剖面呈透镜形。台面为点状，石片角无法测量。腹面凹凸不平，放射线清楚，左侧尖灭，右侧尖灭加断面，远端尖灭。单纵背脊。背面5个片疤，1个同向，余者不明，无自然面。

09XZ·0296（图7.9，5），砸击，石英。长38.4mm，宽10.8mm，厚7.1mm，重2.1g。轮廓呈三角形，纵剖面呈倒等腰三角形。台面为点状，石片角无法测量。腹面平坦，放射线清楚，左、右侧缘及远端均为尖灭。单纵背脊。背面5个片疤，3个垂直，1个同向，1个不明，无自然面。

09XZ·0574（图7.9，6；图版40，3），砸击，石英。长53.3mm，宽27.5mm，厚13.2mm，重15.9g。轮廓不规则，纵剖面不规则。台面为点状，石片角无法测量。腹面平坦，左侧缘尖灭，右侧缘尖灭及断面，远端尖灭。背脊为纵。背面5个片疤，1个斜交，余者不明，自然面比例10%。

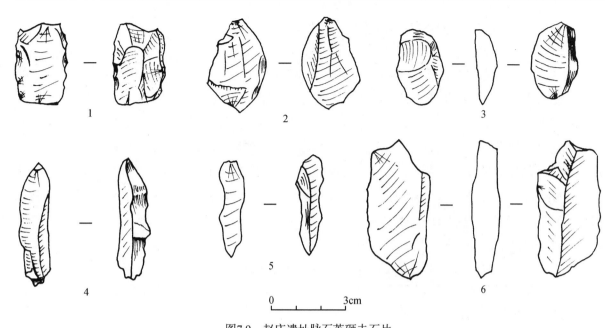

图7.9　赵庄遗址脉石英砸击石片

1. 09XZ·1399　2. 09XZ·0194　3. 09XZ·0303　4. 09XZ·0137　5. 09XZ·0296　6. 09XZ·0574

2. 断裂片

断裂片20件，其中裂片14件，断片6件。平均重量为4.54g，平均长、宽、厚分别为26.46mm、19.18mm、7.82mm（表7.5）。

表7.5　赵庄遗址脉石英断裂片测量统计表

统计	重量（g）	长（mm）	宽（mm）	厚（mm）
计数	20	20	20	20.00
最大值	19.8	52	30.8	15.20
最小值	0.4	10.7	11.9	2.40
平均值	4.54	26.46	19.18	7.82
标准偏差	4.57	11.48	5.58	3.14

7.4　工　具

1. 工具分类

（1）第一类工具。

在观察过程中，我们发现一些石制品上可见白色的破碎痕迹，可能是用作石锤或者用作石砧。尤其是一些石核上可见比较密集的白色砸点，显示这些石制品可能被用作石锤。这说明赵庄人可能并没有专门寻找砾石作为石锤，而是在石料当中挑选合适的、易于手握的岩块作为石锤。这也可以从一个侧面说明赵庄人剥片的随意性。由于所有带有白点的石制品均已作为操作链环节上的一部分，或为石核或为断块、或为工具，因此本文未将这部分标本单独作为一类，仅对带有白色砸点的石制品予以记录，共计8件。标本号为09XZ·99、09XZ·225、09XZ·718、09XZ·824、

09XZ·868、09XZ·910、09XZ·956、09XZ·965。

（2）第二类工具。

赵庄遗址共出土脉石英工具138件，占脉石英总数的2.18%。工具类型统计如表7.6，从表中可见工具组合以刮削器、尖状器、砍砸器组成，其中以刮削器占绝对多数（N=127，91.97%），尖状器数量不多（N=10，7.3%），砍砸器仅1件。这是中国北方典型的轻型工具组合。

刮削器类型多样，又可按照刃缘数量分为单刃、双刃和复刃，数量分别为113件、10件和1件，可见单刃刮削器数量占绝对优势。单刃刮削器中又以单直刃数量最多（N=76，67.26%），单凸刃其次（N=27，23.89%），单凹刃数量也有一定数量（N=9，7.96%）。双刃边刮器以双直刃最多，8件；直凸刃和双凹刃各为1件。需要注意的是，在刮削器当中有一类刃缘呈锯齿状，形制比较特殊，共计34件。

表7.6　赵庄遗址脉石英工具类型统计表

类型	刮削器							尖状器	砍砸器	合计
	单刃				双刃		复刃			
	单直刃	单凸刃	单凹刃	凸凹刃	双直刃	直凸刃	双凹刃			
N	76	27	9	1	8	1	1			
%	67.26	23.89	7.96	0.88	80	10	10			
N	113				10		4			
%	88.98				7.87		3.15			
N	127							10	1	138
%	91.97							7.3	0.73	100

表7.7为工具的测量统计表。脉石英工具重量范围在1.4～385.8g，平均16.33g，变异很大。长度范围14.1～85.5mm，宽度范围12～74.5mm，厚度范围4.5～54.2mm。但除去唯一一件砍砸器后，其变异范围大幅缩小，长14.1～69.5mm，宽12～47.4mm，厚4.5～33.9mm。从图7.10亦可显示，除砍砸器外，其余工具的尺寸比较集中，以长、宽50mm以下为主。

表7.7　赵庄遗址脉石英工具测量统计表（砍砸器除外）

统计	重量（g）	长（mm）	宽（mm）	厚（mm）	长宽指数（%）	宽厚指数（%）
计数	137	137	137	137	137	137
最大值	68	69.5	47.4	33.9	244.59	214.56
最小值	1.4	14.1	12	4.5	44.52	14.06
平均值	13.63	32.76	25.69	13.5	81.83	53.92
标准偏差	12.6	10.29	7.87	5.49	26.35	21.28

表7.8统计了脉石英工具的毛坯。以断块为主（N=87，63.04%），其次为完整石片（N=24，17.39%），再次为残片（N=9，6.52%）、石核（N=8，5.8%）、石块（N=5，3.62%），裂片（N=3，2.17%）更少，而砾石几乎没有。可见片状毛坯（完整石片、残片、裂片）占26.09%，块状毛坯（断块、石核、石块、砾石）占73.19%，赵庄的工具以块状毛坯为主。

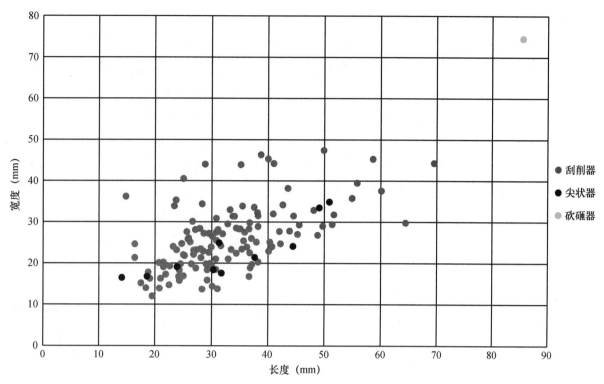

图7.10　赵庄遗址脉石英工具长宽图

表7.8　赵庄遗址工具毛坯统计表

岩性	统计	石块	砾石?	石核	断块	完整石片	裂片	残片	未知	合计
脉石英	N	5	1	8	87	24	3	9	1	138
	%	3.62	0.72	5.8	63.04	17.39	2.17	6.52	0.72	100

2. 各类型工具

（1）刮削器

直刃刮削器　84件，包括单直刃76件，双直刃8件。

09XZ·1158（图7.11，1；图版41，1），单直刃刮削器。长38.2mm，宽28.9mm，厚18.6mm，重14g。原料为脉石英，有节理，比较均一，自然面为0。毛坯为断块，轮廓不规则四边形。横截面为三角形。刃缘为断块一侧直的边缘，连续加工，修疤微—小，刃缘长度39.3mm，刃角50°~91°。修理刃缘可见使用微疤，右侧中间、右侧远端以及远端有3个大型片疤，可能是为了手握而进行的修理。

09XZ·1084（图7.11，2；图版41，2），双直刃刮削器，精致加工。长38.2mm，宽31.5mm，厚12.7mm，重13.8g。原料整体均质非常不好，包含很多杂质，脆性大，但边缘部分比较细腻，自然面20%，风化节理面30%。毛坯为石片，轮廓近四边形。两条边缘被加工。一条位于石片远端，连续正向加工，小型疤痕，刃缘平齐，刃角40°，刃缘长度和边缘长度都为28mm。另一条在石片右侧，也是连续正向加工，微型—小型疤痕，刃缘平齐，刃角55°，边缘长度29mm，修理刃缘21mm，加工长度指数0.72。两条修理刃缘相交。右侧边缘可见使用微疤。

　　09XZ·0750（图7.11，3；图版41，3），单直刃刮削器，边缘呈锯齿状，精致加工。长38.7mm，宽46.3mm，厚15.1mm，重33.1g，刃角60°～91°。原料有节理，较脆。毛坯为背面为节理面的残片，节理面占80%，底部为10%的自然面。轮廓呈五边形。加工位置在近端右侧，转向修理，左边的疤痕为从较平一面向较凸一面修理，右边的疤痕则相反。刃角60°～71°。刃缘长度和边缘长度均为51mm。疤痕宽度5～10mm，加工距离不到整个器物的三分之一。

　　09XZ·0285（图7.11，4；图版42，1），单直刃刮削器，权宜型。长26.2mm，宽25.1mm，厚10.6mm，重5.4g。原料细腻均一、韧性好，自然面为0。毛坯为扁平断块。轮廓近四边形。右侧反向修理刃缘，小型疤痕连续，刃角64°，边缘长度19.3mm，修理刃缘长度亦为19.3mm。

　　09XZ·0912（图7.11，5；图版42，2），单直刃刮削器，刃缘呈锯齿状。长42.2mm，宽24.7mm，厚14.5mm，重11.8g。原料有节理，含少量杂质，自然面10%。毛坯为断块。轮廓呈四边形。在断块左侧边缘连续反向加工，小型疤痕，个别疤痕呈阶梯状，刃角59°～65°，刃缘长度和修

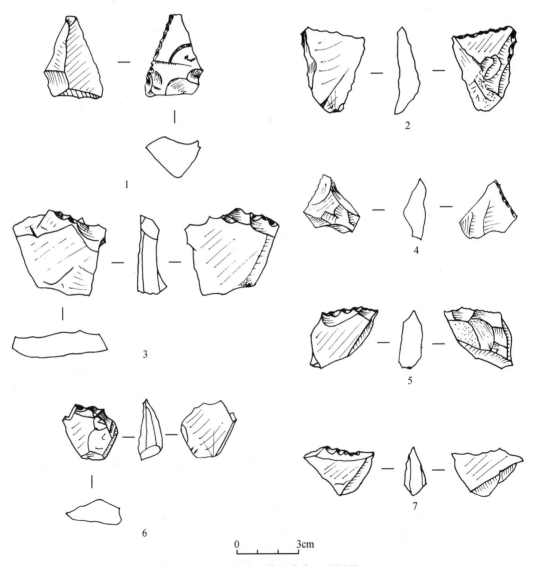

图7.11　赵庄遗址脉石英直刃刮削器

1.09XZ·1158　2.09XZ·1084　3.09XZ·0750　4.09XZ·0285　5.09XZ·0912　6.09XZ·1209　7.09XZ·0124

理刃缘长度均为26.9mm。修理刃缘可见使用微疤。

09XZ·1209（图7.11，6），单直刃刮削器，锯齿刃。长25.6mm，宽27.6mm，厚12.4mm，重9g。原料均质、韧性较好，自然面10%，风化节理面10%。毛坯为石片。轮廓近四边形。在石片远端正向连续加工，小型疤痕，边缘呈锯齿状，刃角74°～80°，刃缘长度和修理刃缘长度均为39mm。石片左侧可见使用微疤。

09XZ·0122，单直刃刮削器（图版42，3），刃部呈微弱锯齿状。长32.8mm，宽29.5mm，厚19.1mm，重18.1g，刃角72°。原料为石英，有节理，均质一般，含极少红色团块物质，自然面占40%。毛坯为是断块，纵剖面为不规则形。刃缘为一个沿破裂节理面的边缘，长度为39mm，仅部分进行修理，修理刃缘长23.1mm，加工方向为从自然面向破裂面反向，连续4～5个小型修疤，均为2mm左右，疤痕形态普通，加工距离为近，加工片疤宽度2～5mm。

09XZ·0124（图7.11，7；图版43，1），单直刃刮削器，刃部呈锯齿状。长33.4mm，宽23.3mm，厚9.8mm，重5.7g，刃角54°。原料为石英，有节理，较纯净。毛坯为断块，剖面呈等腰三角形，正反两面均为较平的节理面，占整个工具的70%。刃缘长度为33mm，仅有部分进行加工，长度为15.3mm，较直。从较平的一面向较凸的一面加工，连续3个小型疤痕，与原先的断块边缘共同组成一个可用的刃口。加工距离中等，普通疤痕。

09XZ·0291（图版43，2），单直刃刮削器。长35.8mm，宽27.5mm，厚13mm，重12.7g，刃角64°。原料为石英，有节理，含肉红色团块物质。毛坯为砸击石片，背面带30%的节理面和20%的自然面，纵剖面形状近三角形。刃缘为石片破裂面边缘及破裂面上的一个节理面组成，略凸，长度为42mm，修理刃缘长度亦为42mm。刃缘由若干正向修理的小型修疤和一个反向修理的中型修疤组成，连续分布，疤痕形态普通。加工距离为近—中，修理疤痕多为小于2mm的微型疤痕，修理疤痕宽度亦为微型。

09XZ·0459（图版43，3），单直刃刮削器，边缘呈微弱锯齿状。长29.7mm，宽19.9mm，厚11mm，重5.2g，刃角60°。原料为石英，节理明显，均质一般，含少许黄色杂质。毛坯为带石皮的断块，自然面占20%，破裂面还可见20%节理面，纵剖面形状四边形。加工刃缘从微凸的节理面向由节理面和端口组成的形状较直，加工从较凸的一面向较平的一面反向加工，仅刃缘中间部分修理，刃缘长28.9mm，修理刃缘长16.6mm。疤痕为小型，加工距离很近。疤痕形态为普通。

凹凸刃刮削器 共39件，其中单凹刃9件、单凸刃27件、单凹凸刃1件、凹凸刃1件、双凹刃1件。

09XZ·1112（图7.12，1；图版44，1），单凹刃刮削器，精致加工。长26.6mm，宽30.1mm，厚15.4mm，重14.4g。原料白色，比较均一，有少量节理，无自然面。毛坯为砸击石核断块。轮廓接近四边形。在断块一侧较厚的边缘连续加工，微型—小型疤痕，刃缘呈凹型，不很平整，刃角83°，修理刃缘长度38mm。

09XZ·0345（图版44，2），单凹刃刮削器，加工较精致。长35.3mm，宽23.4mm，厚11.5mm，重8.3g。原料均质较好，韧性好，节理少，无自然面。毛坯为断块，轮廓近四边形，右侧边缘正向连续加工呈凹刃，呈微弱锯齿状，刃角59°，刃缘长度和边缘长度均为35mm。修理边缘亦可见使用微疤。

09XZ·0825（图7.11，3；图版44，3），单凹刃刮削器。长23.4mm，宽33.9mm，厚18.9mm，重16.4g。原料均质较好，但有节理，较脆，无自然面。毛坯是石核，轮廓近四边形。在石核的远端正向加工成凹刃，小型疤痕，边缘呈锯齿状，微—小疤痕，刃角66°。刃缘长度21.4mm，修理刃缘长度15.1mm，加工长度指数为0.71。石核的右侧边缘可见使用微疤，使用微疤形成直刃。

09XZ·0898（图7.12，2），单凸刃刮削器，精致加工。长44.5mm，宽31.5mm，厚15.5mm，重23.4g。原料均质不好，含杂质，韧性较好，自然面20%，节理面60%。毛坯为断块，轮廓不规则。在断块的一侧边缘沿着厚的边缘连续正向加工，形成微凸刃，中型疤痕，刃缘平齐，刃角70°，边缘和修理刃缘长度均为42mm。

09XZ·0456（图7.12，4），单凸刃刮削器。长49.7mm，宽29mm，厚27mm，重42.4g。原料均质一般，节理少，韧性较好，自然面30%。毛坯为石核，横截面呈半圆形。在石核右侧边缘连续

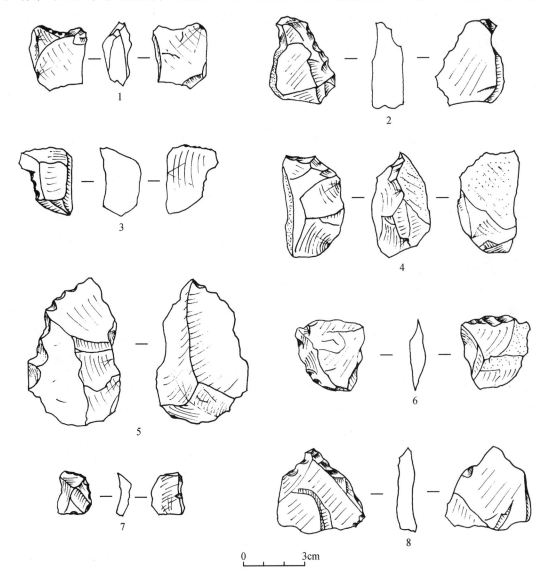

图7.12　赵庄遗址脉石英凸凹刃、复刃刮削器

1、3.单凹刃（09XZ·1112、09XZ·0825）　2、4、5.单凸刃（09XZ·0898、09XZ·0456、09XZ·0490）　6～8.复刃（09XZ·0998、09XZ·1514、09XZ·0701）

反向加工成凸刃，小型—中型疤痕，刃角100°，刃缘长度44mm，边缘长度66mm，加工长度指数0.67。右侧边缘可见使用微疤。

09XZ·0490（图7.12，5；图版45，1），单凸刃刮削器，边缘呈锯齿状。长69.5mm，宽44.3mm，厚25.6mm，重63.8g，刃角60°，是该遗址本次发掘中最大的一件刮削器。原料为石英，节理较发育，占60%，无自然面。毛坯为断块，带少量石锈，轮廓不规则。左侧为修理刃缘，长度为70mm，边缘长度80mm，加工长度指数0.88。转向修理，由9个修理疤组成：近端1个正向修疤，紧接着连续7个均为反向修理，最后1个为正向。刃角60°。近端加工距离较近，远端加工距离较远，均超过三分之一。

复刃刮削器　4件。

09XZ·0998（图7.12，6；图版45，2），长35.4mm，宽33.9mm，厚14.3mm，重16.9g。原料均质一般，含极少量杂质，比较细腻，自然面20%。毛坯为断块，横截面四边形。三条边缘均加工。左侧边缘反向连续修理成直刃，刃口锯齿状，小—中型疤痕，刃角73°，修理刃缘和边缘均为37mm。右侧边缘连续转向修理成直刃，刃口不平整，小—中型疤痕，刃角69°，修理刃缘和刃缘34mm。近端边缘连续转向修理成直刃，刃口平齐，小—中性疤痕，刃角69°，修理刃缘和刃缘34mm。三条刃缘均为相交状态。左侧边缘、近端可见使用微疤。

09XZ·1514（图7.12，7），长19.1mm，宽16.3mm，厚8.1mm，重2.5g。原料为石英，均匀细致，无节理，很纯净。剖面形状为四边形。毛坯为石片，略见放射线，不见打击泡锥疤等特征，石片角小于90°，应为砸击而成。除了近端都有修理，修疤相连。左侧刃缘刃角为62°，反向加工，刃缘长度为19mm，全部边缘均加工，形状略凹，疤痕为微型，一个修疤较大，其余为小型。远端和右侧相连，形成一个较长的凸刃，刃角为55°~61°，正向加工，刃缘长度32.5mm，加工距离近，修疤微小。

09XZ·0701（图7.12，8；图版45，3），长43.5mm，宽38.2mm，厚11.1mm，重18.1g。原料均质一般，包含杂质，有节理，自然面，节理面。毛坯为残片，轮廓四边形。三条边缘均加工。左侧边缘正向连续加工成直刃，刃口平齐，小型疤痕，部分层叠分布，刃角69°，修理刃缘和边缘长度均为16mm。右侧边缘转向连续加工成直刃，刃口不平齐，微—小型疤痕，刃角82°，修理刃缘和边缘长度均为44mm。右侧远端边缘连续正向加工成直刃，刃口平齐，微—小型疤痕，刃角62°，修理刃缘长度18mm，边缘长度44mm，加工长度指数0.41。三条刃缘呈相交形态。三条刃缘均可见使用微疤，右侧远端边缘略带光泽。

（2）尖状器　10件。

09XZ·0038，正尖尖状器（图7.13，1；图版46，1），长37.6mm，宽21.4mm，厚13.8mm，重7.3g。原料均质、韧性都一般。权宜加工，毛坯为断块。纵剖面不规则，横截面近四边形。有20%节理面。断块一面自然纵棱脊，另一面的两侧均被连续反向加工。左侧刃角70°，边缘长度和修理刃缘长度均为27mm，加工长度指数为1；刃缘形态为直刃，较为平齐，加工距离中等，小型疤痕。右侧刃角65°，边缘长度和修理刃缘长度均为27mm，刃缘形态不规则，加工距离中等，小型疤痕。两侧边缘较为对称。左右两条刃缘共同形成尖角，度数为45°。左、右两侧刃缘均见使用微疤。

09XZ·0676（图7.13，2；图版46，2），正尖尖状器。长31.3mm，宽24.9mm，厚10.7mm，

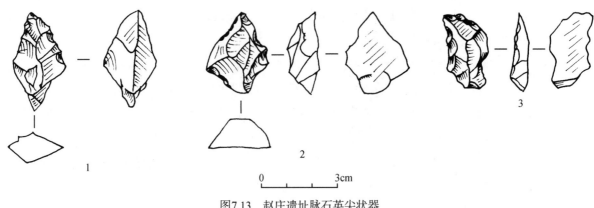

图7.13　赵庄遗址脉石英尖状器
1. 09XZ·0038　2. 09XZ·0676　3. 09XZ·1445

重8.2g。原料均质、韧性都好，细腻无节理，较纯净。精致加工。毛坯为断块。纵剖面呈较规则四边形。横截面为梯形，即较大的一面很平整，应为节理面；另一面微凸，两面近平行。尖部及右侧刃缘正向修理。尖部刃角89°，修理刃缘长度13.5mm，边缘长度25.8mm，加工长度指数0.52，刃缘直，小型疤痕连续加工。右侧刃缘小型疤痕连续加工呈凸刃，刃角65°，修理刃缘和边缘均为49mm。刃缘较为平齐。左右两侧边缘共同形成尖角，度数为69°。尖部及修理边缘可见使用微疤。

　　09XZ·1445（图7.13，3；图版46，3），歪尖尖状器。长30.3mm，宽18.4mm，厚7.2mm，重3.4g。小巧精致。原料均质和韧性一般，较薄接近透明，无自然面。毛坯为一石片，左右两条边缘均加工。左侧正向加工为凹刃，刃角55°，修理刃缘长度和边缘长度均为21mm，加工距离中等，中、小型疤痕。右侧正向加工为凸凹刃，刃角64°，修理边缘和刃缘长度均为39mm，大、中、小型疤痕都有，连续加工。两侧边缘共同形成尖角，度数为66°。

　　（3）砍砸器　1件。

　　09XZ·0765（图版47），砍砸器。脉石英节理非常发育，较脆。毛坯为风化岩块，保留有30%的自然面。长85.5mm，宽74.5mm，厚54.2mm，重385.8g，刃角75°~95°。从左至右可见4个修理片疤，疤痕宽度均大于15mm，最大者长39.2mm，宽37.8mm。加工刃缘呈曲折状，长度为115mm。加工方向不一，第1个疤从左至右加工，第2、3个疤从较平的一面向较凸的一面加工，第4个疤从右至左加工。片疤形态不一。器身中部有一个较大的疤痕，可能为加工手握部位所致。与09XZ·772可拼合，为修理手握部位打下的石片。较平的一面底部可见白色破碎痕迹，可能是使用留下的痕迹。

7.5　废　　品

　　脉石英废品共5909件，占脉石英总数的93.19%。其中残片179件，断块3310件，碎屑2420件。

　　所有废品均需称重，对大于10mm者除测量重量之外，还测量尺寸。废品重量分布从0.1~73.7g，长度范围9.8~73.5mm，宽度范围0.1~86.7mm，厚度范围1.3~42.8mm（表7.9）。

　　脉石英断块当中，还包含一类可见打击点、但剥片面不完整的石制品，从成因上讲应当是剥片当中的废品，所以归入断块。但其中也包含加工的信息，因此命名为Ⅱ类断块，以示与普通断块的区别。如有的断块上可见1~2修疤，有的可见打击点，但剥片疤不完整。因此，部分Ⅱ类断块与

Ⅰ1型石核关系密切；若剥片面完整，则可归入Ⅰ1型石核。

表7.9　赵庄遗址脉石英废品（不包括碎屑）测量统计表

统计	重量（g）	长（mm）	宽（mm）	厚（mm）
计数	3489	3489	3489	3489
最大值	73.7	73.5	86.7	42.8
最小值	0.1	9.8	0.1	1.3
平均值	2.51	18.27	12.4	6.73
标准偏差	5.27	7.72	6.38	4.27

共有243件Ⅱ类断块，其平均重量13.48g，平均长宽高分别为33.41mm、23.74mm、15.36mm（表7.10）。

表7.10　赵庄遗址脉石英Ⅱ类断块测量统计表

统计	重量（g）	长（mm）	宽（mm）	厚（mm）
计数	243	243	243	243
最大值	73.7	73.5	42.2	42.8
最小值	1.4	15.5	10.6	5.5
平均值	13.48	33.41	23.74	15.36
标准偏差	11.3	9.15	6.3	5.38

7.6　脉石英石工业特点

赵庄遗址脉石英石制品有如下特点：

（1）脉石英石制品数量占绝对优势，共6341件，其中断块残片和碎屑数量最多，5909件，而未加工者仅1件。石核、石片、工具的数量接近，均为一百余件。

（2）1件未加工者为砾石，与遗址当中石核和工具的原型不一致，仅是孤例。

（3）石核、石片显示采用简单的剥片策略，无预制；剥片方法有锤击法和砸击法，有时在同一石核上采取两种剥片方法，两类方法区分不明显。单台面石核Ⅰ1型、双台面石核以及多台面石核的数量较多，各占整个石核数量的20%以上。完整石片多为小型，以Ⅴ、Ⅵ型数量最多，说明对于原料的利用率比较高。

（4）工具组合为刮削器、尖状器、砍砸器，以刮削器数量最多，刮削器中又以直刃刮削器为多，其中相当数量加工成锯齿刃状。工具尺寸长、宽50mm以下为主，工具毛坯以块状居多。多数为权宜型加工，个别工具原料较好，加工较为精致。

（5）废品数量占有绝对多数，多数为断块和碎屑，部分废品上有疑似使用痕迹。

赵庄遗址脉石英石工业的总体面貌小而轻，采用简单的剥片加工技术，为典型的华北小石器传统。缺乏未加工的石料应是由于携带至遗址的原料几乎全部被用完，在制作石器工作中以权益加工为主，存在很大的随意性、权益性，浪费严重，产生了大量的废品。

第八章 石英砂岩石制品

赵庄遗址出土的石英砂岩颜色为紫红色、砖红色或者深黄色。无光泽。结构致密，颗粒粗大，均质较好，比较容易形成贝壳状断口。肉眼可见石英颗粒。硬度不是太高，边缘易磨蚀。

石英砂岩石制品全部出自⑦层，共276件，仅占石制品总数的4.17%，但总重量达215kg。其中未加工者19件，石核36件，石片54，工具5件，废品162件。与脉石英不同，石英砂岩从剥片到加工均简单、粗糙，缺乏真正意义上的工具，更像是一些大石块。但由于石核、石片的人工特征比较明显，这里仍按照石器整理的规范进行了分类、描述。

8.1 未加工者

未加工者共计19件，占总数的6.88%。均为岩块，未见砾石。与脉石英相比，石英砂岩中未加工者的标本数量较多。长度范围102～272mm，宽度范围65.3～194mm，厚度范围22.9～85mm，重量则在355～3390g，总重量26 018g，平均值为1369.37g。砂岩石块整体形态接近扁的长方体，即板状石块数量较多，共16件（表8.1；图版48，1）。

表8.1 石英砂岩未加工者测量统计表

	重量（g）	长（mm）	宽（mm）	厚（mm）	长宽指数	宽厚指数
计数	19	19	19	19	19	19
最大值	3390	272	194	85	119.22	98.78
最小值	355	102	65.3	22.9	44.57	15.13
平均值	1369.37	165.49	126.17	51.67	77.28	44.72
标准偏差	1035.01	45.29	42.11	19.33	20.56	21.03

长宽指数（宽度/长度×100）和宽厚指数（厚度/宽度×100）可以反映石制品的形态。以黄金分割点61.8划分为4个类型（卫奇，2001）：宽厚型，长宽指数≥61.8，宽厚指数≥61.8；宽薄型，长宽指数≥61.8，宽厚指数<61.8；窄薄型，长宽指数<61.8，宽厚指数<61.8；窄厚型，长宽指数<61.8，宽厚指数≥61.8。

由图8.1可知，石英砂岩石块多数以宽薄型为主，其次为窄厚型。长宽指数的平均值为77.28，宽厚指数的平均值为44.72，也说明了形态上略宽、偏薄。

8.2 石 核

石英砂岩石核36件（图版48，2；图版49），均为简单剥片，未见预制石核。类型均为锤击石核，按照台面和剥片面的关系，又可以分为单台面、双台面以及多台面石核。单台面石核和双台面

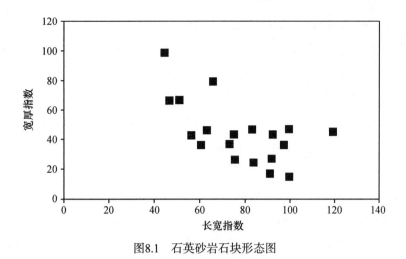

图8.1　石英砂岩石块形态图

数量相对较多，分别为18件和13件；多台面较少，为5件。说明了对原料的利用率并不是很高（表8.2）。

表8.2　赵庄遗址石英砂岩石核分类统计表　　　　　　　（单位：件）

统计	单台面			双台面		多台面	合计
	Ⅰ1	Ⅰ2	Ⅰ3	Ⅱ1	Ⅱ2	Ⅲ	
N	15	3	0	5	8	5	
%	41.67	8.33	0	13.89	22.22	13.89	
N	18			13		5	36
%	50			36.11		13.89	100

石英砂岩石核的总重量72 285g，重量范围在510～3560g，平均值2007.9g，是脉石英石核平均重量的40倍。石核平均长、宽、厚分别为108.43mm、135.16mm、117.46mm，是脉石英石核平均尺寸的3～4倍，属于大型范围。平均长宽指数和宽厚指数平均数为130.79和90.05，说明形态以宽厚型为主（表8.3；图8.1）。石英砂岩的台面角在57°～118°之间，平均83.54°，比脉石英略小。

表8.3　赵庄遗址石英砂岩石核测量统计表

统计	重量（g）	长（高）（mm）	宽（mm）	厚（mm）	长宽指数	宽厚指数
计数	36	36	36	36	36	36
最大值	3560	160	254	178	362.86	125
最小值	510	70	69.2	54	60.02	29.32
平均值	2007.92	108.43	135.16	117.46	130.79	90.05
标准偏差	882.04	25.1	37.42	30.25	51.3	22.2

1. 单台面石核

共18件，占石核总数的50%。其中Ⅰ1型数量最多（N=15，41.67%），剥片层次最低；Ⅰ2型3件，占所有石核8.33%，属于中等层次剥片。

09XZ·1214，Ⅰ1型石核，原料为暗红色石英砂岩。原型为扁石块。长117.4mm，宽

161.9mm，厚153.2mm，重3230g。以凸起呈弧形的自然面为台面，形状近四边形，长159mm，宽157mm；剥片面仅一个阴疤，延伸至整个面，呈凹形，尾端可能为折断，打击点清楚，放射线清楚且延伸较长，打击泡阴疤不很明显。在台面打击点对面的区域可见深陷的疤。推测可能是使用碰砧法剥片，或者使用大力道砸击而成。

09XZ·1231，Ⅰ1型石核，原料为砖红色石英砂岩。原型为上下平行平坦自然面的断块，带一个旧的剥片面。长88.4mm，宽90mm，厚80.9mm，重980g。可见1个序列1个剥片，打片方法为锤击。最后形成六面体形状。

09XZ·1151，Ⅰ2型石核，原料为砖红色石英砂岩。原型为一个上下为平行平坦自然面的断块。长72.8mm，宽94.7mm，厚93.4mm，重815g。可见2个剥片面、2个剥片。第一剥片利用了自然面和风化破裂面交界的棱脊作为打击点，打击点隐约可见，阴疤平坦，延伸至对面的自然面，远端为折断；第二剥片是将石核在平面上逆时针转90°锤击剥片，剥片面微凹，延伸至对面的自然面，远端为折断，打击点和放射线较清楚。最后形成六面体形状。

2. 双台面石核

13件，占石核总数的36.11%。Ⅱ1型5件，占所有石核13.89%，属中等层次剥片；Ⅱ2型8件，占所有石核22.22%，属较深层次剥片。

09XZ·1055，Ⅱ1型石核，原料为暗红色石英砂岩，原型为石块，带风化自然面平面。长162.8mm，宽148.4mm，厚93.1mm，重2425g。棱角锐利，轻微磨蚀。可观察到2个独立剥片序列、2个片疤。不确定先后顺序。序列1：原型为石块，或者是另一个序列形成的石核。台面为近四边形的平坦的自然面，被后期打破。剥片面阴疤完整，微凹，打击点放射线较清楚，远端为羽翼状，仅延伸到剥片面的的3/4处；根据阴疤特点应为锤击剥片。由于另一剥片可能是对刃部进行的修理，此片疤有可能是为了修理手握端而进行的剥片。序列2：原型为石块。台面为自然面，但已经被序列1的剥片破坏了表面形状；剥片面阴疤较为完整，微凸，打击点较清楚，打击泡被后期修理破坏，远端延伸至另一个平坦的自然面，形状为折断。标本09XZ1157与该阴疤可拼合。需要指出的是，剥片完成之后，又从台面向剥片面进行了若干小型修理，未能形成明显的石片疤，但形成了一条较为直的刃缘，根据观察疑似有使用痕迹。因此本标本也可能是一件工具。总之，本标本为2个独立的剥片序列，从该件标本的特点来看，剥片的目的有多种，产生石片是一个方面，修理把端也需剥片。

09XZ·1223，Ⅱ1型石核，原料为砖红色石英砂岩。原型为断块。长81.5mm，宽77.5mm，厚76mm，重790g。可见2个序列、2个剥片面。序列1：原型为仅有一个破裂面的断块，从残存的自然面可知原先应为磨圆度中等的石块。台面为自然面，较平坦；剥片面被序列2破坏，仅见打击点，远端已被破坏。序列2：将石核顺时针转90°后，利用另一个自然面进行剥片。台面为自然面，较为平坦，长57.5mm，宽77.3mm；剥片完整，平坦，打击点较清楚，打击泡阴疤未见，远端延伸至原型上的破裂面，形态为折断，片疤长宽为75.5mm、74.8mm，台面角为89°。均为锤击剥片。最终形状近似六面体。

09XZ·1174（图版48，2，下排左一），Ⅱ1型石核，原料为浅砖红色石英砂岩。原型为带两个上下平行平坦自然面的石片。长79.5mm，宽115.9mm，厚117mm，重1120g。可见2个序列、2个剥片面。序列1：原型为石片，台面为长条形自然面，平面，已经被第2序列破坏，剥片面也已经被第2序列的石片打破，可见明显打击点和放射线，较平，远端延伸至另一自然面，形态为折断。序列2：将第1序列产生石核前后翻转90°，再逆时针旋转90°，继续剥片，台面为平坦的自然面，长宽为102.5mm、96.3mm；剥片面深凹，虽未见打击点和放射线，但可以确认经历过剥片，远端为折断，阴疤长宽为55.9mm、70.7mm，台面角为86°。总之，在原有的石片的基础上，调转台面进行了继续剥片，最终形成一个近似六面体的形状。

09XZ·0454（图版48，2；上排左三），Ⅱ1型石核，原料为砖红色和暗红色石英砂岩。原型为断块。长107mm，宽124.3mm，厚112.2mm，重1920g。可见2个台面、2个序列、2个片疤。序列1：以自然面为台面剥片，剥片面为一个破裂面，片疤仅占一部分，石片角91，无棱脊，锤击。序列2：该序列以一个破裂面为台面，长99mm，宽104.4mm，打击而成一个带有阶梯状终端的石片疤，剥片面为自然面，打击点较为清楚，片疤深陷，长61mm，宽90.5mm，台面角88°，没有棱脊，锤击。该石片疤打破了序列1的石片疤。最后形态为一个六面体。

09XZ·1052，Ⅱ1型石核，原料为砖红色石英砂岩。原型为带有一定磨圆程度的断块。长130mm，宽148mm，厚140mm，重3060g。可见2个序列、2个台面、2个石片疤。序列1：台面为布满白色砸点的自然面，微凸，剥片面已被破坏，石片疤较小，长67.7mm，宽117mm，台面角很大，更像是一个大石片留下的打击痕迹。序列2：以风化面为台面，次面打击点不清楚，边缘模糊，为之前形成的一个破裂面，台面长宽140mm、139.3mm，剥片形成一个平的石片疤，打击点和放射线都清楚，打击泡不显，打片方法不确定。

09XZ·1075（图8.2，1；图版48，2，下排右一），Ⅱ2型石核，原料为暗红色石英砂岩。原型为有一定磨圆程度的扁平石块。长133.5mm，宽152.7mm，厚117.5mm，重2135g。可见2个台面、4个序列、5个剥片。序列4、3、2为同台面不同方位的剥片，各旋转90°。序列1：首先是以平面自然面为台面，剥取一个单独剥片；阴疤微凹，延伸至另一个自然面，折断终端，打击点放射线清楚，无法确认有没有引导剥片的棱脊，锤击。序列2：将序列1的石核水平逆时针旋转90°，再进行剥片，阴疤平，打击泡没有。序列3：接着再逆时针旋转90°，这个剥片面进行了2个剥片。一个已被破坏，在此基础上又进行了一个剥片，可见明显打击点放射线、打击泡阴疤等特征，可能存在引导剥片的棱脊，打击方法为锤击。序列4：最后在另一个自然面上进行剥片，台面为两个自然面相交的棱脊，棱脊上仍存在一些砸点，剥片面锤击特征显著，延伸至3/4处，羽翼状终端，存在引导剥片的棱脊。台面长86.2mm，宽144.1mm；片疤长98.9mm，宽124mm；台面角90°。

09XZ·1185（图8.2，2；图版49，下排左一），Ⅱ2型石核，原料为暗红色石英砂岩。原型为有一定磨圆程度的石块。长142mm，宽184mm，厚155mm，重3560g。可见3个序列、多个方向多个剥片。序列1：以石块的不规则平坦自然面为台面进行1次剥片，剥片疤微凹，被后续剥片破坏。序列2：再以不规则、微凸的打击破裂面为台面继续剥片2次，与序列1剥片方向基本一致，剥片疤微凹，远端折断。序列3：以不规则平坦自然面为台面，与序列1和2的剥片方向垂直，剥片面凹，远端尖灭。剥片疤的打击点放射线均明显。

09XZ·0888，Ⅱ2型石核，原料为浅砖红色石英砂岩。原型为带自然磨蚀面的断块。长

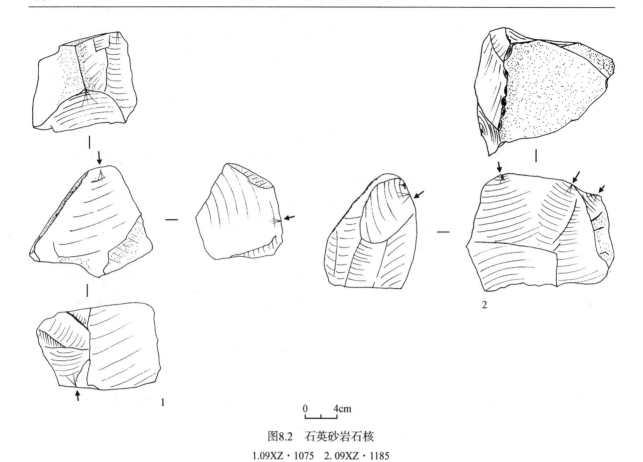

图8.2　石英砂岩石核
1.09XZ·1075　2.09XZ·1185

125.4mm，宽119.5mm，厚75.6mm，重1160g。可见2个序列、多个剥片。序列1：原型为一个带有破裂面的断块，在接近两个相交自然面的棱脊附近作为打击点，台面为自然面，打击点接近棱脊，台面长宽为77.2mm、90.6mm；剥片面凹，远端延伸至先前的破裂面，形态为羽翼状，打击点和放射线清楚，长宽为107.4mm、129.4mm，台面角为86°，锤击法。序列2：以刚才序列1的剥片面作为台面打击了若干疤，见若干阶梯状断口，不易数清。台面凹。第一个剥片面仅有1个阴疤，延伸不到整体的一半，羽翼状尾端；第二个剥片面将石核平面逆时针旋转180°，连续几个同台面剥片，终端有阶梯式和羽翼状，最后一个片疤略大，延伸至该剥片面的3/4。此序列的几个片疤延伸程度都不大，也可理解为加工，与中间未加工的刃缘共同组成一个刃口，因此也有可能是工具。总之，本石核首先剥取了一个大的石片，之后利用剥片面的阴疤为台面继续剥去了若干石片，后者亦可能是为了加工刃缘而进行的剥片。最后呈近六面体形状。

09XZ·1200，Ⅱ2型石核，原料为暗红色石英砂岩。原型为扁平石块。长147.9mm，宽145.5mm，厚99.8mm，重2705g。可见2个台面、2个序列、4个片疤。序列1：1个剥片，以一个平坦的自然面为台面，长100mm，宽96mm，阴疤远端已被破坏，打击点和放射线清楚，可能存在引导剥片的棱脊，阴疤长已被破坏，台面角为105°，锤击。序列2：以另一个自然面为台面，剥片面可能是比较早的破裂面，剥去了3个片疤，一个片疤较长，延伸至另一个平坦自然面，打击点和放射线等腹面特征被第2、3个片疤破坏，不可推测引导剥片面的棱脊，锤击。

09XZ·1239，Ⅱ2型石核（图版49，上排右1），原料为暗红色石英砂岩。原型为断块。长

135.1mm，宽174.2mm，厚106mm，重2200g。可见2个台面、2个序列，4个片疤。序列1：1个台面3个片疤，台面为毛坯上的一个自然面，可能平，已被第2序列的石片疤破坏；剥片面是毛坯上的一个破裂面，从左至右剥取3个片疤，第1个片疤延伸至剥片面中部，打击点和放射线等特征被第2序列的片疤破坏，而右侧又被第2个片疤所破坏。第2个片疤打击点放射线清楚，延伸至另一个面，打击点放射线清楚，打击泡不很明显，右侧亦被第3个片疤打破。第3个片疤被后期的一些小片疤（使用）破坏，其打击点特不明显，远端为阶梯状终端。序列2：以有小疤的自然面为台面进行剥片；剥片面是以前的自然面，片疤完整，延伸至末端，部分打破了第2序列的台面部分，部分形成阶梯状断口。片疤浅平，打击点和放射线较明显，破裂面沿着节理破裂。

09XZ·0582，Ⅱ2型石核，原料为砖红色和紫红色石英砂岩。原型为一个大石片。长110.2mm，宽180.3mm，厚105.2mm，重1690g。可见2个台面、3个序列、5个片疤。序列1：以石片腹面左侧和远端为台面，剥取2个石片疤，第1个石片以左侧为台面，片疤深凹，打击点和放射线清楚，打击泡明显，引导棱脊未知，延伸至对面自然面（已破裂，被序列2的石片疤打破），右侧被第2个石片疤打破，锤击；第2个石片疤以远端为台面，片疤延伸到另一个自然面（已破裂，被序列2的石片疤打破），打击点放射线不甚清楚，可能有引导棱脊，锤击。序列2：以石片的台面为台面，剥片，平坦自然面；打击点清楚，打击泡阴疤十分明显，终端为尖灭状，延伸至剥片面的一半，存在引导剥片的棱脊，锤击。序列3：为不连续的2个石片小疤，以石片腹面右侧近端为台面，剥片为序列2形成的阴疤，单独剥取一个小疤，之间距离为一个小疤的距离，更像是修理，形成一条刃缘。

3. 多台面石核

5件，占石核总数的13.89%，属于深层次剥片产品。

09XZ·1201，Ⅲ型石核（图版49，下排左2）。原料为暗红色石英砂岩。原型为厚石片。长129.2mm，宽183.4mm，厚119mm，重3010g，可见3个台面、3个序列、3个剥片面。序列1：以平坦自然面（石片背面远端）为台面，石片腹面为剥片面，剥片延伸不到原石片台面即尖灭，引导剥片的棱脊不存在，推测打击法为锤击。序列2：以序列1的剥片面为台面，剥片面为自然面，片疤延伸不及剥片面的一半，片疤微凹，打击点放射线清楚，引导棱脊不存在，锤击。序列3：以石片腹面为台面，厚石片左侧背面为剥片面进行剥片，阴疤为延伸至远端，微凹，打击点放射线清楚，不存在引导棱脊。

09XZ·1195，Ⅲ型石核（图版49，上排左2）。原料为砖红色石英砂岩。原型为有一定磨圆程度的石块。长118mm，宽120mm，厚150mm，重2780g。可见3个台面、3个序列、4个片疤，此三个序列无先后关系。序列1：以自然面上一个小的平坦自然面为台面，剥片面阴疤较平，打击点和放射线较清楚，打击泡没有，棱脊不明，可能是锤击。序列2：以另一个自然面为台面，剥片面为自然，阴疤不大，打击点和放射线较清楚，棱脊无，锤击。序列3：以两个自然面相交的棱脊为台面进行剥片，剥片面是以前的一个断裂面，连续打击2个片疤，均为阶梯状断口，棱脊无，锤击。

09XZ·0453，Ⅲ型石核（图版48，2：上排左2）。原料为暗红色石英砂岩。原型为扁的断块。长96.4mm，宽110.6mm，厚130mm，重1805g。可见3个序列若干片疤。序列1：毛坯为扁平石块,以四边形平坦自然面为台面剥片;剥片面为自然面,阴疤浅平,打击点和放射线清楚,打击泡阴疤不清楚,远端延伸至另一自然面,可能为折断或羽翼状终端,锤击。序列2:将刚才的石核旋转,以刚才的剥片面为台面,继续剥片,由于后期形成多个阶梯状疤痕,腹面石片特征被破坏,最大阴疤延伸至另一自然面,锤击。序列3:该序列与刚才的序列没有时间先后关系,以四边形平坦自然面为台面剥片,剥片面原先为自然面,阴疤微凹,延伸至3/4处,羽翼状终端,打击点放射线清楚,打击泡不明显,锤击。

09XZ·1186,Ⅲ型石核(图版49,上排左1)。原料为浅砖红色石英砂岩。长123.8mm,宽134.5mm,厚149mm,重2660g。可见3个序列。原型为一Ⅱ型大厚石片。序列1:毛坯是大石片,以平坦的自然面为台面(石片背面的一部分);剥片面阴疤微凹,远端延伸至近石片台面处,形态为羽翼状,推测没有引导脊,打击点和接近打击点的放射线清楚,锤击。序列2:将序列1产生的石核剥片面逆时针旋转90°进行剥片,台面微凹,剥片面为石片的腹面,有一个阴疤,延伸至不到腹面中部,尾端为羽翼状,推测没有引导破裂的脊,打击点和放射线清楚,锤击。序列3:该序列与上两个序列没有前后关系,以微凸的打击面(石片背面)为台面;剥片面为石片疤的腹部右侧,阴疤微凹,延伸不到腹面中部,尾端为羽翼状,推测应有引导破裂的脊,打击点和放射线清楚,锤击。

8.3　石　　片

石英砂岩石片共54件,包括完整石片47件和断裂片7件。

1. 完整石片

共计47件,包括自然台面28件和人工台面19件,以自然台面为主。整体而言,以Ⅱ型、Ⅴ型为主,Ⅲ型、Ⅵ型较少(表8.4)。

表8.4　赵庄遗址石英砂岩石片分类统计表

统计	Ⅰ	Ⅱ	Ⅲ	Ⅳ	Ⅴ	Ⅵ	总计
N	3	17	8	1	16	2	47
%	6.38	36.17	17.02	2.13	34.04	4.26	100.00

表8.5为石英砂岩石片测量数据。总重量38 926.1g,重量范围3 ~ 2765g,平均值828.21g,是脉石英石片的120倍(表8.5)。从尺寸而言,石片长、宽、厚的平均值分别为110.32mm、117.78mm、53.55mm,属于大型。

表8.5　石英砂岩完整石片测量统计表

统计	重量(g)	长(mm)	宽(mm)	厚(mm)	长宽指数	宽厚指数
计数	47	47	47	47	47	47
最大值	2765	183	248	137	294.48	90.04
最小值	3	27.5	18.3	6.5	56.46	17.99
平均值	828.21	110.32	117.78	53.55	109.54	45.87
标准偏差	681.02	29.69	39.52	26.87	38.13	18.54

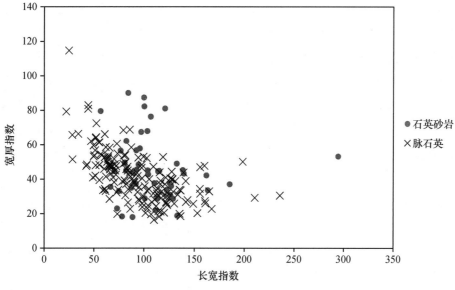

图8.3　石英砂岩完整石片形态统计图

形态方面，整体上为宽型石片，其中又以宽薄型为多数，宽厚型为少数，零星窄厚型，无窄薄型（图7.5）。

表8.6显示，石英砂岩的石片角在75°～135°之间，平均值104.28°。台面长、宽平均值分别为43.48mm和79.14mm。

表8.6　石英砂岩完整石片台面尺寸及石片角测量统计表

统计	石片角（°）	台面长（mm）	台面宽（mm）
计数	43	36	35
最大值	135	248	184.9
最小值	75	6.5	17.1
平均值	104.28	43.48	79.14
标准偏差	13.99	38.89	34.64

09XZ·0172，Ⅰ型，浅砖红色石英砂岩，含黑色物质。长77mm，宽101.9mm，厚49.9mm，重455g。原型为石块。轮廓呈矩形，纵剖面四边形。台面为石块上的早期破裂面，较平坦，三角形，长48.1mm，宽97.8mm，石片角82°。腹面平坦，打击点十分清楚，放射线清楚，打击泡阴疤不明显，左右侧缘均为尖灭，远端为折断。背脊为一竖一横型，竖型背脊位于中间偏右侧，台面与背面远端自然面平行。

09XZ·1213，Ⅰ型，紫红色石英砂岩，粗颗粒。长128mm，宽98mm，厚55.4mm，重1213g。原型为大石块。石片右侧略缺失。整体轮廓呈平行四边形，纵剖面呈长条平行四边形。以平坦自然面为台面，表面被染黑，台面长39mm，宽不可测量。腹面有较为清楚的打击点、较短的放射线，打击泡不清楚，略凹。左侧缘为石块上的自然面，右侧缘为连续两个小疤，从背面向破裂面反向打击而成。背面均为自然面，偏右有一条与打击方向一致的竖状棱脊。台面与背面远端均为平坦自然面，且平行。

09XZ·0051，Ⅱ型，暗红色石英砂岩，长94.3mm，宽154.1mm，厚51.8mm，重750g。原型可能是断块。轮廓近梯形，纵剖面四边形，台面为平坦自然面，三角形，长48.1mm，宽97.8mm，石片角110°。腹面微凹，可见打击点，放射线略现，羽翼状终端，左、右侧均为尖灭。背脊由于片疤节理影响，成为人字形，小疤3个，1个同向，1个对向，1个不明。背面远端自然面与台面自然面平行。

09XZ·400，Ⅱ型，暗红色石英砂岩（图8.4，2），长93.1mm，宽117.3mm，厚36.2mm，重565g。原型为断块，轮廓近四边形，纵剖面四边形。台面为平坦自然面，长26.6mm，宽82.3mm。腹面打击点、放射线、打击泡清楚，左侧、右侧缘均为尖灭，远端为尖灭。背面一竖一横。6个片疤，2个同向，其余不明。远端破裂面与台面平行。

09XZ·1187，Ⅱ型，紫红色石英砂岩。长163.5mm，宽184.9mm，厚53mm，重1875g。原型可能是石核。以平坦自然面为台面，长50mm，宽184.9mm。整体轮廓呈倒梯形，纵剖面呈长条四边形，两个侧缘呈汇聚型，远端折断。打击点比较清楚。腹面凸起，放射线和打击泡清楚。左侧缘因为遇到自然面而折断，右侧缘尖灭。背面左侧为石片疤，右侧为自然面，他们共同形成引导剥片一条的棱脊，位于背面中部，与台面几乎呈垂直；片疤有4个，3个与石片同向，其余不明。远端与台面为平行状。

09XZ·1245，Ⅱ型，可拼合石片，紫红色石英砂岩。长120.5mm，宽111.1mm，厚63mm，重955g。原型为大石块，轮廓为平行四边形，纵剖面也是四边形。台面为打击破裂面和自然面相交的棱脊，类似于点状台面。腹面微凸，打击点放射线打击泡清楚，远端为折断。左侧为自然面，右侧缘为断面。破裂的台面与背面远端平行。背面由自然面和一个大片疤组成。打击台面与石片背面远端平行。

09XZ·1154，Ⅱ型，砖红色石英砂岩（图8.4，1；图版50，1）。长126.6mm，宽141mm，厚31mm，重615g。原型可能是断块。轮廓呈靴形，纵剖面不规则。台面平坦自然面，长27.5mm，宽81.6mm；腹面打击点放射线打击泡清楚，边缘均为尖灭。背脊倒Y形，竖脊与石片方向一致，7个石片疤，1个同向，其他不明。石片远端自然面与台面平行。

09XZ·1183，Ⅱ型，砖红色厚石片，可与09XZ·1046拼合。长140mm，宽169mm，厚137mm，重2765g。原型是一个具有上下平行平坦自然面的石块，有一定程度的磨圆。台面为平坦自然面，保存较小，长47mm，宽82.8mm。打击点十分清楚，还伴有一些因打击而形成的裂纹。石片腹面为凹，放射线同心波不清楚，略见打击泡，远端为略微内卷状，两侧缘几乎平行，左侧为尖灭状，右侧为一个断面；背面由若干石片疤和远端的自然平面组成，引导剥片的棱脊由片疤形成，呈两竖一横型，片疤数量约5个，其中2个小疤与石片同向，其余方向不明。最大特点是台面与背面远端均为自然面，且平行。

09XZ·1199，Ⅲ型，砖红色石英砂岩。长122.6mm，宽153.8mm，厚58mm，重1910g。原型是断块，轮廓接近四边形，纵剖面也为四边形。台面为平坦的自然面，近四边形形状，打击点清楚，且可见打击点产生的裂纹。台面长52.6mm，宽101.1mm，石片角122°。腹面放射线清楚，远端内卷曲，左侧为断面，右侧有2个相邻小石片疤，一个呈阶梯状尾端，一个呈羽翼状尾端，可能是修理。背面由若干石片疤和一个较平自然面组成，接近远端形成横向棱脊，片疤至少8个，方向不明。背面远端的自然面与台面平行。

09XZ·1157，V型，紫红色石英砂岩。长115.7mm，宽112.4mm，厚75.8mm，重1325g。原型是一个具有上下平行平坦自然面的石块，有一定程度磨圆。轮廓和纵剖面都接近四边形。台面为自然与面与几个小石片疤共同构成，整体微凸。打击点比较清楚。台面长56.8mm，宽64.1mm，石片角118°。腹面先凸后凹，两侧缘呈扩散状，左侧为断面，右侧为尖灭，远端为尖灭。隐约可见放射线，打击泡凸起较清楚。背面有若干石片疤和远端的自然面平面组成，引导剥片的棱脊由片疤形成，呈两竖一横型；至少可见6个片疤，其中3个同向，2个对向。最大特点是台面与背面远端均为自然面，且平行。

09XZ·1152，V型，砖红色石英砂岩。长104.5mm，宽111.5mm，厚85.1mm，重1245g。左侧缺失，但比裂片保存部分大一些。原型可能是一件大石片，轮廓接近四边形，纵剖面亦为四边形。台面为一个平坦的破裂面，已被破坏。腹面凸起，打击点清楚，放射线等其他特征不清楚，腹面右侧被破坏。远端略微内卷，左侧缘为断面，右侧可能为一个石片疤。背面由石片疤和自然面共同组成一竖一横棱脊，片疤有4个，其中2个与石片疤同向。其他未知。需要说明的背面远端为略凸的破裂面，可能是一个大石片的腹面，与台面平行。

09XZ·0451，V型（图8.4，3；图版50，2），厚石片，砖红色石英砂岩，长127.5mm，宽

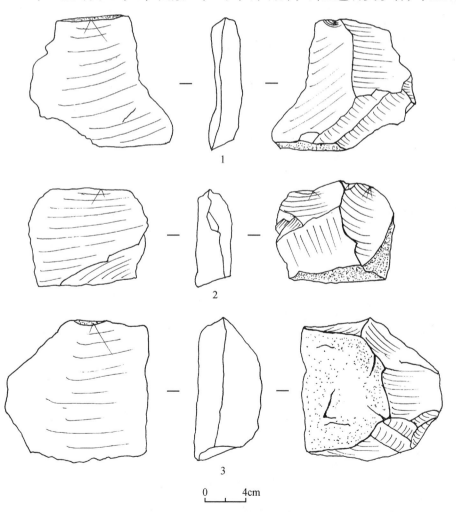

0　　　4cm

图8.4　赵庄遗址石英砂岩石片
1.09XZ·1154　2.09XZ·0400　3.09XZ·0451

135.7mm，厚141.4mm，重605g。轮廓呈五边形。纵剖面呈四边形，石片角107°，外角77°，远端尖灭，左侧边缘和右侧边缘也呈尖灭状态，双侧边缘扩散状。台面类型为打击，形状为三角形，台面微凸。台面长55.3mm，宽78.9mm。腹面在打击点处略凸。半锥体和打击泡明显，背脊形态为正Y和倒Y结合，整体略呈工字形。背面片疤5个，多个方向。

2. 断裂片

石英砂岩断裂片共7件，其中断片1件，裂片6件。平均重量467.5g，平均长宽厚均值分别为102.13mm、78.65mm、34.66mm，均比完整的石片小（表8.7）。

表8.7　赵庄遗址石英砂岩断裂片测量统计表

统计	重量（g）	长（mm）	宽（mm）	厚（mm）
计数	7	7	7	7
最大值	970	157.3	99.2	46.1
最小值	170	71.9	55.3	22.6
平均值	467.5	102.13	78.65	34.66
标准偏差	323.6671	27.91	16.64	9.85

8.4　工　具

石英砂岩工具仅5件，均为权宜型，按照功能命名不一定准确。因其重量均较大，大多数仅见刃部微修或者使用，暂时将其全部命名为砍砸器。典型者描述如下。

09XZ·1068（图8.5，1；图版52），砍砸器。长165mm，宽90mm，厚70mm，重量840g。毛坯为带有风化石皮的断块，右侧有三个连续的大型修疤构成一个凸起的刃缘，长度为174mm，刃缘比较平齐。修疤为20～70mm，大小不等，毛坯中厚为70mm，修疤终止厚为56mm，各疤相邻，基础面为平的风化自然面，工作面为凸。左侧有一边缘未修理，刃角为62°，长度为188mm。

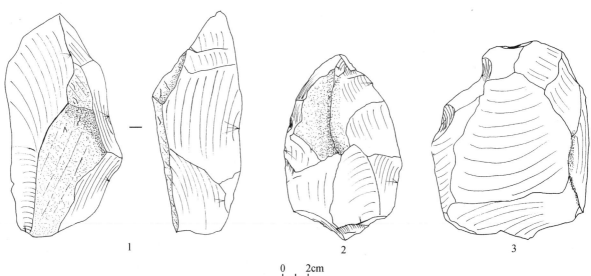

0　　2cm

图8.5　赵庄遗址石英砂岩工具

1.09XZ·1068　2.09XZ·0244　3.09XZ·1001

09XZ·0244（图8.5，2；图版51，1），砍砸器。长135.4mm，宽89.3mm，厚60mm，重710g，刃角76°～88°。毛坯为断块。一个修理刃缘和一个使用刃缘。右侧为修理刃缘，有2～3个修理疤，与断块本身的刃缘共同构成一个长194mm的刃缘，呈凸刃状，刃缘状态较圆滑，加工距离近整个毛坯的1/2，加工疤痕超大，长20～45mm，部分为阶梯状，多数为普通形态。修疤基础面为平，工作面为凸。左侧为一个未加工边缘，但有一些崩损疤痕，可能为使用所致，长度为130mm，形状为凸，与右侧修理刃缘呈对称状。该工具为一权宜型工具。

09XZ·1001（图8.5，3；图版51，2），砍砸器。长148mm，宽117.9mm，厚30.4mm，重825g，刃角80°～93°。毛坯为一凸起的残片，加工方向为破裂面向背面，刃缘长度为152mm，刃缘形状整体呈凸刃状，加工距离超过1/10，加工疤痕为大，25～40mm，普通的疤痕形态，连续分布。毛坯中厚小于疤终止厚，比较少见，与毛坯的形状有关。唯一的凹口跨度为44mm，深度为11mm。各修疤间关系为相邻，基础面为凸状，而工作面为凹状。未见明显使用痕迹。

表8.8为工具的测量统计表。总重量6195g，重量范围在710～2425g，平均值1239g。长72～165mm，宽89.3～148.4mm，厚30.4～130mm。

表8.8　赵庄遗址石英砂岩工具测量统计表

统计	重量（g）	长（mm）	宽（mm）	厚（mm）	长宽指数	宽厚指数
计数	5	5	5	5	5	5
最大值	2425	165	148.4	130	201.39	89.66
最小值	710	72	89.3	30.4	54.55	25.78
平均值	1239	136.64	118.12	76.7	98.54	64.63
标准偏差	714.38	38.07	28.55	37.34	59.13	24.07

表8.9统计了工具的毛坯。以断块略多，其余有石块、石核、残片各1件。可见工具以块状毛坯为主，片状毛坯很少。以上统计进一步表明砂岩工具的权宜性。脉石英工具虽然没有十分精致的加工，但加工方式和器型都属于北方常见。而石英砂岩工具则不同，几乎没有成型工具，仅有的几件加工意图也不很明显。

表8.9　赵庄遗址石英砂岩工具毛坯统计表

统计	石块	砾石?	石核	断块	完整石片	裂片	残片	未知	合计
N	1		1	2			1		5
%	20		20	40			20		100

8.5　废　　品

废品共162件，占石英砂岩石制品的91.75%，其中残片121件，断块40件，碎屑1件。

重量范围为0.2～2955g，平均值426.22g，长10.5～220mm，宽5.5～175mm，厚2.5～125.3mm。

表8.10　赵庄遗址石英砂岩废品（不包括碎屑）测量统计表

统计	重量（g）	长（mm）	宽（mm）	厚（mm）
计数	161	161	161	161
最大值	2955	220	175	125.3
最小值	0.2	10.5	5.5	2.5
平均值	426.22	83.18	59.72	35.17
标准偏差	638.72	55.6	40.53	28.59

8.6　石英砂岩石工业特点

（1）与脉石英石制品相比，石英砂岩石制品数量很少，仅276件，但体积大，重量大，特点鲜明。

（2）未加工者、即石块的数量较多，其中板状石块数量最多。

（3）石核、石片显示简单的剥片策略，剥片方法为锤击法，可能存在碰砧法。石核的利用率较低。数量较多的石核形态呈较为规则的六面体。

（4）存在数量众多的厚石片。

（5）工具数量极少，且缺乏真正意义上修理的工具，都是权宜型。

（6）废品数量不多，缺乏碎屑类产品。

赵庄遗址的石英砂岩石制品多重型，为简单的剥片技术。相对于脉石英而言，石英砂岩运用的技术更为简单、粗糙，其产品也更多权益型。基本没有采用我们通常意义上的剥片、修理等过程，尤其是几乎没有工具。无论是外形还是技术方面，都与目前我国旧石器中晚期遗址出土的石制品有所区别。本文是为了与脉石英石制品做对比而按照通常的做法进行了分类，事实上，石英砂岩更多是技术含量很低的石块，或仅经过简单剥片的石核、厚石片、断块等，缺乏成型工具，其大量存在于赵庄遗址更可能是人类为了某种特殊目的搬运而来。

第九章 动物化石

9.1 种属鉴定

赵庄遗址出土动物骨骼的可鉴定标本数221件（NISP），不可鉴定的骨骼碎屑272件，共代表了3种哺乳动物：古菱齿象（*Palaeoloxodon* sp.）、鹿（*Cervus* sp.）和羊（*Ovis/Capra* sp.），每一种动物的最小个体数（MNI）均为1（表9.1）。

表9.1 赵庄遗址动物骨骼遗存总表

动物种属	可鉴定标本数（NISP）	最小个体数（MNI）
古菱齿象（*Palaeoloxodon* sp.）	216	1
鹿（*Cervus/Capra* sp.）	2	1
羊（*Ovis* sp.）	3	1
合计	221	3

9.2 分类描述

偶蹄目 Artiodactyla

鹿科 Cervidae Gary，1821

鹿亚科 Cervinae Baird，1857

鹿属 *Cervus* sp.

鹿角残角枝1件和角环残块1件。

09XZ·0455，残角枝，剖面呈扁圆形（图版53，1），表面有沟壑。尖部弯曲。推测为中型鹿。09XZ·0905，角环残块，推测为中型鹿。

牛科 Bovidae Gary，1821

羊亚科 Antilopinae

羊属 *Ovis/Capra* sp.

左、右上颌骨各1件，下第三臼齿1件。属于较小的个体，由于仅发现这3件标本，未能鉴定到种。

09XZ·0056，左上颌，带残$M^1 \sim M^3$。发现于探方N101E97，L9水平层，位于象头骨的上部。重20g，$M^2 \sim M^3$残长31mm；M^2长14.8mm，宽12.5mm；M^3长15.7mm，宽10mm。

09XZ·0055，右上颌，带$P^2 \sim M^3$（图版53，2）。发现于探方N101E97，L9水平层，位于象头骨的上部，与标本09XZ·056距离很近。经对比，两件上颌可能为属于同一个体的头骨。重26.2g，$P^2 \sim M^3$长68.5mm，$P^2 \sim P^4$长28.8mm，$M^1 \sim M^3$长42.2mm。M^1长12.2mm，宽11.4mm；M^2长15mm，宽12.1mm；M^3长15.7mm，宽10.3mm。

09XZ·0140，右下M$_3$，发现于探方N102E97，L12层。

长鼻目 Proboscidea

象科 Elephantidae

古菱齿象 *Palaeoloxodon* sp.

由于大象骨骼庞大，分量重，因此对大象的鉴定经过如下几个步骤。第一步：收集骨骼。大象的肢骨比较重，通过个人力量还可以运送到室内。门齿则采用了分段运输室内复原的方法。而对于巨大而沉重的头骨则采取了野外套箱、室内复原的做法（图版55、图版56）。

发掘所得的骨骼包括头骨1件、门齿1件及若干肢骨残片。

头骨描述：标本编号09XZ·058。头骨出土时臼齿嚼面朝南，枕骨大孔朝下。象头骨已经压扁，严重变形。上半部分已经在后期的埋藏过程中被风化、侵蚀，就现在保存的情况，头骨较高，有强大的额部突起。

在清理过程中观察可知，该头骨已经被上下压扁，枕骨大孔中心与两个臼齿的中线不在一条线上，略微扭曲变形。原头骨高度应在1.2米左右。除了压扁的上颌外，还保存右侧的下颌骨的关节一块（图9.1）。

头骨上带左右臼齿。臼齿保存较为完整（图9.2）。左侧臼齿在套箱过程中脱落，描述如下（图版53，3）：嚼面平坦，舌侧相对较直，颊侧比较弯，整体轮廓略近菱形。宽齿型，齿冠被骨骼包围，暂不能测量齿冠高度。嚼面长230mm，宽94mm。整体磨蚀不太深。从嚼面上可见约15个齿脊，11个保存完整，4个不完整（由于磨蚀的原因，第2、3齿脊合在一起，因此，亦可看做14个齿脊）。第1齿脊磨至根部，仅保留一个釉质圈。第2齿脊亦分裂呈2个部分。第3、4齿脊盘颊侧已被磨开，第5~13齿脊均呈中间略微扩张的菱形。第14个齿脊呈两个断开的扁圆圈，第15个齿脊呈

1　　　　　　　　　　　　　　　　　　2

图9.1　赵庄遗址出土的象头

1.室内清理出来的象头骨　2.与头骨共出的脉石英石制品

图9.2 赵庄遗址出土的古菱齿象臼齿

四个釉质圆圈。在第5齿脊和第6齿脊颊侧可见单独一个釉质圆圈。齿脊频率LF为6.5。综合上述，齿脊频率为6.1或6.5。

每个齿脊上可见波浪式的褶皱。有的齿脊上有微弱的中尖突，有的没有。釉质层厚3.2～4mm。

门齿描述：门齿整体较直，长为120cm，横切面呈圆形，最大径24cm。

肢骨残片及碎骨：除象头及门齿外，这里还出了200多件肢骨残片（图版54）及无法鉴定的碎骨。骨骼表面多附着很硬的钙质层，很难剔除。在剔除的过程中，会将骨皮带落。

根据上述特征，初步定为古菱齿象属。古菱齿象在长鼻类中种的定位争议最大，在亚洲以德永象、纳玛象和诺氏象为代表（周和张，1974）。

德永象白齿狭长，有清楚的中尖突，齿脊很厚，白垩质发育，釉质层厚2.5～3mm，齿脊频率4～5.5。分布范围在华北，时代为早、中更新世。根据上述特征，赵庄象应当不属于这一种。

纳玛象头骨宽大，额骨很宽，白齿宽齿形。釉质层厚2～3mm，齿脊频率5～5.5。M³的齿脊数为14～15。纳玛象分布于长江和淮河流域，时代为整个更新世。纳玛象是Falconer和Cautley根据印度中部的Narbada河谷伏击发现的一个象头骨化石定名的，归入真象属。1924年，松本彦七郎根据日本发现的纳玛象化石材料建立了一个亚属Paleoloxodon。同年奥斯本也根据同样的材料提出了一个新名称Sivalika，1936年，他取消了这个名称，把欧洲的材料叫做Antiquus，把亚洲的材料叫做Namadicus，两者都归入古菱齿象属。我国曾经把绝大多数直齿象都定为这个种，但区分为好几个亚种（周明镇，1957）。张玉萍等（1983）总结古菱齿象属的特征是头骨高，额骨平而宽，门齿比较直，白齿齿冠宽度由窄到宽，齿脊排列紧密且彼此平行，齿脊频率3～8。釉质厚2～6mm，褶皱程度由弱而强。齿脊数目由少到多，第三臼齿齿脊从9至21个，并建议提升为亚科，包含7个亚种。

其中纳玛古菱齿象象的特征为宽齿型，上第三臼齿齿脊数目为15左右，齿脊频率5～6；齿脊中部较厚，磨蚀后显示菱形图案；釉质层厚2～3mm，褶皱比较强烈。赵庄象有可能是这一类。天津发现的纳玛象与赵庄象的特征很相似，只是其M³的齿脊大约为12个（高渭清，2008）。

诺氏古菱齿象，颊齿齿冠呈狭长形，第三上臼齿嚼面呈长椭圆形，外壁线几乎平直或微向里凹。齿脊频率为6或者更少。M³齿脊数量为17。磨蚀中等或较深的脊呈偏菱形的齿脊盘，并不显著地分为扩大的中央部和侧枝部分。在磨蚀程度中等或深的齿冠上，相邻两脊盘的相对方向的中尖突相接触。釉质层较薄，形成粗的、不规则的、相当强烈的褶曲。总之，诺氏象臼齿狭长，比德永象齿脊多，较密集，中尖突有但不明显，齿脊并不呈菱形。因此，赵庄象也不属于此类。

祈国琴（1999）认为更新世期间只有以淮河诺氏古菱齿象（*Paleoloxodon naumanni huaihoensis*）为代表的一种古菱齿象生活在中国，它是一种分别与纳玛象（*Paleoloxodon namadicus*）和诺氏象（*Paleoloxodon naumanni*）既相似又有区别的古菱齿象。纳玛象、淮河象、诺氏象可能代表古菱齿象在亚洲的3个支系。淮河象的头骨类似纳玛象，但下颌前伸不远，上牙齿板较直，彼此平行，M³的齿脊频率为4.8～6.2，最大宽90～110mm，长度293～439mm，釉质厚度2.2～3.2mm，齿脊数目18～20mm。纳玛象与淮河象的区别为齿脊数目和下颌骨联合部前伸的程度。前伸较远的为纳玛象，主要分布在印度；前伸较近的宽齿型为淮河象，分布于中国，而窄齿形为诺氏象，分布在日本。

由于没有发现下颌骨，赵庄象还不确定属于淮河象还是纳玛象。从齿脊数目上来看，赵庄象更倾向于纳玛象。从齿脊频率、宽度、釉质厚度等来看，又倾向于淮河象。综上，赵庄象属于古菱齿象属，有可能属于纳玛象或淮河象。

古菱齿象属于非洲象类，在哺乳动物区系当中属于古热带界。目前的非洲象主要生活在撒哈拉沙漠以南的非洲和阿拉伯半岛南部地区（黄春长，1998）。古菱齿象分布在东亚动物区和古北区的南部，最北可达内蒙古南部地区。它们主要是山地森林和平原林地的居住者，以多汁、纤维少的枝叶为食物，是温暖气候的代表（周和张，1974）。

9.3　人工痕迹

由于碳酸钙包裹以及剔除所带来的信息流失，对人为在骨骼表面的留下切割痕、砍痕等痕迹的带来影响。在此情况下，分辨骨表的人工痕迹。主要参考《大型食肉类动物啃咬骨骼和敲骨取髓破碎骨片的特征》（吕遵谔等，1993）。

2件标本上可见非常细小的切割痕，3件标本疑似有切割痕。切割痕的存在可能与人类食用肉类行为相关。痕迹非常微弱、分辨困难可能是因为象肉比较厚，切割肉类并不能常在骨体留下痕迹。

1件标本可见疑似刮削骨骼痕迹。标本09XZ·1273为一件肋骨残段，骨骼表面可见与骨骼纵向分布几处性状相似的痕迹，有方向性，可能为石制品接触骨骼后再沿着肋骨滑动留下的痕迹，推测为刮削动作导致的痕迹（图9.3，1）。结合对石制品微痕的分析，赵庄脉石英用作刮削这类横向运动的功能区域最多，同时其对象有可能是骨等硬性物质。

2件标本疑似砍痕。标本09XZ·288为象的肢骨下端残块。另一件在象头骨标本09XZ·058上可见象枕骨大孔附近的疑似砍痕（图9.3，2），可能与将头部与身体分离相关。由于其体积巨大，未

1　　　　　　　　　　　　　　　　2

图9.3　赵庄遗址动物骨骼表面的疑似人工痕迹
1.疑似刮削骨骼痕迹　2.象头枕骨大孔附近的疑似砍痕

用显微镜进行进一步分析，因此存疑。在埋藏学当中，砍痕与食肉类的齿印类似，但赵庄象头在出土时臼齿朝南，枕部向下，有疑似砍痕的位置在出土过程中没有暴露在地表，而是隐蔽在下面，因此食肉类齿印的可能性较小。从这2件砍痕的位置推测可能是人类为了肢解象类而对骨骼进行的砍砸行为。

总之，动物骨骼上的非人工痕迹表明其在埋藏前可能受到过动物啃咬，但十分罕见；骨骼在埋藏过程中曾受到一定程度的风化、磨蚀作用以及铁锰污染；碳酸钙的覆盖程度高可能说明埋藏过程中气候较为湿润。

而人类行为在骨骼上留下了微弱的痕迹，无特别明显的痕迹。可识别的人工痕迹的存在至少表明：人类曾在动物骨骼埋藏前进行了处理，可能包括切割肉类、刮削骨骼、砍砸骨骼等行为；这些动物骨骼在食用过程中可能并没有经过火烧。

9.4　小　　结

综合上述分析，赵庄的动物骨骼特点是：仅由象、鹿、羊三种动物构成；象保存了头骨、门齿和碎骨，鹿仅保存了鹿角，羊仅保存了上颌骨。

赵庄的动物骨骼无论是从种类数量和构成上还是从保存部位上，都具有其独特性。

从碎骨的分析来看，赵庄的动物骨骼可能与人类的食用行为相关。象的长骨带有肉量更多，可能为了分配食物而将骨骼敲碎，说明了人类行为是赵庄遗址形成的主要原因。

赵庄的象是人类的猎物还是食腐？根据比赵庄时代略早的老奶奶庙遗址分析，该遗址发现大量的动物骨骼碎骨，说明人类在距今3.5万年时应当已经是狩猎能手，赵庄人是否掌握狩猎这类巨型动物的技能，还没有充分的证据。就象类给人类提供的充足肉量而言，食腐也不是不可能。也就说，两种可能都存在。众多的晚更新世考古资料显示，象类出土量并不多。因此，象对于人类来讲，应是不可多得的巨型食物。

第十章 结 语

10.1 赵庄遗址的遗物

赵庄遗址的遗物包括脉石英、石英砂岩石制品和动物化石。

脉石英石制品呈乳白色、白色，多数标本质地不均一，包含杂质，脆性大，多节理，少数标本比较纯净。数量上占绝对多数，尺寸以中、小型标本为主。类型包括未加工者、石核、石片、工具、废品等，以废品数量为最多，石核、石片、工具数量接近，未加工石制品几乎没有，显示了人类在当地剥片、加工、使用、废弃石制品的整个过程。采用简单的剥片技术，未见预知石核，主要使用锤击法，也存在砸击法。工具组合仅包括刮削器、尖状器和砍砸器三种，以体积较小的刮削器、尖状器为主。工具毛坯以断块为主，占60%以上，其次为完整石片，显示了加工的权宜性和实用性。原料、技术、工具组合等显示脉石英石工业继承了自旧石器时代早期以来广泛存在于华北地区的小型石片石器工业。

紫红色石英砂岩石制品颗粒较粗、硬度不高。数量少，体积、重量巨大，200多件石制品，总重量却超过200kg。类型亦包括未加工者、石核、石片、工具、废品等类型，但未加工者数量较多，同时缺乏真正意义上的工具。剥片技术为锤击法，可能使用碰砧法。石核仅经过简单的剥片，且呈块状居多，存在数量众多的厚石片，整体面貌更类似于技术含量很低的大石块。碎屑的缺乏表明了剥片行为并不是在遗址当地进行，而是异地剥片之后搬运而来。颜色、重量、形态、分布等显示了石英砂岩石工业的特殊性。

与丰富的石制品形成鲜明对比，赵庄遗址的动物种类和数量均较少。动物种类单一，仅包含象、鹿、羊三种动物。其中象类的遗存相对丰富，包括一个头骨及破碎的肢骨；鹿类仅有一件鹿角，而羊类仅包括一件上颌（羊头）。缺乏常见的肉类组织多的、回报率大的中型动物骨骼，如鹿、羊，猪等；也缺乏一些小型的多肉性动物，如獾、狼等。象的骨骼较为破碎表明人类敲砸行为的存在，骨骼上的人工痕迹表明这里可能进行了处理象的肉类或骨骼的行为。

在所有骨骼当中，由于体积巨大、埋藏方式特殊，象的头骨特别引人注意。复原后的象头骨高1.2米。出土时竖立状，臼齿嚼面朝南，枕部朝下，顶骨已被破坏，内部被土壤填充，整体扭曲变形。象类体形硕大，含肉量大，是人类的理想食物。通过对目前我国晚更新世旧石器遗址内出土象类遗存的统计可知，象类发现并不丰富，可能说明象对于当时的人类而言不可多得。

10.2 赵庄遗址的遗迹

赵庄遗址由脉石英、石英砂岩、动物骨骼三类文化元素构成，这三类文化元素在赵庄的表现形式各有不同。

纵向分布上，从遗物出现到完全没有共22个水平层，深145cm，实际上遗物集中分布于4个水平层，约40cm，说明这可能是一次人类短期、集中活动留下的堆积。

剖面上看，脉石英集中分布在发掘区靠北的区域，呈南高北低逐渐倾斜的趋势。而石英砂岩则集中分布于发掘区靠南的位置，并且在南部区域密集分布，呈堆垒状。石英砂岩堆积位置略靠下，象头和脉石英位置靠上，说明了在这个短期活动当中，石英砂岩首先到达遗址并被堆垒起来，象头和脉石英产品的分布随后形成。

平面分布上，三个文化元素集中混杂分布于发掘区西侧的条带状区域。石英砂岩在发掘区南侧1平方米的范围内分布最为集中，与象头骨部分重合在一起，象头骨上方有羊的下颌骨。脉石英则分布于象头北侧的一个条带区域，并与象的碎骨以及部分石英砂岩混杂在一起。

从脉石英各类石制品在平面上的分布以及拼合组分析可知，至少存在4个集中活动的区域，证明了脉石英操作链中的剥片、修理、使用、废弃四个阶段均发生在遗址当地，表明脉石英在遗址的存在与人类的日常生活密切相关。

而石英砂岩制品体积大、重量大，石块、石核、石片、断块等各类产品无规律分布，但多数却堆垒起来，似乎与人类的日常生活关系不大。拼合研究的结果显示，石英砂岩的厚石片是从上下平行的扁平石块上剥下来的，其打击点的位置不在边缘，而在中间位置。其目的并不是为了下一步制作工具而剥取毛坯，而更像是将石块敲开，以分割体积和重量。对石核的观察也证明，存在相当数量的较为规则的六面体石核，同时也存在相当数量的厚石片。因此，推测石英砂岩的剥片目的可能在于生产这类块状物质。这类石制品体积大，堆垒起来容易形成相对稳固的基座。人类应是将块状石制品和未加工的石块一起搬回遗址后，将其堆垒起来。

联系到象头位于石英砂岩石堆的上方，因此我们推测石英砂岩搬运至遗址的作用可能是为了堆垒起来搁置象头。

以上脉石英一系列产品、紫红色的石英砂岩和硕大的象头骨三个元素共同构成一个有机的整体，组成史前人类的原生活动层面。这是赵庄遗址发现的遗迹现象。

经古地貌学研究，赵庄的人类活动层面位于滨河床沙坝上，也就是说在河岸边的制高点。

10.3 结 语

年代为距今3.8万～3.3万年的赵庄遗址技术上进步不明显，仍是传统的小石器打片技术，与该地区旧石器时代早、中期一脉相承，但是其技术水平已经非常娴熟。应该说，就所掌握的技术来讲，赵庄人与旧石器时代早、中期的人群有着繁衍继承关系。

但是，对重达200多kg石英砂岩的搬运，需要统筹安排、人员合作以及强有力的责任感，他们要到达原料产地再回到原地，并且目的性很强，即为了搬运石头去放置大象，其组织性、认知力、社会性应该已经达到一个新的水平。

相比于新石器时代以后的人群，旧石器时代人类与外界自然环境的关系非常密切，完全依赖于外界所给予的物质才能生存。虽然他们已经掌握了多种生活技能，可以应对日常生活的狩猎采集生活。但他们绝对不是常常处在食物充足的情况下。相反，在长期生产生活中与外界相斗争的过程中，人类还是更多地受制于自然的力量，自然灾难、猛兽冲击、食物匮乏等时时威胁着他们的生命。因此，到了这个阶段，人类开始与自然进行某种妥协，或者说用某种方式表示对自然的崇拜、敬畏，是原始的意识行为的萌芽。于是在世界各地都陆续出现了一些除石制品、骨制品之外的象征性遗物或遗迹现象，而赵庄则可能是在东亚地区发现的这类遗存。

综上所述，赵庄人类在石器生产技术上沿袭了该地区的传统，但却从事了一次不同于日常生活的、带有非功利色彩的象征性活动。这种人类行为可能包含了类似原始宗教崇拜的观念。赵庄遗址这一新发现所反映的象征行为，应该是在区域传统基础上新的发展，而不见外来因素的影响作用。

附表　出土标本登记表

编号	野外鉴定	探方号	地层	水平层	北	东	深	倾向	长轴	倾角	风化	磨蚀	日期	备注
1	石	N105E96	⑥	L1	10	95	485				0	0	2009.10.28pm	动
2	石	N102E97	⑥	L1	95	90	480				0	0	2009.10.28pm	动
3	石	N103E97	⑥	L1	70	55	480				0	0	2009.10.29am	动
4	石	N103E96	⑥	L1	20	60	485				0	0	2009.10.29am	动
5	石	N103E96	⑥	L2	58	70	486				0	0	2009.10.29am	动
6	石	N104E97	⑥	L2	88	93	487				0	0	2009.10.30pm	动
7	石	N106E97	⑥	L2	34	5	485				0	0	2009.10.30pm	动
8	石	N101E97	⑥	L4	50	76	500				0	0	2009.10.30pm	动
9	石	N103E98	⑥	L4	87	77	500				0	0	2009.11.1pm	动
10	石	N104E98	⑥	L4	28	76	500	6	4	/	0	0	2009.11.1pm	
11	石	N104E99	⑥	L5	93	49	514				0	0	2009.11.2pm	动
12	石	N104E97	⑥	L5	51	33	514				0	0	2009.11.2pm	动
13	陶	N101E96	②	L6	10	36	516	8	4	/	0	0	2009.11.4am	
14	石	N100E97	⑦	L6	28	6	520	6	4	/	0	0	2009.11.4am	
15	石	N100E98	⑦	L6	79	15	522				0	0	2009.11.4am	动
16	石	N106E97	⑥	L6	4	43	516				0	0	2009.11.4am	动
17	石	N100E97	⑦	L7	83	1	536	5	1	/	0	0	2009.11.4pm	
18	石	N101E96	⑦	L7	53	42	536				0	0	2009.11.4pm	动
19	骨	N104E96	⑥	L7	70	57	534	0	1	—	3	0	2009.11.4pm	象门齿
20	石	N102E97	⑦	L8	45	35	552				0	0	2009.11.5pm	动
21	石	N103E97	⑦	L8	34	61	553	3	3	/	0	0	2009.11.5pm	
22	石	N103E96	⑦	L8	93	5	550				0	0	2009.11.5pm	动
23	骨	N106E96	⑦	L9	36	64	550				0	0	2009.11.6pm	动
24	石	N105E97	⑦	L9	69	13	550	0	2	—	0	0	2009.11.6pm	
25	石	N105E97	⑦	L9	78	13	550	7	3	/	0	0	2009.11.6pm	
26	石	N105E97	⑦	L9	15	21	550	9	4	|	0	0	2009.11.6pm	
27	石	N104E97	⑦	L9	22	69	554				0	0	2009.11.6pm	动
28	石	N103E97	⑦	L9	99	18	556	6	4	/	0	0	2009.11.6pm	
29	石	N104E97	⑦	L9	2	36	555				0	0	2009.11.6pm	动
30	石	N103E97	⑦	L9	84	39	553	6	3	/	0	0	2009.11.6pm	
31	石	N103E97	⑦	L9	76	44	554				0	0	2009.11.6pm	动

续表

编号	野外鉴定	探方号	地层	水平层	北	东	深	倾向	长轴	倾角	风化	磨蚀	日期	备注
32	石	N103E97	⑦	L9	43	49	554	9	1	|	0	0	2009.11.6pm	
33	石	N103E97	⑦	L9	26	56	553	6	2	/	0	0	2009.11.6pm	
34	骨	N103E97	⑦	L9	12	80	556	0	1	—	0	0	2009.11.6pm	
35	骨	N103E97	⑦	L9	9	88	557	0	1	—	0	0	2009.11.6pm	
36	石	N103E96	⑦	L9	21	36	556	1	1	/	0	0	2009.11.6pm	
37	石	N103E96	⑦	L9	25	30	555	9	3	|	0	0	2009.11.6pm	
38	石	N103E96	⑦	L9	11	30	554	8	4	/	0	0	2009.11.6pm	
39	石	N103E96	⑦	L9	15	23	554	9	1	|	0	0	2009.11.6pm	
40	石	N103E96	⑦	L9	3	34	557	7	3	/	0	0	2009.11.6pm	
41	石	N102E96	⑦	L9	48	85	554	6	1	/	0	0	2009.11.6pm	
42	石	N102E96	⑦	L9	50	50	556	0	4	—	0	0	2009.11.6pm	
43	石	N102E96	⑦	L9	52	47	555	5	3	/	0	0	2009.11.6pm	
44	石	N102E96	⑦	L9	59	15	554	6	1	/	0	0	2009.11.6pm	
45	石	N102E96	⑦	L9	46	21	556	6	2	/	0	0	2009.11.6pm	
46	石	N101E96	⑦	L9	86	53	556				0	0	2009.11.6pm	动
47	石	N101E96	⑦	L9	68	47	556				0	0	2009.11.6pm	动
48	石	N100E97	⑦	L9	66	70	554	6	4	/	0	0	2009.11.6pm	
49	石	N100E97	⑦	L9	58	20	547	0	1	—	0	0	2009.11.6pm	
50	石	N100E97	⑦	L9	85	23	547	2	2	/	0	0	2009.11.6pm	
51	石	N100E97	⑦	L9	92	19	549	8	4	/	0	0	2009.11.6pm	
52	石	N100E97	⑦	L9	85	12	552	0	3	—	0	0	2009.11.6pm	
53	石	N100E96	⑦	L9	87	80	547				0	0	2009.11.6pm	动
54	石	N101E97	⑦	L9	52	16	552				0	0	2009.11.6pm	动
55	骨	N101E97	⑦	L9	42	18	549	6	1	/	0	0	2009.11.6pm	下颌
56	骨	N101E97	⑦	L9	44	12	547	0	2	—	0	0	2009.11.6pm	下颌
57	石	N100E96	⑦	L9	60	54	552				0	0	2009.11.6pm	动
58	骨	N100E96	⑦	L9	77	65	537	0	4	—	3	0	2009.11.6pm	象头
59	石	N104E97	⑦	L10	57	87	553	8	4	/	0	0	2009.11.9am	
60	石	N103E97	⑦	L10	62	21	553	0	2	—	0	0	2009.11.9am	
61	石	N103E97	⑦	L10	68	8	550				0	0	2009.11.9am	动
62	石	N103E97	⑦	L10	78	1	555	8	2	/	0	0	2009.11.9am	
63	石	N102E97	⑦	L10	75	77	560	0	4	—	0	0	2009.11.9am	
64	石	N102E97	⑦	L10	22	84	558				0	0	2009.11.9am	动
65	石	N102E97	⑦	L10	73	44	558	6	2	/	0	0	2009.11.9am	
66	石	N102E97	⑦	L10	84	35	558	7	3	/	0	0	2009.11.9am	
67	石	N102E97	⑦	L10	77	39	560	9	2	|	0	0	2009.11.9am	

编号	野外鉴定	探方号	地层	水平层	北	东	深	倾向	长轴	倾角	风化	磨蚀	日期	备注
68	石	N102E97	⑦	L10	9	36	560	5	3	/	0	0	2009.11.9am	
69	石	N102E97	⑦	L10	12	34	560	0	3	—	0	0	2009.11.9am	
70	骨	N102E97	⑦	L10	20	35	560	0	2	—	2	0	2009.11.9am	
71	石	N101E97	⑦	L10	65	53	563	5	1	/	0	0	2009.11.9am	
72	石	N101E97	⑦	L10	69	35	562	0	1	—	0	0	2009.11.9am	
73	石	N101E97	⑦	L10	74	33	561	8	4	/	0	0	2009.11.9am	
74	石	N101E97	⑦	L10	77	30	563	2	3	/	0	0	2009.11.9am	
75	石	N101E97	⑦	L10	44	16	561	4	1	/	0	0	2009.11.9am	
76	石	N101E96	⑦	L10	3	79	558	0	4	—	0	0	2009.11.9am	
77	石	N101E96	⑦	L10	86	48	559	9	1	|	0	0	2009.11.9am	
78	骨	N101E96	⑦	L10	78	40	559	5	1	/	2	0	2009.11.9am	
79	石	N101E96	⑦	L10	57	29	560	3	3	/	0	0	2009.11.9am	
80	骨	N101E96	⑦	L10	60	14	560	5	1	/	2	0	2009.11.9am	
81	石	N101E96	⑦	L10	97	34	557	0	2	—	0	0	2009.11.9am	
82	石	N102E96	⑦	L10	5	43	560	5	1	/	0	0	2009.11.9am	
83	石	N102E96	⑦	L10	11	38	557	5	1	/	0	0	2009.11.9am	
84	石	N102E96	⑦	L10	22	42	557				0	0	2009.11.9am	动
85	石	N102E96	⑦	L10	22	67	560	5	1	/	0	0	2009.11.9am	
86	石	N102E96	⑦	L10	39	64	559				0	0	2009.11.9am	动
87	石	N102E96	⑦	L10	48	38	558	6	2	/	0	0	2009.11.9am	
88	石	N102E96	⑦	L10	15	32	557	5	1	/	0	0	2009.11.9am	
89	骨	N102E96	⑦	L10	43	11	560	3	3	/	2	0	2009.11.9am	
90	骨	N102E96	⑦	L10	57	36	559	4	4	/	2	0	2009.11.9am	
91	石	N102E96	⑦	L10	47	33	561	6	2	/	0	0	2009.11.9am	
92	石	N102E96	⑦	L10	36	27	561				0	0	2009.11.9am	动
93	骨	N102E96	⑦	L10	63	43	560	4	4	/	2	0	2009.11.9am	
94	石	N102E96	⑦	L10	96	33	560	8	4	/	0	0	2009.11.9am	
95	石	N103E96	⑦	L10	6	27	557				0	0	2009.11.9am	动
96	石	N103E96	⑦	L10	8	18	561				0	0	2009.11.9am	动
97	石	N103E96	⑦	L10	20	46	561	5	3	/	0	0	2009.11.9am	
98	石	N103E96	⑦	L10	13	35	559				0	0	2009.11.9am	动
99	石	N103E96	⑦	L10	5	66	561	9	3	|	0	0	2009.11.9am	
100	石	N103E96	⑦	L10	9	75	560	5	1	/	0	0	2009.11.9am	
101	石	N103E96	⑦	L10	33	57	560	6	2	/	0	0	2009.11.9am	
102	石	N102E97	⑦	L10	80	41	561	5	1	/	0	0	2009.11.9am	
103	石	N102E97	⑦	L10	84	46	560	5	2	/	0	0	2009.11.9am	

续表

编号	野外鉴定	探方号	地层	水平层	北	东	深	倾向	长轴	倾角	风化	磨蚀	日期	备注
104	石	N102E97	⑦	L10	75	42	561	0	4	—	0	0	2009.11.9am	
105	石	N100E96	⑦	L11	48	44	562	1	3	/	0	0	2009.11.15pm	头骨附近
106	石	N100E96	⑦	L11	49	57	561	2	2	/	0	0	2009.11.15pm	头骨附近
107	石	N100E97	⑦	L11	65	24	561				0	0	2009.11.15pm	动
108	石	N100E97	⑦	L11	84	50	560	5	4	/	0	0	2009.11.15pm	
109	石	N101E97	⑦	L11	9	54	563	2	3	/	0	0	2009.11.15pm	
110	骨	N101E97	⑦	L11	69	28	563	1	1	/	2	0	2009.11.15pm	
111	石	N101E97	⑦	L11	79	32	561	2	4	/	0	0	2009.11.15pm	
112	石	N101E97	⑦	L11	82	51	562	5	1	/	0	0	2009.11.15pm	
113	石	N101E97	⑦	L11	85	51	563	6	2	/	0	0	2009.11.15pm	
114	石	N101E97	⑦	L11	85	47	564	0	1	—	0	0	2009.11.15pm	
115	石	N101E97	⑦	L11	90	47	563	1	1	/	0	0	2009.11.15pm	
116	石	N101E97	⑦	L11	34	98	563	3	3	/	0	0	2009.11.15pm	
117	石	N101E97	⑦	L11	83	17	560	6	2	/	0	0	2009.11.15pm	
118	石	N101E97	⑦	L11	89	16	562	9	4	|	0	0	2009.11.15pm	
119	石	N101E97	⑦	L11	81	11	561	4	2	/	0	0	2009.11.15pm	
120	石	N101E97	⑦	L11	78	16	561	2	2	/	0	0	2009.11.15pm	
121	石	N102E97	⑦	L11	4	28	560	8	4	/	0	0	2009.11.15pm	
122	石	N102E97	⑦	L11	9	25	562	8	4	/	0	0	2009.11.15pm	
123	石	N102E97	⑦	L11	10	32	560	9	2	|	0	0	2009.11.15pm	
124	石	N102E97	⑦	L11	10	38	561	3	1	/	0	0	2009.11.15pm	
125	石	N102E97	⑦	L11	7	35	561	4	3	/	0	0	2009.11.15pm	
126	石	N102E97	⑦	L11	5	42	563	6	2	/	0	0	2009.11.15pm	
127	石	N102E97	⑦	L11	27	26	560	2	2	/	0	0	2009.11.15pm	
128	石	N102E97	⑦	L11	24	28	564	0	1	—	0	0	2009.11.15pm	
129	石	N102E97	⑦	L11	18	36	561	1	2	/	0	0	2009.11.15pm	
130	石	N102E97	⑦	L11	22	38	560	6	2	/	0	0	2009.11.15pm	
131	石	N102E97	⑦	L11	27	36	561	9	4	|	0	0	2009.11.15pm	
132	石	N102E97	⑦	L11	29	36	561	7	4	/	0	0	2009.11.15pm	
133	骨	N102E97	⑦	L11	26	39	561	0	2	—	2	0	2009.11.15pm	
134	石	N102E97	⑦	L11	18	46	561	4	2	/	0	0	2009.11.15pm	
135	石	N102E97	⑦	L11	15	37	560	0	4	—	0	0	2009.11.15pm	
136	石	N102E97	⑦	L11	40	37	561	8	4	/	0	0	2009.11.15pm	
137	石	N102E97	⑦	L11	18	59	563	1	1	/	0	0	2009.11.15pm	
138	石	N102E97	⑦	L11	22	58	563	0	2	—	0	0	2009.11.15pm	

编号	野外鉴定	探方号	地层	水平层	北	东	深	倾向	长轴	倾角	风化	磨蚀	日期	备注
139	石	N102E97	⑦	L11	26	65	562	6	2	/	0	0	2009.11.15pm	
140	骨	N102E97	⑦	L11	48	79	563				2	0	2009.11.15pm	动
141	石	N102E97	⑦	L11	55	58	562	9	1	|	0	0	2009.11.15pm	
142	石	N102E97	⑦	L11	57	60	562	6	4	/	0	0	2009.11.15pm	
143	石	N102E97	⑦	L11	55	42	562	2	4	/	0	0	2009.11.15pm	
144	石	N102E97	⑦	L11	76	48	562	7	1	/	0	0	2009.11.15pm	
145	石	N102E97	⑦	L11	83	77	560	1	1	/	0	0	2009.11.15pm	
146	石	N102E97	⑦	L11	83	75	560	6	1	/	0	0	2009.11.15pm	
147	石	N102E97	⑦	L11	41	10	564	7	1	/	0	0	2009.11.15pm	
148	石	N102E97	⑦	L11	83	32	563				0	0	2009.11.15pm	
149	石	N103E97	⑦	L11	4	58	562	5	1	/	0	0	2009.11.15pm	
150	石	N103E96	⑦	L11	72	17	564				0	0	2009.11.15pm	
151	石	N103E96	⑦	L11	75	18	564				0	0	2009.11.15pm	
152	骨	N103E96	⑦	L11	73	13	565				2	0	2009.11.15pm	
153	石	N103E96	⑦	L11	5	80	563	7	3	/	0	0	2009.11.15pm	
154	石	N102E96	⑦	L11	63	84	563	6	2	/	0	0	2009.11.15pm	
155	石	N102E96	⑦	L11	44	75	563	2	4	/	0	0	2009.11.15pm	
156	石	N102E96	⑦	L11	50	46	562	8	4	/	0	0	2009.11.15pm	
157	骨	N102E96	⑦	L11	8	48	563	7	1	/	2	0	2009.11.15pm	
158	石	N102E96	⑦	L11	30	54	563	5	1	/	0	0	2009.11.15pm	
159	石	N102E96	⑦	L11	7	10	565	7	1	/	0	0	2009.11.15pm	
160	石	N102E96	⑦	L11	2	1	564				0	0	2009.11.15pm	
161	石	N102E96	⑦	L11	37	17	564	5	1	/	0	0	2009.11.15pm	
162	石	N102E96	⑦	L11	76	34	563	1	2	/	0	0	2009.11.15pm	
163	石	N102E96	⑦	L11	88	42	565	7	4	/	0	0	2009.11.15pm	
164	石	N102E96	⑦	L11	94	48	563	9	1	|	0	0	2009.11.15pm	
165	石	N102E96	⑦	L11	97	55	563	1	1	/	0	0	2009.11.15pm	
166	石	N102E96	⑦	L11	90	44	564	0	1	—	0	0	2009.11.15pm	
167	石	N102E96	⑦	L11	95	45	563	5	2	/	0	0	2009.11.15pm	
168	石	N102E96	⑦	L11	90	38	563	3	3	/	0	0	2009.11.15pm	
169	骨	N102E96	⑦	L11	93	39	563	5	1	/	2	0	2009.11.15pm	
170	石	N102E96	⑦	L11	99	34	563	8	4	/	0	0	2009.11.15pm	
171	石	N102E96	⑦	L11	94	34	562	1	1	/	0	0	2009.11.15pm	
172	石	N103E96	⑦	L11	5	44	563	1	1	/	0	0	2009.11.15pm	
173	石	N103E96	⑦	L11	4	30	564	7	4	/	0	0	2009.11.15pm	
174	石	N103E96	⑦	L11	2	46	563	8	4	/	0	0	2009.11.15pm	

编号	野外鉴定	探方号	地层	水平层	北	东	深	倾向	长轴	倾角	风化	磨蚀	日期	备注
175	石	N101E96	⑦	L11	83	57	562	7	2	/	0	0	2009.11.15pm	
176	骨	N101E96	⑦	L11	62	59	563	7	4	/	2	0	2009.11.15pm	
177	石	N101E96	⑦	L11	72	28	564	3	4	/	0	0	2009.11.15pm	
178	石	N101E96	⑦	L11	68	23	563	7	1	/	0	0	2009.11.15pm	
179	石	N101E96	⑦	L11	60	22	563	5	3	/	0	0	2009.11.15pm	
180	石	N101E96	⑦	L11	53	15	564	6	1	/	0	0	2009.11.15pm	
181	石	N101E96	⑦	L11	55	41	564	2	2	/	0	0	2009.11.15pm	
182	石	N101E96	⑦	L11	58	32	564	3	3	/	0	0	2009.11.15pm	
183	骨	N101E96	⑦	L11	60	28	564	4	4	/	2	0	2009.11.15pm	
184	石	N101E96	⑦	L11	3	27	564	3	4	/	0	0	2009.11.15pm	
185	石	N104E97	⑦	L12	14	3	565	9	1			0	0	2009.11.15am	
186	石	N105E97	⑦	L12	27	47	565	1	1	/	0	0	2009.11.15am	
187	石	N105E96	⑦	L12	11	27	567	8	1	/	0	0	2009.11.15am	
188	石	N105E96	⑦	L12	81	19	568	0	1	—	0	0	2009.11.15am	
189	石	N102E97	⑦	L11	72	43	563	5	1	/	0	0	2009.11.15pm	
190	石	N102E97	⑦	L11	39	19	563	6	1	/	0	0	2009.11.15pm	
191	石	N102E97	⑦	L11	10	42	563	4	4	/	0	0	2009.11.15pm	
192	石	N106E96	⑦	L13	36	62	572	0	3	—	0	0	2009.11.15pm	
193	石	N105E96	⑦	L13	57	70	572	3	1	/	0	0	2009.11.15pm	
194	石	N105E96	⑦	L13	41	77	575	7	1	/	0	0	2009.11.15pm	
195	骨	N105E96	⑦	L13	32	78	575	8	4	/	2	0	2009.11.15pm	
196	石	N105E96	⑦	L13	32	71	575	5	1	/	0	0	2009.11.15pm	
197	石	N105E96	⑦	L13	23	49	573	4	1	/	0	0	2009.11.15pm	
198	石	N105E96	⑦	L13	46	19	572	8	4	/	0	0	2009.11.15pm	
199	石	N105E96	⑦	L13	12	68	574	4	4	/	0	0	2009.11.15pm	
200	石	N105E96	⑦	L13	15	26	575	7	1	/	0	0	2009.11.16pm	
201	石	N105E96	⑦	L13	5	15	574	8	2	/	0	0	2009.11.16pm	
202	石	N105E96	⑦	L13	4	7	577	5	1	/	0	0	2009.11.16pm	
203	骨	N104E96	⑦	L13	89	18	574				2	0	2009.11.16pm	动
204	石	N104E96	⑦	L13	33	19	575	3	3	/	0	0	2009.11.16pm	
205	骨	N104E96	⑦	L13	27	86	572	0	3	—	0	0	2009.11.16pm	
206	石	N104E96	⑦	L13	23	99	571	7	2	/	0	0	2009.11.16pm	
207	骨	N104E96	⑦	L13	23	99	573	7	3	/	2	0	2009.11.16pm	
208	石	N103E96	⑦	L12	78	21	566	5	1	/	0	0	2009.11.16pm	
209	石	N103E96	⑦	L12	86	20	566	6	1	/	0	0	2009.11.16pm	
210	石	N103E96	⑦	L12	82	39	565	7	1	/	0	0	2009.11.16pm	

续表

编号	野外鉴定	探方号	地层	水平层	北	东	深	倾向	长轴	倾角	风化	磨蚀	日期	备注
211	石	N103E96	⑦	L12	83	44	570	2	1	/	0	0	2009.11.16pm	
212	石	N103E96	⑦	L12	86	89	567	8	2	/	0	0	2009.11.16pm	
213	石	N103E96	⑦	L12	7	92	567	4	3	/	0	0	2009.11.16pm	
214	石	N103E96	⑦	L12	0	82	565	3	3	/	0	0	2009.11.16pm	
215	石	N103E96	⑦	L12	3	78	565	6	3	/	0	0	2009.11.16pm	
216	石	N103E96	⑦	L12	12	65	566				0	0	2009.11.16pm	动
217	石	N103E96	⑦	L12	15	67	567	8	4	/	0	0	2009.11.16pm	
218	石	N103E96	⑦	L12	8	55	565	8	4	/	0	0	2009.11.16pm	
219	石	N103E96	⑦	L12	2	60	566	2	2	/	0	0	2009.11.16pm	
220	石	N103E96	⑦	L12	1	59	565	2	2	/	0	0	2009.11.16pm	
221	石	N103E96	⑦	L12	1	55	565	0	1	—	0	0	2009.11.16pm	
222	骨	N103E96	⑦	L12	5	52	565	1	1	/	2	0	2009.11.16pm	
223	石	N103E96	⑦	L12	8	51	565	1	1	/	0	0	2009.11.16pm	
224	石	N103E96	⑦	L12	7	48	565	1	3	/	0	0	2009.11.16pm	
225	石	N103E96	⑦	L12	10	49	566	9	3	|	0	0	2009.11.16pm	
226	石	N103E96	⑦	L12	12	46	567	9	2	|	0	0	2009.11.16pm	
227	石	N103E96	⑦	L12	17	43	567	2	4	/	0	0	2009.11.16pm	
228	石	N103E96	⑦	L12	15	42	567	3	4	/	0	0	2009.11.16pm	
229	石	N103E96	⑦	L12	18	40	567	3	4	/	0	0	2009.11.16pm	
230	石	N103E96	⑦	L12	13	33	569	9	2	|	0	0	2009.11.16pm	
231	石	N103E96	⑦	L12	14	38	565	2	3	/	0	0	2009.11.16pm	
232	石	N103E96	⑦	L12	11	35	565	2	1	/	0	0	2009.11.16pm	
233	石	N103E96	⑦	L12	8	36	565				0	0	2009.11.16pm	动
234	石	N103E96	⑦	L12	7	32	564	7	4	/	0	0	2009.11.16pm	
235	石	N103E96	⑦	L12	3	30	564	7	3	/	0	0	2009.11.16pm	
236	石	N103E96	⑦	L12	6	40	565	1	3	/	0	0	2009.11.16pm	
237	石	N103E96	⑦	L12	8	18	567	2	2	/	0	0	2009.11.16pm	
238	石	N102E96	⑦	L12	92	48	566	3	3	/	0	0	2009.11.16pm	
239	石	N102E96	⑦	L12	93	39	565	6	2	/	0	0	2009.11.16pm	
240	石	N102E96	⑦	L12	93	37	565	6	1	/	0	0	2009.11.16pm	
241	骨	N102E96	⑦	L12	96	30	564	7	3	/	2	0	2009.11.16pm	
242	石	N102E96	⑦	L12	86	40	567	4	3	/	0	0	2009.11.16pm	
243	石	N102E96	⑦	L12	97	22	567				0	0	2009.11.16pm	动
244	石	N102E96	⑦	L12	81	28	567	6	4	/	0	0	2009.11.16pm	
245	石	N102E96	⑦	L12	88	27	565	5	1	/	0	0	2009.11.16pm	
246	石	N102E96	⑦	L12	76	30	565	9	3	|	0	0	2009.11.16pm	

编号	野外鉴定	探方号	地层	水平层	北	东	深	倾向	长轴	倾角	风化	磨蚀	日期	备注
247	石	N102E96	⑦	L12	73	34	566	9	4	|	0	0	2009.11.16pm	
248	石	N102E96	⑦	L12	70	34	565				0	0	2009.11.16pm	动
249	骨	N102E96	⑦	L12	72	41	567	1	1	/	2	0	2009.11.16pm	
250	石	N102E96	⑦	L12	89	84	567				0	0	2009.11.16pm	动
251	石	N102E96	⑦	L12	47	49	565	7	4	/	0	0	2009.11.16pm	
252	石	N102E96	⑦	L12	44	45	565	8	4	/	0	0	2009.11.16pm	
253	石	N102E96	⑦	L12	47	42	566	6	3	/	0	0	2009.11.16pm	
254	石	N102E96	⑦	L12	26	17	567	0	1	—	0	0	2009.11.16pm	
255	石	N102E96	⑦	L12	9	15	567	0	4		0	0	2009.11.16pm	
256	石	N102E96	⑦	L12	11	0	570				0	0	2009.11.16pm	动
257	石	N102E96	⑦	L12	33	18	567	8	2	/	0	0	2009.11.16pm	
258	石	N102E96	⑦	L12	40	9	568	3	3	/	0	0	2009.11.16pm	
259	骨	N102E96	⑦	L12	33	5	567	0	3	—	0	0	2009.11.16pm	
260	石	N102E96	⑦	L12	46	5	567	0	4		0	0	2009.11.16pm	
261	骨	N102E96	⑦	L12	50	15	566	6	2	/	2	0	2009.11.16pm	
262	石	N102E96	⑦	L12	41	12	567	4	4		0	0	2009.11.16pm	
263	石	N102E96	⑦	L12	68	88	567				0	0	2009.11.16pm	动
264	石	N102E97	⑦	L12	10	21	567	0	3	—	0	0	2009.11.16pm	
265	石	N102E97	⑦	L12	8	23	567	1	2	/	0	0	2009.11.16pm	
266	石	N102E97	⑦	L12	8	36	565	0	1	—	0	0	2009.11.16pm	
267	石	N102E97	⑦	L12	5	38	565	3	2	/	0	0	2009.11.16pm	
268	骨	N102E97	⑦	L12	28	13	565	8	4	/	2	0	2009.11.16pm	
269	石	N102E97	⑦	L12	37	15	565	9	3	|	0	0	2009.11.16pm	
270	石	N102E97	⑦	L12	46	5	567	5	3	/	0	0	2009.11.16pm	
271	骨	N102E97	⑦	L12	49	4	567	0	4	—	0	0	2009.11.16pm	
272	石	N102E97	⑦	L12	48	3	567	0	4		0	0	2009.11.16pm	
273	石	N102E97	⑦	L12	51	15	565	1	3	/	0	0	2009.11.16pm	
274	石	N102E97	⑦	L12	47	45	568				2	0	2009.11.16pm	动
275	石	N102E97	⑦	L12	55	51	565	0	3	—	0	0	2009.11.16pm	
276	石	N102E97	⑦	L12	55	46	565	4	3	/	0	0	2009.11.16pm	
277	石	N102E97	⑦	L12	57	46	565	9	3	|	0	0	2009.11.16pm	
278	石	N102E97	⑦	L12	60	38	566				0	0	2009.11.16pm	动
279	石	N102E97	⑦	L12	68	36	568	0	1	—	0	0	2009.11.16pm	
280	石	N102E97	⑦	L12	73	36	568	0	3	—	0	0	2009.11.16pm	
281	石	N102E97	⑦	L12	77	30	569	9	2	|	0	0	2009.11.16pm	
282	石	N102E97	⑦	L12	79	46	565	1	3	/	0	0	2009.11.16pm	

续表

编号	野外鉴定	探方号	地层	水平层	北	东	深	倾向	长轴	倾角	风化	磨蚀	日期	备注
283	石	N102E97	⑦	L12	81	42	567	0	3	—	0	0	2009.11.16pm	
284	石	N102E97	⑦	L12	85	38	568	0	4	—	0	0	2009.11.16pm	
285	石	N102E97	⑦	L12	89	32	566	8	4	/	0	0	2009.11.16pm	
286	石	N102E97	⑦	L12	96	34	568	0	4	—	0	0	2009.11.16pm	
287	石	N102E97	⑦	L12	93	31	567	8	4	/	0	0	2009.11.16pm	
288	骨	N103E97	⑦	L12	80	21	566	7	3	/	2	0	2009.11.16pm	
289	骨	N103E97	⑦	L12	76	14	568	0	4	—	2	0	2009.11.16pm	
290	石	N103E97	⑦	L12	96	13	563				0	0	2009.11.16pm	动
291	石	N104E97	⑦	L12	1	6	564	1	3	/	0	0	2009.11.16pm	
292	石	N102E96	⑦	L13	10	12	571	7	4	/	0	0	2009.11.18am	
293	石	N102E96	⑦	L13	5	15	574	2	4	/	0	0	2009.11.18am	
294	石	N102E96	⑦	L13	4	14	571	5	1	/	0	0	2009.11.18am	
295	石	N102E96	⑦	L13	11	20	573	7	2	/	0	0	2009.11.18am	
296	石	N102E96	⑦	L13	14	24	573	4	4	/	0	0	2009.11.18am	
297	石	N102E96	⑦	L13	25	11	571	8	4	/	0	0	2009.11.18am	
298	石	N101E96	⑦	L13	97	17	573	8	4	/	0	0	2009.11.18am	
299	石	N102E96	⑦	L13	24	33	573	3	3	/	0	0	2009.11.18am	
300	石	N102E96	⑦	L13	1	46	571	0	3	—	0	0	2009.11.18am	
301	石	N102E96	⑦	L13	27	41	574	5	3	/	0	0	2009.11.18am	
302	石	N102E96	⑦	L13	33	42	574	6	4	/	0	0	2009.11.18am	
303	石	N102E96	⑦	L13	35	44	573	5	3	/	0	0	2009.11.18am	
304	石	N102E96	⑦	L13	31	48	574	9	4	|	0	0	2009.11.18am	
305	石	N102E96	⑦	L13	40	46	573	6	4	/	0	0	2009.11.18am	
306	石	N102E96	⑦	L13	35	54	575	1	4	/	0	0	2009.11.18am	
307	石	N102E96	⑦	L13	45	65	575	4	4	/	0	0	2009.11.18am	
308	石	N102E96	⑦	L13	39	62	573	6	3	/	0	0	2009.11.18am	
309	石	N102E96	⑦	L13	37	13	573	3	3	/	0	0	2009.11.18am	
310	石	N102E96	⑦	L13	46	17	574	2	2	/	0	0	2009.11.18am	
311	石	N102E96	⑦	L13	42	7	576	4	4	/	0	0	2009.11.18am	
312	骨	N102E96	⑦	L13	33	7	571	4	4	/	2	0	2009.11.18am	
313	骨	N102E96	⑦	L13	35	5	571	5	1	/	2	0	2009.11.18am	
314	石	N102E96	⑦	L13	63	18	574	8	4	/	0	0	2009.11.18am	
315	石	N102E96	⑦	L13	60	21	573	8	4	/	0	0	2009.11.18am	
316	石	N102E96	⑦	L13	59	24	572	6	4	/	0	0	2009.11.18am	
317	石	N102E96	⑦	L13	63	26	573	2	2	/	0	0	2009.11.18am	
318	石	N102E96	⑦	L13	58	31	573	0	4	—	0	0	2009.11.18am	

续表

编号	野外鉴定	探方号	地层	水平层	北	东	深	倾向	长轴	倾角	风化	磨蚀	日期	备注
319	石	N102E96	⑦	L13	61	31	573	3	1	/	0	0	2009.11.18am	
320	石	N102E96	⑦	L13	72	27	573	7	3	/	0	0	2009.11.18am	
321	石	N102E96	⑦	L13	71	32	573	0	2	—	0	0	2009.11.18am	
322	石	N102E96	⑦	L13	70	38	573	2	2	/	0	0	2009.11.18am	
323	石	N102E96	⑦	L13	76	31	572	0	2	—	0	0	2009.11.18am	
324	石	N102E96	⑦	L13	74	32	573	0	4	—	0	0	2009.11.18am	
325	石	N102E96	⑦	L13	77	37	573	0	1	—	0	0	2009.11.18am	
326	石	N102E96	⑦	L13	78	40	573	9	1	|	0	0	2009.11.18am	
327	石	N102E96	⑦	L13	78	42	573	7	3	/	0	0	2009.11.18am	
328	石	N102E96	⑦	L13	77	48	575	6	4	/	0	0	2009.11.18am	
329	石	N102E96	⑦	L13	81	42	571	9	2	|	0	0	2009.11.18am	
330	石	N102E96	⑦	L13	85	35	567	4	1	/	0	0	2009.11.18am	
331	石	N102E96	⑦	L13	83	32	568	1	3	/	0	0	2009.11.18am	
332	骨	N102E96	⑦	L13	87	33	567	5	1	/	2	0	2009.11.18am	
333	石	N102E96	⑦	L13	89	36	567	3	3	/	0	0	2009.11.18am	
334	骨	N102E96	⑦	L13	86	41	565	6	2	/	2	0	2009.11.18am	
335	石	N102E96	⑦	L13	84	26	566	0	3	—	0	0	2009.11.18am	
336	石	N102E96	⑦	L13	82	26	567	2	2	/	0	0	2009.11.18am	
337	骨	N102E96	⑦	L13	80	24	571	0	3	—	2	0	2009.11.18am	
338	骨	N102E96	⑦	L13	82	23	571	0	3	—	2	0	2009.11.18am	
339	石	N102E96	⑦	L13	87	24	574				0	0	2009.11.18am	
340	石	N102E96	⑦	L13	93	25	567	0	1	—	0	0	2009.11.18am	
341	石	N102E96	⑦	L13	92	30	566	6	2	/	0	0	2009.11.18am	
342	石	N102E96	⑦	L13	93	33	562	6	2	/	0	0	2009.11.18am	
343	石	N102E96	⑦	L13	92	36	564	2	2	/	0	0	2009.11.18am	
344	石	N102E96	⑦	L13	92	39	566	2	2	/	0	0	2009.11.18am	
345	石	N102E96	⑦	L13	91	39	566	2	3	/	0	0	2009.11.18am	
346	石	N102E96	⑦	L13	89	42	565	0	3	—	0	0	2009.11.18am	
347	石	N102E96	⑦	L13	95	47	566	0	3	—	0	0	2009.11.18am	
348	石	N102E96	⑦	L13	89	51	570	8	4	/	0	0	2009.11.18am	
349	石	N102E96	⑦	L13	98	48	566	4	4	/	0	0	2009.11.18am	
350	骨	N102E96	⑦	L13	97	57	567	8	4	/	2	0	2009.11.18am	
351	石	N102E96	⑦	L13	96	57	570	6	4	/	0	0	2009.11.18am	
352	石	N102E96	⑦	L13	95	63	571	2	2	/	0	0	2009.11.18am	
353	骨	N102E96	⑦	L13	96	68	575	2	4	/	2	0	2009.11.18am	
354	石	N102E96	⑦	L13	99	62	570	8	2	/	0	0	2009.11.18am	

续表

编号	野外鉴定	探方号	地层	水平层	北	东	深	倾向	长轴	倾角	风化	磨蚀	日期	备注
355	石	N102E96	⑦	L13	59	45	574	8	4	/	0	0	2009.11.18am	
356	石	N102E96	⑦	L13	67	50	574	8	4	/	0	0	2009.11.18am	
357	石	N102E96	⑦	L13	70	52	573	0	4	—	0	0	2009.11.18am	
358	石	N102E96	⑦	L13	70	49	575	0	4	—	0	0	2009.11.18am	
359	石	N102E96	⑦	L13	10	73	575	0	3	—	0	0	2009.11.18am	
360	骨	N102E96	⑦	L13	6	82	572	7	3	/	2	0	2009.11.18am	
361	骨	N102E96	⑦	L13	63	80	573	0	3	—	2	0	2009.11.18am	
362	石	N102E96	⑦	L13	51	86	573	0	4	—	0	0	2009.11.18am	
363	石	N102E96	⑦	L13	69	92	574	9	3			0	0	2009.11.18am	
364	石	N102E96	⑦	L13	68	88	573	6	4	/	0	0	2009.11.18am	
365	石	N102E96	⑦	L13	75	86	581	0	4	—	0	0	2009.11.18am	
366	石	N102E96	⑦	L13	88	76	572	0	3	—	0	0	2009.11.18am	
367	石	N102E96	⑦	L13	95	75	575	9	3			0	0	2009.11.18am	
368	石	N102E97	⑦	L13	58	7	573	0	3	—	0	0	2009.11.18am	
369	石	N102E97	⑦	L13	63	22	571				0	0	2009.11.18am	动
370	石	N102E97	⑦	L13	63	20	572	5	1	/	0	0	2009.11.18am	
371	石	N102E97	⑦	L13	66	18	572	7	4	/	0	0	2009.11.18am	
372	石	N102E97	⑦	L13	67	22	572	6	3	/	0	0	2009.11.18am	
373	石	N102E97	⑦	L13	91	33	573	2	3	/	0	0	2009.11.18am	
374	骨	N102E97	⑦	L13	5	7	573	0	3	—	2	0	2009.11.18am	
375	石	N103E97	⑦	L13	28	29	570	1	1	/	0	0	2009.11.18am	
376	骨	N103E97	⑦	L13	52	5	575	0	3	—	2	0	2009.11.18am	
377	石	N103E97	⑦	L13	55	15	572	0	3	—	0	0	2009.11.18am	
378	骨	N103E97	⑦	L13	79	10	573	0	4	—	2	0	2009.11.18am	
379	石	N103E97	⑦	L13	84	14	574	0	4	—	0	0	2009.11.18am	
380	骨	N103E97	⑦	L13	84	11	576	9	1			2	0	2009.11.18am	
381	石	N103E96	⑦	L13	6	44	573	8	4	/	0	0	2009.11.18am	
382	石	N103E96	⑦	L13	4	58	573	8	4	/	0	0	2009.11.18am	
383	石	N103E96	⑦	L13	12	65	574	6	1	/	0	0	2009.11.18am	
384	石	N103E96	⑦	L13	14	60	575				0	0	2009.11.18am	动
385	石	N103E96	⑦	L13	18	64	575	0	1	—	0	0	2009.11.18am	
386	石	N103E96	⑦	L13	16	71	574	3	3	/	0	0	2009.11.18am	
387	石	N103E96	⑦	L13	13	71	574	8	4	/	0	0	2009.11.18am	
388	骨	N103E96	⑦	L13	77	10	575				2	0	2009.11.18am	动
389	石	N103E96	⑦	L13	84	11	575				0	0	2009.11.18am	动
390	石	N103E96	⑦	L13	76	15	575				0	0	2009.11.18am	动

续表

编号	野外鉴定	探方号	地层	水平层	北	东	深	倾向	长轴	倾角	风化	磨蚀	日期	备注
391	石	N103E96	⑦	L13	83	15	574	1	1	/	0	0	2009.11.18am	
392	石	N103E96	⑦	L13	85	13	575	7	3	/	0	0	2009.11.18am	
393	石	N103E96	⑦	L13	87	10	575	0	2	—	0	0	2009.11.18am	
394	石	N103E96	⑦	L13	72	18	576	0	4	—	0	0	2009.11.18am	
395	石	N103E96	⑦	L13	70	20	575	6	4	/	0	0	2009.11.18am	
396	石	N103E96	⑦	L13	73	23	574	1	1	/	0	0	2009.11.18am	
397	骨	N103E96	⑦	L13	67	28	574	7	3	/	2	0	2009.11.18am	
398	骨	N103E96	⑦	L13	70	32	571	7	3	/	2	0	2009.11.18am	
399	石	N103E96	⑦	L13	73	30	572	0	3	—	0	0	2009.11.18am	
400	石	N103E96	⑦	L13	74	32	575	6	2	/	0	0	2009.11.18am	
401	石	N103E96	⑦	L13	73	37	571	8	4	/	0	0	2009.11.18am	
402	骨	N103E96	⑦	L13	76	39	571	1	1	/	2	0	2009.11.18am	
403	石	N103E96	⑦	L13	78	37	572	0	1	—	0	0	2009.11.18am	
404	石	N103E96	⑦	L13	80	31	572	7	3	/	0	0	2009.11.18am	
405	石	N103E96	⑦	L13	83	34	572	7	3	/	0	0	2009.11.18am	
406	石	N103E96	⑦	L13	92	34	577	8	3	/	0	0	2009.11.18am	
407	骨	N103E96	⑦	L13	57	40	574	4	4	/	2	0	2009.11.18am	
408	石	N103E96	⑦	L13	75	43	573	0	3	—	0	0	2009.11.18am	
409	石	N103E96	⑦	L13	71	45	572	7	3	/	0	0	2009.11.18am	
410	石	N103E96	⑦	L13	72	48	572	9	2	|	0	0	2009.11.18am	
411	石	N103E96	⑦	L13	66	50	574	7	3	/	0	0	2009.11.18am	
412	石	N103E96	⑦	L13	65	47	570	0	3	—	0	0	2009.11.18am	
413	石	N103E96	⑦	L13	64	42	572	2	4	/	0	0	2009.11.18am	
414	石	N103E96	⑦	L13	63	47	570	0	3	—	0	0	2009.11.18am	
415	石	N103E96	⑦	L13	56	45	574	5	1	/	0	0	2009.11.18am	
416	石	N103E96	⑦	L13	50	47	574	5	1	/	0	0	2009.11.18am	
417	石	N103E96	⑦	L13	56	50	571	1	1	/	0	0	2009.11.18am	
418	石	N103E96	⑦	L13	56	48	572	8	2	/	0	0	2009.11.18am	
419	骨	N103E96	⑦	L13	49	52	570	0	2	—	2	0	2009.11.18am	
420	石	N103E96	⑦	L13	47	49	576	3	3	/	0	0	2009.11.18am	
421	石	N103E96	⑦	L13	47	55	575	0	1	—	0	0	2009.11.18am	
422	石	N103E96	⑦	L13	60	69	572	7	4	/	0	0	2009.11.18am	
423	石	N103E96	⑦	L13	63	68	572	2	2	/	0	0	2009.11.18am	
424	石	N103E96	⑦	L13	67	48	571	3	1	/	0	0	2009.11.18am	
425	石	N103E96	⑦	L13	82	70	575	0	3	—	0	0	2009.11.18am	
426	骨	N103E96	⑦	L13	65	80	571				0	0	2009.11.18am	动

续表

编号	野外鉴定	探方号	地层	水平层	北	东	深	倾向	长轴	倾角	风化	磨蚀	日期	备注
427	石	N103E96	⑦	L13	57	80	573	5	3	/	0	0	2009.11.18am	
428	石	N103E96	⑦	L13	50	77	574	6	4	/	0	0	2009.11.18am	
429	石	N103E96	⑦	L13	47	80	573	6	2	/	0	0	2009.11.18am	
430	石	N103E96	⑦	L13	50	88	575	5	1	/	0	0	2009.11.18am	
431	石	N103E96	⑦	L13	60	89	572	9	4	|	0	0	2009.11.18am	
432	石	N103E96	⑦	L13	70	89	572	3	1	/	0	0	2009.11.18am	
433	石	N103E96	⑦	L13	76	93	572	5	1	/	0	0	2009.11.18am	
434	石	N103E96	⑦	L13	81	82	573	9	2	|	0	0	2009.11.18am	
435	石	N103E96	⑦	L13	67	98	575	5	3	/	0	0	2009.11.18am	
436	石	N103E96	⑦	L13	81	61	573				0	0	2009.11.18am	动
437	石	N103E96	⑦	L13	87	31	575				0	0	2009.11.18am	动
438	骨	N103E96	⑦	L13	93	92	575	6	2	/	2	0	2009.11.18am	
439	骨	N102E96	⑦	L14	8	39	577	8	4	/	2	0	2009.11.19pm	
440	石	N102E96	⑦	L14	27	30	577	8	4	/	0	0	2009.11.19pm	
441	骨	N102E96	⑦	L14	21	16	577	1	2	/	2	0	2009.11.19pm	
442	石	N102E96	⑦	L14	25	29	578	5	4	/	0	0	2009.11.19pm	
443	石	N102E96	⑦	L14	38	36	577				0	0	2009.11.19pm	动
444	骨	N102E96	⑦	L14	29	18	577	5	1	/	2	0	2009.11.19pm	
445	骨	N102E96	⑦	L14	30	15	578	0	1	—	2	0	2009.11.19pm	
446	石	N102E96	⑦	L14	36	15	578	7	3	/	0	0	2009.11.19pm	
447	石	N102E96	⑦	L14	43	12	578				0	0	2009.11.19pm	动
448	骨	N102E96	⑦	L14	41	11	578	6	2	/	2	0	2009.11.19pm	
449	石	N102E96	⑦	L14	38	11	578				0	0	2009.11.19pm	动
450	石	N102E96	⑦	L14	62	17	582	1	3	/	0	0	2009.11.19pm	
451	石	N102E96	⑦	L14	46	24	580	7	3	/	0	0	2009.11.19pm	
452	石	N102E96	⑦	L14	55	37	581	7	4	/	0	0	2009.11.19pm	
453	石	N102E96	⑦	L14	76	25	585	5	3	/	0	0	2009.11.19pm	
454	石	N102E96	⑦	L14	77	44	581	6	4	/	0	0	2009.11.19pm	
455	骨	N102E96	⑦	L14	93	30	578	5	1	/	2	0	2009.11.19pm	角
456	石	N102E96	⑦	L14	41	26	577	3	1	/	0	0	2009.11.19pm	
457	石	N102E96	⑦	L14	47	36	577	7	3	/	0	0	2009.11.19pm	
458	骨	N102E96	⑦	L14	47	60	578				2	0	2009.11.19pm	动
459	石	N102E96	⑦	L14	38	67	577	6	1	/	0	0	2009.11.19pm	
460	石	N102E96	⑦	L14	35	73	578	0	1	—	0	0	2009.11.19pm	
461	石	N102E96	⑦	L14	70	77	578	8	4	/	0	0	2009.11.19pm	
462	骨	N102E96	⑦	L14	77	67	577				2	0	2009.11.19pm	动

续表

编号	野外鉴定	探方号	地层	水平层	北	东	深	倾向	长轴	倾角	风化	磨蚀	日期	备注
463	石	N102E96	⑦	L14	73	89	577	4	2	/	0	0	2009.11.19pm	
464	石	N102E96	⑦	L14	84	34	577	8	4	/	0	0	2009.11.19pm	
465	石	N102E96	⑦	L14	95	46	577	2	2	/	0	0	2009.11.19pm	
466	石	N102E96	⑦	L14	86	42	577	4	2	/	0	0	2009.11.19pm	
467	石	N102E96	⑦	L14	85	56	577	3	3	/	0	0	2009.11.19pm	
468	石	N102E96	⑦	L14	90	52	578				0	0	2009.11.19pm	动
469	石	N102E96	⑦	L14	89	59	578	0	4	—	0	0	2009.11.19pm	
470	石	N102E96	⑦	L14	94	58	578	3	1	/	0	0	2009.11.19pm	
471	石	N102E96	⑦	L14	99	66	577	3	1	/	0	0	2009.11.19pm	
472	石	N102E96	⑦	L14	93	78	576	9	3			0	0	2009.11.19pm	
473	石	N102E96	⑦	L14	89	90	578	4	3	/	0	0	2009.11.19pm	
474	石	N102E96	⑦	L14	95	94	577	3	4	/	0	0	2009.11.19pm	
475	石	N102E97	⑦	L14	20	4	577	1	2	/	0	0	2009.11.19pm	
476	石	N102E97	⑦	L14	25	1	577	7	2	/	0	0	2009.11.19pm	
477	骨	N102E97	⑦	L14	34	9	577	0	4	—	2	0	2009.11.19pm	
478	骨	N102E97	⑦	L14	68	2	577				2	0	2009.11.19pm	动
479	骨	N102E97	⑦	L14	96	3	578	3	3	/	2	0	2009.11.19pm	
480	石	N103E97	⑦	L14	5	33	578	7	3	/	0	0	2009.11.19pm	
481	石	N103E97	⑦	L14	2	24	579	3	2	/	0	0	2009.11.19pm	
482	石	N103E97	⑦	L14	33	10	579	0	1	—	0	0	2009.11.19pm	
483	石	N103E97	⑦	L14	22	5	579	2	2	/	0	0	2009.11.19pm	
484	石	N103E97	⑦	L14	42	16	578				0	0	2009.11.19pm	动
485	石	N103E96	⑦	L14	59	92	577	8	4	/	0	0	2009.11.19pm	
486	石	N103E96	⑦	L14	55	83	576	3	3	/	0	0	2009.11.19pm	
487	石	N103E96	⑦	L14	56	88	577	9	3			0	0	2009.11.19pm	
488	石	N103E96	⑦	L14	50	84	576	4	2	/	0	0	2009.11.19pm	
489	石	N103E96	⑦	L14	50	89	577	2	3	/	0	0	2009.11.19pm	
490	石	N103E96	⑦	L14	37	87	578	1	1	/	0	0	2009.11.19pm	
491	石	N103E96	⑦	L14	43	90	578	1	1	/	0	0	2009.11.19pm	
492	石	N103E96	⑦	L14	44	87	578	2	2	/	0	0	2009.11.19pm	
493	石	N103E96	⑦	L14	18	93	577	1	1	/	0	0	2009.11.19pm	
494	石	N103E96	⑦	L14	8	89	577	2	2	/	0	0	2009.11.19pm	
495	石	N103E96	⑦	L14	14	85	577	2	4	/	0	0	2009.11.19pm	
496	石	N103E96	⑦	L14	13	83	577	7	3	/	0	0	2009.11.19pm	
497	石	N103E96	⑦	L14	17	84	577	2	1	/	0	0	2009.11.19pm	
498	石	N103E96	⑦	L14	21	87	577				0	0	2009.11.19pm	动

编号	野外鉴定	探方号	地层	水平层	北	东	深	倾向	长轴	倾角	风化	磨蚀	日期	备注
499	石	N103E96	⑦	L14	4	81	577	4	2	/	0	0	2009.11.19pm	
500	骨	N103E96	⑦	L14	6	72	576	4	2	/	2	0	2009.11.19pm	
501	石	N103E96	⑦	L14	12	62	576	4	4	/	0	0	2009.11.19pm	
502	石	N103E96	⑦	L14	5	58	576	4	1	/	0	0	2009.11.19pm	
503	石	N103E96	⑦	L14	12	33	578	8	2	/	0	0	2009.11.19pm	
504	石	N103E96	⑦	L14	26	43	578				0	0	2009.11.19pm	动
505	石	N103E96	⑦	L14	31	53	577				0	0	2009.11.19pm	动
506	石	N103E96	⑦	L14	36	58	576	7	1	/	0	0	2009.11.19pm	
507	石	N103E96	⑦	L14	36	50	577	7	3	/	0	0	2009.11.19pm	
508	石	N103E96	⑦	L14	44	48	578	0	3	—	0	0	2009.11.19pm	
509	骨	N103E96	⑦	L14	47	17	579	0	2	—	2	0	2009.11.19pm	
510	石	N103E96	⑦	L14	52	25	579	8	4	/	0	0	2009.11.19pm	
511	石	N103E96	⑦	L14	52	30	578	4	4	/	0	0	2009.11.19pm	
512	石	N103E96	⑦	L14	69	40	576	0	4	—	0	0	2009.11.19pm	
513	石	N103E96	⑦	L14	60	56	576	5	3	/	0	0	2009.11.19pm	
514	石	N103E96	⑦	L14	61	58	575	9	2			0	0	2009.11.19pm	
515	骨	N103E96	⑦	L14	48	17	577	7	3	/	2	0	2009.11.19pm	
516	石	N103E96	⑦	L14	78	20	576	5	4	/	0	0	2009.11.19pm	
517	石	N103E96	⑦	L14	97	4	578				0	0	2009.11.19pm	动
518	石	N103E96	⑦	L14	92	11	578				0	0	2009.11.19pm	动
519	石	N103E96	⑦	L14	98	14	578	5	1	/	0	0	2009.11.19pm	
520	石	N103E96	⑦	L14	99	46	577	9	4			0	0	2009.11.19pm	
521	石	N103E96	⑦	L14	97	51	577	1	3	/	0	0	2009.11.19pm	
522	石	N104E96	⑦	L14	1	23	578	9	4			0	0	2009.11.19pm	
523	石	N104E96	⑦	L14	13	19	577	8	4	/	0	0	2009.11.19pm	
524	石	N104E96	⑦	L14	10	6	578	5	1	/	0	0	2009.11.19pm	
525	石	N104E96	⑦	L14	7	10	578	6	2	/	0	0	2009.11.19pm	
526	石	N104E96	⑦	L14	21	8	578	2	3	/	0	0	2009.11.19pm	
527	石	N104E96	⑦	L14	18	10	578	4	4	/	0	0	2009.11.19pm	
528	骨	N104E96	⑦	L14	17	13	578	2	2	/	2	0	2009.11.19pm	
529	石	N104E96	⑦	L14	20	23	578	7	3	/	0	0	2009.11.19pm	
530	石	N104E96	⑦	L14	11	32	578	1	1	/	0	0	2009.11.19pm	
531	石	N104E96	⑦	L14	10	39	578				0	0	2009.11.19pm	动
532	石	N104E96	⑦	L14	7	49	578	3	3	/	0	0	2009.11.19pm	
533	石	N104E96	⑦	L14	2	52	578	0	4	—	0	0	2009.11.19pm	
534	石	N104E96	⑦	L14	1	63	577	9	2			0	0	2009.11.19pm	

编号	野外鉴定	探方号	地层	水平层	北	东	深	倾向	长轴	倾角	风化	磨蚀	日期	备注
535	石	N104E96	⑦	L14	8	60	578				0	0	2009.11.19pm	动
536	骨	N104E96	⑦	L14	10	76	577	2	4	/	2	0	2009.11.19pm	
537	石	N104E96	⑦	L14	10	86	577	2	2	/	0	0	2009.11.19pm	
538	石	N104E96	⑦	L14	24	84	578	7	2	/	0	0	2009.11.19pm	
539	石	N104E96	⑦	L14	21	77	578	2	2	/	0	0	2009.11.19pm	
540	石	N104E96	⑦	L14	76	81	578				0	0	2009.11.19pm	动
541	石	N104E96	⑦	L14	32	60	578	5	2	/	0	0	2009.11.19pm	
542	石	N104E96	⑦	L14	25	45	578	6	3	/	0	0	2009.11.19pm	
543	石	N104E96	⑦	L14	39	38	578	3	3	/	0	0	2009.11.19pm	
544	石	N104E96	⑦	L14	54	56	578	3	3	/	0	0	2009.11.19pm	
545	石	N104E96	⑦	L14	51	50	578	5	2	/	0	0	2009.11.19pm	
546	石	N104E96	⑦	L14	48	44	578	3	3	/	0	0	2009.11.19pm	
547	石	N104E96	⑦	L14	53	41	577	6	3	/	0	0	2009.11.19pm	
548	石	N104E96	⑦	L14	54	35	578	3	3	/	0	0	2009.11.19pm	
549	骨	N104E96	⑦	L14	58	47	577	3	3	/	2	0	2009.11.19pm	
550	石	N104E96	⑦	L14	48	24	578	3	3	/	0	0	2009.11.19pm	
551	石	N104E96	⑦	L14	59	18	578				0	0	2009.11.19pm	动
552	石	N104E96	⑦	L14	70	14	577	9	2	|	0	0	2009.11.19pm	
553	石	N104E96	⑦	L14	70	18	577	5	2	/	0	0	2009.11.19pm	
554	石	N104E96	⑦	L14	80	15	576	2	2	/	0	0	2009.11.19pm	
555	石	N104E96	⑦	L14	82	14	577	0	4	—	0	0	2009.11.19pm	
556	石	N104E96	⑦	L14	88	15	576	2	3	/	0	0	2009.11.19pm	
557	石	N104E96	⑦	L14	86	27	578	8	3	/	0	0	2009.11.19pm	
558	石	N105E96	⑦	L14	4	20	576	3	1	/	0	0	2009.11.19pm	
559	石	N105E96	⑦	L14	5	24	577	1	1	/	0	0	2009.11.19pm	
560	石	N105E96	⑦	L14	15	32	578	8	3	/	0	0	2009.11.19pm	
561	石	N105E96	⑦	L14	20	35	578	8	4	/	0	0	2009.11.19pm	
562	石	N105E96	⑦	L14	21	29	578	7	3	/	0	0	2009.11.19pm	
563	石	N105E96	⑦	L14	23	35	578	6	2	/	0	0	2009.11.19pm	
564	石	N105E96	⑦	L14	24	40	578	3	1	/	0	0	2009.11.19pm	
565	石	N105E96	⑦	L14	41	39	578	0	3	—	0	0	2009.11.19pm	
566	骨	N105E96	⑦	L14	30	65	578	0	1	—	2	0	2009.11.19pm	
567	石	N105E96	⑦	L14	21	60	578				0	0	2009.11.19pm	动
568	骨	N105E96	⑦	L14	16	79	578	7	2	/	2	0	2009.11.19pm	
569	石	N105E96	⑦	L14	51	63	578				0	0	2009.11.19pm	动
570	石	N105E96	⑦	L14	79	68	578	1	1	/	0	0	2009.11.19pm	

续表

编号	野外鉴定	探方号	地层	水平层	北	东	深	倾向	长轴	倾角	风化	磨蚀	日期	备注
571	石	N102E96	⑦	L14	6	35	577	6	2	/	0	0	2009.11.20am	
572	石	N102E96	⑦	L14	21	18	577	0	2	—	0	0	2009.11.20am	
573	石	N102E96	⑦	L14	22	16	577	3	1	/	0	0	2009.11.20am	
574	石	N102E96	⑦	L14	38	9	578	8	2	/	0	0	2009.11.20am	
575	石	N102E96	⑦	L14	42	11	578	8	2	/	0	0	2009.11.20am	
576	石	N102E96	⑦	L14	32	15	578	0	2	—	0	0	2009.11.20am	
577	石	N102E96	⑦	L14	33	19	578	7	3	/	0	0	2009.11.20am	
578	石	N102E96	⑦	L14	35	20	578	0	3	—	0	0	2009.11.20am	
579	石	N102E96	⑦	L14	35	27	578	0	4	—	0	0	2009.11.20am	
580	骨	N102E96	⑦	L14	11	37	577	0	4		2	0	2009.11.20am	
581	石	N102E96	⑦	L14	42	32	578	4	1	/	0	0	2009.11.20am	
582	石	N102E96	⑦	L14	10	30	582	4	4	/	0	0	2009.11.20am	
583	石	N102E96	⑦	L14	34	31	578	4	4	/	0	0	2009.11.20am	
584	骨	N102E96	⑦	L14	28	52	577	0	4	—	2	0	2009.11.20am	
585	骨	N102E96	⑦	L14	74	73	577	3	3	/	2	0	2009.11.20am	
586	石	N102E96	⑦	L14	75	83	578	7	1	/	0	0	2009.11.20am	
587	骨	N102E96	⑦	L14	97	54	577	6	2	/	2	0	2009.11.20am	
588	石	N103E96	⑦	L14	3	85	577	3	3	/	0	0	2009.11.20am	
589	骨	N103E96	⑦	L14	93	14	576	0	1	—	2	0	2009.11.20am	
590	骨	N103E96	⑦	L14	90	16	576	6	2	/	2	0	2009.11.20am	
591	骨	N103E96	⑦	L14	83	20	577	0	3	—	2	0	2009.11.20am	
592	石	N103E96	⑦	L14	43	82	578	3	3	/	0	0	2009.11.20am	
593	蚌	N103E96	⑦	L14	51	85	577	2	2	/	0	0	2009.11.20am	
594	石	N103E97	⑦	L14	32	5	578	0	1	—	0	0	2009.11.20am	
595	石	N104E96	⑦	L14	10	13	578	0	3	—	0	0	2009.11.20am	
596	石	N104E96	⑦	L14	22	13	578	1	1	/	0	0	2009.11.20am	
597	石	N104E96	⑦	L14	56	56	578	9	2			0	0	2009.11.20am	
598	石	N104E96	⑦	L14	63	17	578	0	2	—	0	0	2009.11.20am	
599	石	N104E96	⑦	L14	70	18	578	9	3			0	0	2009.11.20am	
600	石	N104E96	⑦	L14	80	18	576	0	2	—	0	0	2009.11.20am	
601	石	N104E96	⑦	L14	88	16	578	2	2	/	0	0	2009.11.20am	
602	石	N104E96	⑦	L14	92	13	577	2	4	/	0	0	2009.11.20am	
603	石	N104E96	⑦	L14	96	12	577	8	4	/	0	0	2009.11.20am	
604	石	N105E96	⑦	L14	6	21	576	9	2			0	0	2009.11.20am	
605	石	N102E96	⑦	L15	32	16	584	5	1	/	0	0	2009.11.21am	
606	石	N102E96	⑦	L15	38	14	583	0	3	—	0	0	2009.11.21am	

编号	野外鉴定	探方号	地层	水平层	北	东	深	倾向	长轴	倾角	风化	磨蚀	日期	备注
607	石	N102E96	⑦	L15	44	42	590	2	2	/	0	0	2009.11.21am	
608	石	N102E96	⑦	L15	95	17	583	0	2	—	0	0	2009.11.21am	
609	石	N102E96	⑦	L15	85	95	584	2	2	/	0	0	2009.11.21am	
610	石	N103E97	⑦	L15	13	1	584	9	1	|	0	0	2009.11.21am	
611	石	N103E96	⑦	L15	21	98	584	0	3	/	0	0	2009.11.21am	
612	石	N103E96	⑦	L15	23	93	584	4	4	/	0	0	2009.11.21am	
613	石	N103E96	⑦	L15	28	98	585	3	2	/	0	0	2009.11.21am	
614	石	N103E96	⑦	L15	26	96	585	8	4	/	0	0	2009.11.21am	
615	石	N103E97	⑦	L15	24	2	585	2	3	/	0	0	2009.11.21am	
616	石	N103E96	⑦	L15	26	98	584	2	4	/	0	0	2009.11.21am	
617	石	N103E97	⑦	L15	15	8	584	0	4	—	0	0	2009.11.21am	
618	骨	N103E96	⑦	L15	55	15	586	0	1	—	2	0	2009.11.21am	
619	石	N103E96	⑦	L15	59	18	585	6	4	/	0	0	2009.11.21am	
620	石	N103E96	⑦	L15	69	20	588	7	2	/	0	0	2009.11.21am	
621	石	N103E96	⑦	L15	68	16	586	0	2	—	0	0	2009.11.21am	
622	骨	N103E96	⑦	L15	70	13	585	0	4	—	2	0	2009.11.21am	
623	石	N103E96	⑦	L15	78	14	585	2	1	/	0	0	2009.11.21am	
624	石	N103E96	⑦	L15	88	12	583	2	4	/	0	0	2009.11.21am	
625	石	N103E96	⑦	L15	92	4	584	2	2	/	0	0	2009.11.21am	
626	石	N103E96	⑦	L15	99	11	582	0	2	—	0	0	2009.11.21am	
627	石	N104E96	⑦	L15	1	11	583	0	2	—	0	0	2009.11.21am	
628	骨	N104E96	⑦	L15	5	0	583	2	2	/	2	0	2009.11.21am	
629	石	N104E96	⑦	L15	12	1	584	2	4	/	0	0	2009.11.21am	
630	骨	N104E96	⑦	L15	24	1	584	0	4	—	2	0	2009.11.21am	
631	石	N104E96	⑦	L15	28	6	586	1	1	/	0	0	2009.11.21am	
632	石	N104E96	⑦	L15	23	2	585	0	1	—	0	0	2009.11.21am	
633	石	N104E96	⑦	L15	28	13	586	8	4	/	0	0	2009.11.21am	
634	石	N104E96	⑦	L15	10	21	585				0	0	2009.11.21am	动
635	石	N104E96	⑦	L15	3	24	583	0	4	—	0	0	2009.11.21am	
636	石	N104E96	⑦	L15	8	26	585	3	1	/	0	0	2009.11.21am	
637	石	N104E96	⑦	L15	12	16	584	0	4	—	0	0	2009.11.21am	
638	石	N104E96	⑦	L15	18	8	585	3	3	/	0	0	2009.11.21am	
639	石	N104E96	⑦	L15	21	15	584	1	2	/	0	0	2009.11.21am	
640	石	N104E96	⑦	L15	18	19	584	0	4	—	0	0	2009.11.21am	
641	石	N104E96	⑦	L15	38	13	586	0	1	—	0	0	2009.11.21am	
642	石	N104E96	⑦	L15	40	18	586	0	4	—	0	0	2009.11.21am	

编号	野外鉴定	探方号	地层	水平层	北	东	深	倾向	长轴	倾角	风化	磨蚀	日期	备注
643	石	N104E96	⑦	L15	18	25	584	0	3	—	0	0	2009.11.21am	
644	石	N104E96	⑦	L15	23	30	584	6	3	/	0	0	2009.11.21am	
645	石	N104E96	⑦	L15	27	23	583	7	2	/	0	0	2009.11.21am	
646	石	N104E96	⑦	L15	30	17	585	1	1	/	0	0	2009.11.21am	
647	石	N104E96	⑦	L15	28	28	585	9	2			0	0	2009.11.21am	
648	石	N104E96	⑦	L15	37	26	587	8	2	/	0	0	2009.11.21am	
649	石	N104E96	⑦	L15	34	19	585	0	3	—	0	0	2009.11.21am	
650	石	N104E96	⑦	L15	19	38	583	2	2	/	0	0	2009.11.21am	
651	石	N104E96	⑦	L15	27	42	583	3	3	/	0	0	2009.11.21am	
652	石	N104E96	⑦	L15	32	40	583	5	3	/	0	0	2009.11.21am	
653	石	N104E96	⑦	L15	38	38	584	9	2			0	0	2009.11.21am	
654	石	N104E96	⑦	L15	41	35	583	4	4	/	0	0	2009.11.21am	
655	石	N104E96	⑦	L15	38	45	583	0	3	—	0	0	2009.11.21am	
656	石	N104E96	⑦	L15	31	50	584	3	3	/	0	0	2009.11.21am	
657	石	N104E96	⑦	L15	36	52	584	0	1	—	0	0	2009.11.21am	
658	石	N104E96	⑦	L15	34	56	583	0	4	—	0	0	2009.11.21am	
659	石	N104E96	⑦	L15	24	60	583	0	3	—	0	0	2009.11.21am	
660	石	N104E96	⑦	L15	23	63	583	0	3	—	0	0	2009.11.21am	
661	石	N104E96	⑦	L15	28	74	585	1	1	/	0	0	2009.11.21am	
662	石	N104E96	⑦	L15	42	77	583	8	2	/	0	0	2009.11.21am	
663	石	N104E96	⑦	L15	45	75	583	7	4	/	0	0	2009.11.21am	
664	石	N104E96	⑦	L15	47	78	583	2	4	/	0	0	2009.11.21am	
665	石	N104E96	⑦	L15	47	79	584	6	2	/	0	0	2009.11.21am	
666	骨	N104E96	⑦	L15	74	15	585	0	2	—	2	0	2009.11.21am	
667	骨	N104E96	⑦	L15	42	67	585	0	4	—	2	0	2009.11.21am	
668	石	N104E96	⑦	L15	47	70	583				0	0	2009.11.21am	动
669	石	N104E96	⑦	L15	45	48	584	3	4	/	0	0	2009.11.21am	
670	石	N104E96	⑦	L15	50	45	583	3	3	/	0	0	2009.11.21am	
671	石	N104E96	⑦	L15	61	85	585				0	0	2009.11.21am	动
672	石	N104E96	⑦	L15	63	85	584	2	4	/	0	0	2009.11.21am	
673	石	N104E96	⑦	L15	65	81	583	0	2	—	0	0	2009.11.21am	
674	石	N104E96	⑦	L15	62	58	583	2	3	/	0	0	2009.11.21am	
675	石	N104E96	⑦	L15	61	61	584	1	1	/	0	0	2009.11.21am	
676	石	N104E96	⑦	L15	66	63	586	2	4	/	0	0	2009.11.21am	
677	石	N104E96	⑦	L15	66	54	586	2	2	/	0	0	2009.11.21am	
678	石	N104E96	⑦	L15	71	62	588	8	1	/	0	0	2009.11.21am	

续表

编号	野外鉴定	探方号	地层	水平层	北	东	深	倾向	长轴	倾角	风化	磨蚀	日期	备注
679	石	N104E96	⑦	L15	68	37	586	8	4	/	0	0	2009.11.21am	
680	石	N104E96	⑦	L15	80	43	589	0	3	—	0	0	2009.11.21am	
681	石	N104E96	⑦	L15	42	7	586	3	1	/	0	0	2009.11.21am	
682	石	N104E96	⑦	L15	55	12	584	7	2	/	0	0	2009.11.21am	
683	石	N104E96	⑦	L15	57	13	586	7	3	/	0	0	2009.11.21am	
684	石	N104E96	⑦	L15	56	19	585	5	2	/	0	0	2009.11.21am	
685	石	N104E96	⑦	L15	59	22	585				0	0	2009.11.21am	动
686	石	N104E96	⑦	L15	68	12	584	5	1	/	0	0	2009.11.21am	
687	石	N104E96	⑦	L15	94	23	587	0	1	—	0	0	2009.11.21am	
688	石	N104E96	⑦	L15	100	20	584	0	4	—	0	0	2009.11.21am	
689	石	N104E96	⑦	L15	94	31	585	8	4	/	0	0	2009.11.21am	
690	石	N104E96	⑦	L15	95	28	583				0	0	2009.11.21am	动
691	石	N104E96	⑦	L15	98	27	584	8	2	/	0	0	2009.11.21am	
692	石	N104E96	⑦	L15	88	41	588	4	2	/	0	0	2009.11.21am	
693	骨	N104E96	⑦	L15	92	60	587	0	3	—	2	0	2009.11.21am	
694	石	N105E96	⑦	L15	5	21	586	9	1			0	0	2009.11.21am	
695	石	N105E96	⑦	L15	20	32	586	8	4	/	0	0	2009.11.21am	
696	石	N105E96	⑦	L15	21	35	587	0	4	—	0	0	2009.11.21am	
697	石	N105E96	⑦	L15	34	33	588	8	4	/	0	0	2009.11.21am	
698	石	N105E96	⑦	L15	25	40	588				0	0	2009.11.21am	球状
699	石	N105E96	⑦	L15	19	44	587	1	3	/	0	0	2009.11.21am	
700	石	N105E96	⑦	L15	23	47	586				0	0	2009.11.21am	动
701	石	N105E96	⑦	L15	33	42	585	5	2	/	0	0	2009.11.21am	
702	石	N105E96	⑦	L15	39	38	585	2	4	/	0	0	2009.11.21am	
703	石	N105E96	⑦	L15	51	48	587	8	3	/	0	0	2009.11.21am	
704	石	N105E96	⑦	L15	62	14	588				0	0	2009.11.21am	动
705	石	N105E96	⑦	L15	54	25	588				0	0	2009.11.21am	动
706	石	N105E96	⑦	L15	88	23	586	5	2	/	0	0	2009.11.21am	
707	石	N105E96	⑦	L15	58	57	586				0	0	2009.11.21am	动
708	石	N105E96	⑦	L15	71	63	586	6	2	/	0	0	2009.11.21am	
709	石	N105E96	⑦	L15	36	60	587	7	2	/	0	0	2009.11.21am	
710	石	N105E96	⑦	L15	5	71	585				0	0	2009.11.21am	
711	石	N105E96	⑦	L15	77	62	587	8	4	/	0	0	2009.11.21am	
712	石	N106E96	⑦	L15	66	34	586				0	0	2009.11.21pm	动
713	石	N103E96	⑦	L15	89	10	587	8	4	/	0	0	2009.11.21pm	
714	石	N103E96	⑦	L15	85	7	588	5	1	/	0	0	2009.11.21pm	

编号	野外鉴定	探方号	地层	水平层	北	东	深	倾向	长轴	倾角	风化	磨蚀	日期	备注
715	石	N103E96	⑦	L15	87	5	588	8	1	/	0	0	2009.11.21pm	
716	石	N103E96	⑦	L15	94	4	587	8	4	/	0	0	2009.11.21pm	
717	石	N104E96	⑦	L15	25	10	587				0	0	2009.11.21pm	动
718	石	N104E96	⑦	L15	6	21	588	0	2	—	0	0	2009.11.21pm	
719	石	N104E96	⑦	L15	14	26	584	3	3	/	0	0	2009.11.21pm	
720	石	N104E96	⑦	L15	16	19	586	0	2	—	0	0	2009.11.21pm	
721	石	N104E96	⑦	L15	18	19	587	7	3	/	0	0	2009.11.21pm	
722	骨	N104E96	⑦	L15	19	22	586	0	4	—	2	0	2009.11.21pm	
723	石	N104E96	⑦	L15	26	22	586	1	1	/	0	0	2009.11.21pm	
724	石	N104E96	⑦	L15	36	22	587	0	4	/	0	0	2009.11.21pm	
725	石	N104E96	⑦	L15	42	12	586	6	2	/	0	0	2009.11.21pm	
726	石	N104E96	⑦	L15	37	34	586				0	0	2009.11.21pm	动
727	石	N104E96	⑦	L15	38	30	586	3	3	/	0	0	2009.11.21pm	
728	石	N104E96	⑦	L15	40	38	585	0	3	—	0	0	2009.11.21pm	
729	石	N104E96	⑦	L15	42	45	585	4	4	/	0	0	2009.11.21pm	
730	石	N104E96	⑦	L15	45	47	586	8	2	/	0	0	2009.11.21pm	
731	石	N104E96	⑦	L15	52	44	584	4	2	/	0	0	2009.11.21pm	
732	石	N104E96	⑦	L15	52	42	585	5	1	/	0	0	2009.11.21pm	
733	骨	N104E96	⑦	L15	52	38	586	0	4	—	2	0	2009.11.21pm	
734	石	N104E96	⑦	L15	46	31	587	6	3	/	0	0	2009.11.21pm	
735	骨	N104E96	⑦	L15	54	30	586	0	4	—	2	0	2009.11.21pm	
736	石	N104E96	⑦	L15	54	24	587	3	3	/	0	0	2009.11.21pm	
737	石	N104E96	⑦	L15	57	26	587	5	1	/	0	0	2009.11.21pm	
738	石	N104E96	⑦	L15	62	21	586				0	0	2009.11.21pm	动
739	石	N104E96	⑦	L15	57	42	587	0	1	—	0	0	2009.11.21pm	
740	石	N104E96	⑦	L15	52	40	587	0	4	—	0	0	2009.11.21pm	
741	石	N104E96	⑦	L15	73	49	588	8	4	/	0	0	2009.11.21pm	
742	石	N104E96	⑦	L15	65	68	587	0	4	—	0	0	2009.11.21pm	
743	石	N104E96	⑦	L15	77	57	588	8	1	/	0	0	2009.11.21pm	
744	石	N104E96	⑦	L15	98	47	586	0	4	—	0	0	2009.11.21pm	
745	石	N105E96	⑦	L15	17	49	587	3	3	/	0	0	2009.11.21pm	
746	骨	N105E96	⑦	L15	22	39	588	9	3	|	2	0	2009.11.21pm	
747	石	N105E96	⑦	L15	29	47	588	2	2	/	0	0	2009.11.21pm	
748	石	N105E96	⑦	L15	33	45	587	8	2	/	0	0	2009.11.21pm	
749	石	N105E96	⑦	L15	39	53	588	0	3	—	0	0	2009.11.21pm	
750	石	N105E96	⑦	L15	41	45	588	4	4	/	0	0	2009.11.21pm	

续表

编号	野外鉴定	探方号	地层	水平层	北	东	深	倾向	长轴	倾角	风化	磨蚀	日期	备注
751	石	N105E96	⑦	L15	45	47	588	7	3	/	0	0	2009.11.21pm	
752	石	N105E96	⑦	L15	45	38	586	5	1	/	0	0	2009.11.21pm	
753	石	N105E96	⑦	L15	38	47	588	5	4	/	0	0	2009.11.21pm	
754	石	N105E96	⑦	L15	39	43	588				0	0	2009.11.21pm	动
755	石	N105E96	⑦	L15	39	41	588	3	3	/	0	0	2009.11.21pm	
756	石	N105E96	⑦	L15	39	33	588	8	2	/	0	0	2009.11.21pm	
757	石	N105E96	⑦	L15	48	31	588	5	1	/	0	0	2009.11.21pm	
758	石	N105E96	⑦	L15	42	28	588	2	2	/	0	0	2009.11.21pm	
759	石	N105E96	⑦	L15	22	43	588	9	3	|	0	0	2009.11.21pm	
760	骨	N105E96	⑦	L15	46	40	588	7	1	/	2	0	2009.11.21pm	
761	石	N104E95	⑦	L16	2	96	595	5	3	/	0	0	2009.11.22am	
762	石	N104E95	⑦	L16	5	98	593	0	3	—	0	0	2009.11.22am	
763	石	N104E96	⑦	L16	11	12	593	6	2	/	0	0	2009.11.22am	
764	石	N104E95	⑦	L16	19	94	593	6	1	/	0	0	2009.11.22am	
765	石	N104E95	⑦	L16	24	93	594				0	0	2009.11.22am	动
766	石	N104E95	⑦	L16	30	97	593				0	0	2009.11.22am	动
767	石	N104E95	⑦	L16	34	97	593				0	0	2009.11.22am	动
768	石	N104E95	⑦	L16	76	61	590				0	0	2009.11.22am	动
769	石	N104E95	⑦	L16	87	62	591	4	4	/	0	0	2009.11.22am	
770	石	N104E95	⑦	L16	98	58	591	0	1	—	0	0	2009.11.22am	
771	石	N104E95	⑦	L16	91	45	592	5	3	/	0	0	2009.11.22am	
772	石	N104E95	⑦	L16	84	51	592	7	3	/	0	0	2009.11.22am	
773	石	N104E95	⑦	L16	81	51	591	5	1	/	0	0	2009.11.22am	
774	石	N104E95	⑦	L16	80	57	591	4	4	/	0	0	2009.11.22am	
775	石	N104E95	⑦	L16	81	55	591	0	4	—	0	0	2009.11.22am	
776	石	N104E95	⑦	L16	81	53	592	3	3	/	0	0	2009.11.22am	
777	石	N105E96	⑦	L16	4	38	593	0	3	—	0	0	2009.11.22am	
778	石	N105E96	⑦	L16	22	36	593				0	0	2009.11.22am	动
779	石	N105E96	⑦	L16	23	20	594	7	2	/	0	0	2009.11.22am	
780	石	N105E96	⑦	L16	21	24	593				0	0	2009.11.22am	动
781	石	N105E96	⑦	L16	16	26	590	9	2	|	0	0	2009.11.22am	
782	石	N105E96	⑦	L16	20	22	593	1	1	/	0	0	2009.11.22am	
783	石	N105E96	⑦	L16	26	6	595	8	4	/	0	0	2009.11.22am	
784	石	N105E96	⑦	L16	32	20	595	8	4	/	0	0	2009.11.22am	
785	石	N105E96	⑦	L16	28	16	594	4	4	/	0	0	2009.11.22am	
786	石	N105E96	⑦	L16	42	19	595	0	3	—	0	0	2009.11.22am	

续表

编号	野外鉴定	探方号	地层	水平层	北	东	深	倾向	长轴	倾角	风化	磨蚀	日期	备注
787	骨	N105E96	⑦	L16	39	9	595	0	3	—	2	0	2009.11.22am	
788	石	N105E96	⑦	L16	57	2	595	5	3	/	0	0	2009.11.22am	
789	石	N105E96	⑦	L16	41	24	594	0	4	—	0	0	2009.11.22am	
790	石	N105E96	⑦	L16	42	27	593	0	3	—	0	0	2009.11.22am	
791	石	N105E96	⑦	L16	37	39	591	1	4	/	0	0	2009.11.22am	
792	石	N105E96	⑦	L16	43	37	593	1	3	/	0	0	2009.11.22am	
793	石	N105E96	⑦	L16	45	40	590	4	4	/	0	0	2009.11.22am	
794	石	N105E96	⑦	L16	48	42	590	8	4	/	0	0	2009.11.22am	
795	石	N105E96	⑦	L16	50	44	592	3	4	/	0	0	2009.11.22am	
796	石	N105E96	⑦	L16	58	41	592	1	1	/	0	0	2009.11.22am	
797	石	N105E96	⑦	L16	56	33	592	0	1	—	0	0	2009.11.22am	
798	石	N105E96	⑦	L16	64	34	593	0	2	—	0	0	2009.11.22am	
799	石	N106E96	⑦	L16	10	50	594				0	0	2009.11.22am	动
800	石	N106E96	⑦	L16	18	46	594	0	4	—	0	0	2009.11.22am	
801	骨	N100E96	⑦	L12	71	32	550	0	4	—	2	0	2009.11.23am	
802	石	N100E96	②	L12	34	16	570	9	3			0	0	2009.11.23am	
803	石	N100E96	⑦	L12	52	36	570	2	2	/	0	0	2009.11.23am	
804	石	N100E96	⑦	L12	42	42	571	2	4	/	0	0	2009.11.23am	
805	石	N100E96	⑦	L12	37	52	571	5	2	/	0	0	2009.11.23am	
806	骨	N100E96	⑦	L12	60	59	555	8	4	/	2	0	2009.11.23am	
807	石	N100E96	⑦	L12	48	72	560	9	4			0	0	2009.11.23am	
808	石	N100E96	⑦	L12	18	91	562	7	4	/	0	0	2009.11.23am	
809	骨	N100E97	⑦	L12	23	2	566	2	4	/	2	0	2009.11.23am	
810	石	N100E97	⑦	L12	31	1	567	2	2	/	0	0	2009.11.23am	
811	石	N100E97	⑦	L12	34	4	567	3	3	/	0	0	2009.11.23am	
812	石	N100E97	⑦	L12	37	10	567	0	3	—	0	0	2009.11.23am	
813	石	N100E97	⑦	L12	22	22	567				0	0	2009.11.23am	动
814	石	N100E97	⑦	L12	26	32	567	2	2	/	0	0	2009.11.23am	
815	石	N100E96	⑦	L12	42	94	565	6	1	/	0	0	2009.11.23am	
816	石	N100E97	⑦	L12	50	5	566				0	0	2009.11.23am	动
817	石	N100E96	⑦	L12	53	96	564	1	3	/	0	0	2009.11.23am	
818	石	N100E97	⑦	L12	55	2	565	1	1	/	0	0	2009.11.23am	
819	骨	N100E96	⑦	L12	75	91	560				2	0	2009.11.23am	动
820	石	N100E97	⑦	L12	76	1	564	2	2	/	0	0	2009.11.23am	
821	石	N100E97	⑦	L12	65	5	567	0	1	—	0	0	2009.11.23am	
822	石	N100E97	⑦	L12	67	7	568	8	3	/	0	0	2009.11.23am	

续表

编号	野外鉴定	探方号	地层	水平层	北	东	深	倾向	长轴	倾角	风化	磨蚀	日期	备注
823	石	N100E97	⑦	L12	62	30	566				0	0	2009.11.23am	动
824	石	N100E97	⑦	L12	68	27	566	5	1	/	0	0	2009.11.23am	
825	石	N100E97	⑦	L12	61	25	566	5	3	/	0	0	2009.11.23am	
826	石	N100E97	⑦	L12	68	5	567	6	2	/	0	0	2009.11.23am	
827	骨	N100E97	⑦	L12	75	33	566	3	3	/	2	0	2009.11.23am	
828	石	N100E97	⑦	L12	75	26	567	0	3	—	0	0	2009.11.23am	
829	石	N100E97	⑦	L12	91	22	566				0	0	2009.11.23am	动
830	石	N100E96	⑦	L12	98	98	561	2	4	/	0	0	2009.11.23am	
831	石	N101E97	⑦	L12	32	30	567	5	1	/	0	0	2009.11.23am	
832	骨	N101E97	⑦	L12	42	27	566	3	3	/	2	0	2009.11.23am	
833	骨	N101E97	⑦	L12	53	27	565	1	1	/	2	0	2009.11.23am	
834	石	N101E97	⑦	L12	59	17	563	0	3	—	0	0	2009.11.23am	
835	石	N101E97	⑦	L12	59	19	566	9	2	|	0	0	2009.11.23am	
836	骨	N101E97	⑦	L12	71	25	565	0	1	—	2	0	2009.11.23am	
837	石	N101E97	⑦	L12	67	27	564	6	2	/	0	0	2009.11.23am	
838	石	N101E97	⑦	L12	62	36	564	0	2	—	0	0	2009.11.23am	
839	骨	N101E97	⑦	L12	72	31	561	0	1	—	2	0	2009.11.23am	
840	石	N101E97	⑦	L12	87	46	562				0	0	2009.11.23am	动
841	石	N101E97	⑦	L12	89	41	565	7	3	/	0	0	2009.11.23am	
842	石	N101E97	⑦	L12	97	35	565	1	3	/	0	0	2009.11.23am	
843	石	N101E97	⑦	L12	98	39	564	7	3	/	0	0	2009.11.23am	
844	石	N101E97	⑦	L12	91	27	568	0	2	—	0	0	2009.11.23am	
845	骨	N101E97	⑦	L12	84	3	567	1	1	/	2	0	2009.11.23am	
846	石	N101E96	⑦	L12	90	95	567	0	3	—	0	0	2009.11.23am	
847	石	N101E96	⑦	L12	95	87	569	8	3	/	0	0	2009.11.23am	
848	石	N101E96	⑦	L12	84	91	565	2	2	/	0	0	2009.11.23am	
849	石	N101E96	⑦	L12	89	86	560	0	1	—	0	0	2009.11.23am	
850	石	N101E96	⑦	L12	80	84	568	4	4	/	0	0	2009.11.23am	
851	骨	N101E96	⑦	L12	75	76	566	0	3	—	2	0	2009.11.23am	
852	骨	N101E96	⑦	L12	80	78	567	0	1	—	2	0	2009.11.23am	
853	石	N101E96	⑦	L12	83	84	568	2	1	/	0	0	2009.11.23am	
854	石	N101E96	⑦	L12	88	80	568	0	3	—	0	0	2009.11.23am	
855	石	N101E96	⑦	L12	88	74	568	8	4	/	0	0	2009.11.23am	
856	骨	N101E96	⑦	L12	86	73	566	1	3	/	2	0	2009.11.23am	
857	石	N101E96	⑦	L12	80	67	565	5	3	/	0	0	2009.11.23am	
858	石	N101E96	⑦	L12	85	69	567	5	3	/	0	0	2009.11.23am	

续表

编号	野外鉴定	探方号	地层	水平层	北	东	深	倾向	长轴	倾角	风化	磨蚀	日期	备注
859	石	N101E96	⑦	L12	81	65	565	5	3	/	0	0	2009.11.23am	
860	骨	N101E96	⑦	L12	71	61	567	9	2	|	2	0	2009.11.23am	
861	石	N101E96	⑦	L12	67	58	569	8	4	/	0	0	2009.11.23am	
862	骨	N101E96	⑦	L12	82	58	566	9	4	|	2	0	2009.11.23am	
863	石	N101E96	⑦	L12	83	50	565	5	4	/	0	0	2009.11.23am	
864	石	N101E96	⑦	L12	63	45	566	6	4	/	0	0	2009.11.23am	
865	石	N101E96	⑦	L12	62	38	565	4	1	/	0	0	2009.11.23am	
866	石	N101E96	⑦	L12	63	40	566	1	1	/	0	0	2009.11.23am	
867	石	N101E96	⑦	L12	65	32	562	8	2	/	0	0	2009.11.23am	
868	石	N101E96	⑦	L12	66	30	563	0	3	—	0	0	2009.11.23am	
869	骨	N101E96	⑦	L12	70	28	563	5	1	/	2	0	2009.11.23am	
870	骨	N101E96	⑦	L12	71	25	563	0	4	—	2	0	2009.11.23am	
871	石	N101E96	⑦	L12	85	28	575	9	4	|	0	0	2009.11.23am	
872	骨	N101E96	⑦	L12	94	28	569	3	3	/	2	0	2009.11.23am	
873	石	N101E96	⑦	L12	86	12	565	4	3	/	0	0	2009.11.23am	
874	石	N101E96	⑦	L12	74	20	562	2	2	/	0	0	2009.11.23am	
875	石	N101E96	⑦	L12	76	18	567	0	4	—	0	0	2009.11.23am	
876	石	N101E96	⑦	L12	82	13	565	4	4	/	0	0	2009.11.23am	
877	石	N101E96	⑦	L12	71	7	567	2	3	/	0	0	2009.11.23am	
878	石	N101E96	⑦	L12	65	11	566	9	2	|	0	0	2009.11.23am	
879	石	N101E96	⑦	L12	63	12	566				0	0	2009.11.23am	动
880	石	N101E96	⑦	L12	58	12	567	0	4	—	0	0	2009.11.23am	
881	骨	N101E96	⑦	L12	57	25	561	1	1	/	2	0	2009.11.23am	
882	石	N101E96	⑦	L12	59	22	565	8	2	/	0	0	2009.11.23am	
883	石	N101E96	⑦	L12	87	7	569	2	2	/	0	0	2009.11.23am	
884	石	N101E96	⑦	L12	50	10	573	3	3	/	0	0	2009.11.23am	
885	石	N101E96	⑦	L12	43	12	567	4	1	/	0	0	2009.11.23am	
886	骨	N101E96	⑦	L12	36	11	570	7	2	/	0	0	2009.11.23am	
887	石	N101E96	⑦	L12	26	4	570	2	2	/	0	0	2009.11.23am	
888	石	N101E96	⑦	L12	27	13	570	1	1	/	0	0	2009.11.23am	
889	骨	N101E96	⑦	L12	12	26	565	6	4	/	2	0	2009.11.23am	
890	石	N101E96	⑦	L12	4	27	566	6	2	/	0	0	2009.11.23am	
891	石	N100E96	⑦	L12	57	38	574	7	2	/	0	0	2009.11.23pm	
892	石	N100E96	⑦	L12	49	96	569	3	3	/	0	0	2009.11.23pm	
893	骨	N101E96	⑦	L12	54	11	570	0	4	—	2	0	2009.11.23pm	
894	骨	N101E96	⑦	L12	63	11	569	0	1	—	2	0	2009.11.23pm	

编号	野外鉴定	探方号	地层	水平层	北	东	深	倾向	长轴	倾角	风化	磨蚀	日期	备注
895	石	N101E96	⑦	L12	66	23	570	2	2	/	0	0	2009.11.23pm	
896	石	N101E97	⑦	L12	48	25	568	0	3	—	0	0	2009.11.23pm	
897	石	N101E97	⑦	L12	44	15	570	4	4	/	0	0	2009.11.23pm	
898	石	N101E97	⑦	L12	60	13	570	4	3	/	0	0	2009.11.23pm	
899	石	N101E96	⑦	L12	75	78	569	0	2	—	0	0	2009.11.23pm	
900	骨	N101E96	⑦	L12	83	90	568	2	3	/	2	0	2009.11.23pm	
901	骨	N101E96	⑦	L12	80	64	570	7	3	/	2	0	2009.11.23pm	
902	石	N101E96	⑦	L12	95	64	570	6	4	/	0	0	2009.11.23pm	
903	石	N101E96	⑦	L12	64	57	568	6	2	/	0	0	2009.11.23pm	
904	骨	N101E96	⑦	L12	56	45	567	6	2	/	2	0	2009.11.23pm	
905	骨	N101E96	⑦	L12	60	32	566	0	3	—	2	0	2009.11.23pm	
906	石	N101E96	⑦	L12	62	26	566	7	4	/	0	0	2009.11.23pm	
907	骨	N100E96	⑦	L12	84	17	570	0	2	—	2	0	2009.11.23pm	
908	骨	N100E96	⑦	L12	62	34	570	0	2	—	2	0	2009.11.23pm	
909	石	N100E97	⑦	L12	55	6	570	2	1	/	0	0	2009.11.23pm	
910	石	N100E97	⑦	L12	49	10	570	7	3	/	0	0	2009.11.23pm	
911	石	N100E97	⑦	L12	60	13	571	8	2	/	0	0	2009.11.23pm	
912	石	N100E97	⑦	L12	65	7	570	3	3	/	0	0	2009.11.23pm	
913	石	N101E96	⑦	L12	58	37	569	8	2	/	0	0	2009.11.23pm	
914	石	N101E96	⑦	L12	63	34	569	1	3	/	0	0	2009.11.23pm	
915	石	N101E96	⑦	L12	57	29	569	4	4	/	0	0	2009.11.23pm	
916	石	N101E96	⑦	L12	60	26	569	0	1	—	0	0	2009.11.23pm	
917	石	N101E96	⑦	L12	68	26	570	8	2	/	0	0	2009.11.23pm	
918	石	N105E96	⑦	L17	20	31	597	6	1	/	0	0	2009.11.23pm	
919	石	N105E96	⑦	L17	9	22	596	0	4	—	0	0	2009.11.23pm	
920	石	N105E96	⑦	L17	18	11	595	6	4	/	0	0	2009.11.23pm	
921	石	N105E96	⑦	L17	25	11	597	0	1	—	0	0	2009.11.23pm	
922	石	N105E96	⑦	L17	22	3	597				0	0	2009.11.23pm	动
923	石	N105E95	⑦	L17	39	96	597				0	0	2009.11.23pm	动
924	石	N105E95	⑦	L17	60	95	597				0	0	2009.11.23pm	动
925	石	N105E96	⑦	L17	50	15	596	6	3	/	0	0	2009.11.23pm	
926	石	N105E95	⑦	L17	17	97	595	0	2	—	0	0	2009.11.23pm	
927	石	N105E96	⑦	L17	56	16	596	0	2	—	0	0	2009.11.23pm	
928	石	N105E96	⑦	L17	59	25	595	1	1	/	0	0	2009.11.23pm	
929	石	N105E96	⑦	L17	93	35	595	1	1	/	0	0	2009.11.23pm	
930	石	N105E96	⑦	L17	88	40	595	4	4	/	0	0	2009.11.23pm	

续表

编号	野外鉴定	探方号	地层	水平层	北	东	深	倾向	长轴	倾角	风化	磨蚀	日期	备注
931	石	N105E96	⑦	L17	91	38	594	6	4	/	0	0	2009.11.23pm	
932	石	N106E96	⑦	L17	22	20	597	4	4	/	0	0	2009.11.23pm	
933	石	N106E96	⑦	L17	33	17	597	0	4	—	0	0	2009.11.23pm	
934	石	N106E96	⑦	L17	62	52	597				0	0	2009.11.23pm	动
935	石	N106E96	⑦	L17	56	74	597				0	0	2009.11.23pm	动
936	石	N100E96	⑦	L13	95	17	574	3	2	/	0	0	2009.11.24pm	
937	石	N100E96	⑦	L13	56	30	573	4	2	/	0	0	2009.11.24pm	
938	石	N100E96	⑦	L13	47	27	577	0	1	—	0	0	2009.11.24pm	
939	石	N100E96	⑦	L13	35	26	576	9	1	|	0	0	2009.11.24pm	
940	石	N100E96	⑦	L13	35	31	579	2	2	/	0	0	2009.11.24pm	动
941	石	N100E96	⑦	L13	41	37	574	0	4	—	0	0	2009.11.24pm	
942	石	N100E96	⑦	L13	35	42	576	3	4	/	0	0	2009.11.24pm	
943	石	N100E96	⑦	L13	25	48	576	5	2	/	0	0	2009.11.24pm	
944	石	N100E96	⑦	L13	39	52	573	3	4	/	0	0	2009.11.24pm	
945	骨	N100E96	⑦	L13	45	57	569	4	4	/	2	0	2009.11.24pm	
946	石	N100E96	⑦	L13	48	59	564	9	3	|	0	0	2009.11.24pm	
947	石	N100E96	⑦	L13	61	60	562	3	2	/	0	0	2009.11.24pm	
948	石	N100E96	⑦	L13	63	54	564	8	2	/	0	0	2009.11.24pm	
949	石	N100E96	⑦	L13	63	49	574	7	3	/	0	0	2009.11.24pm	
950	石	N100E96	⑦	L13	20	70	573	7	3	/	0	0	2009.11.24pm	
951	石	N100E96	⑦	L13	32	73	575	0	3	—	0	0	2009.11.24pm	
952	石	N100E96	⑦	L13	36	78	575	2	1	/	0	0	2009.11.24pm	
953	石	N100E96	⑦	L13	17	84	568	4	4	/	0	0	2009.11.24pm	
954	石	N100E96	⑦	L13	24	86	568	0	1	—	0	0	2009.11.24pm	
955	石	N100E96	⑦	L13	49	88	570	6	2	/	0	0	2009.11.24pm	
956	石	N100E96	⑦	L13	64	87	573	0	1	—	0	0	2009.11.24pm	
957	石	N100E96	⑦	L13	44	97	567	6	2	/	0	0	2009.11.24pm	
958	石	N100E96	⑦	L13	62	95	567	6	2	/	0	0	2009.11.24pm	
959	骨	N100E96	⑦	L13	77	100	567	0	2	—	2	0	2009.11.24pm	
960	石	N100E97	⑦	L13	53	2	567				0	0	2009.11.24pm	动
961	石	N100E97	⑦	L13	62	7	568	2	2	/	0	0	2009.11.24pm	
962	石	N100E97	⑦	L13	57	10	570	0	3	—	0	0	2009.11.24pm	
963	石	N100E97	⑦	L13	68	12	569	5	1	/	0	0	2009.11.24pm	
964	石	N100E97	⑦	L13	73	13	568	0	4	—	0	0	2009.11.24pm	
965	石	N100E97	⑦	L13	85	6	568	3	1	/	0	0	2009.11.24pm	
966	石	N100E97	⑦	L13	74	18	567				0	0	2009.11.24pm	

编号	野外鉴定	探方号	地层	水平层	北	东	深	倾向	长轴	倾角	风化	磨蚀	日期	备注
967	石	N100E97	⑦	L13	71	20	568	0	2	—	0	0	2009.11.24pm	
968	骨	N100E97	⑦	L13	74	28	567	0	3	—	2	0	2009.11.24pm	
969	石	N100E97	⑦	L13	76	29	568	0	1	—	0	0	2009.11.24pm	
970	石	N100E97	⑦	L13	19	4	568	2	4	/	0	0	2009.11.24pm	
971	骨	N100E97	⑦	L13	18	8	568	0	4	—	2	0	2009.11.24pm	
972	骨	N101E96	⑦	L13	53	85	567	5	1	/	2	0	2009.11.24pm	
973	石	N100E97	⑦	L13	17	18	570	0	3	—	0	0	2009.11.24pm	
974	骨	N100E97	⑦	L13	20	23	568	3	2	/	2	0	2009.11.24pm	
975	石	N100E97	⑦	L13	20	19	569	4	2	/	0	0	2009.11.24pm	
976	石	N100E97	⑦	L13	24	17	570	3	3	/	0	0	2009.11.24pm	
977	石	N101E97	⑦	L13	4	15	568	4	4	/	0	0	2009.11.24pm	
978	骨	N101E97	⑦	L13	11	26	568	0	4	—	2	0	2009.11.24pm	
979	石	N101E97	⑦	L13	20	16	568	1	3	/	0	0	2009.11.24pm	
980	石	N101E97	⑦	L13	12	15	570	0	3	—	0	0	2009.11.24pm	
981	石	N101E97	⑦	L13	25	6	568	0	3	—	0	0	2009.11.24pm	
982	骨	N101E97	⑦	L13	27	33	567	0	4	—	2	0	2009.11.24pm	
983	石	N101E97	⑦	L13	43	10	570	9	1	│	0	0	2009.11.24pm	
984	石	N101E97	⑦	L13	58	12	567	3	3	/	0	0	2009.11.24pm	
985	石	N101E97	⑦	L13	54	5	568	4	4	/	0	0	2009.11.24pm	
986	石	N101E97	⑦	L13	63	3	568	8	1	/	0	0	2009.11.24pm	
987	石	N101E96	⑦	L13	67	92	576	4	4	/	0	0	2009.11.24pm	
988	石	N101E96	⑦	L13	74	76	576	2	2	/	0	0	2009.11.24pm	
989	石	N101E96	⑦	L13	58	93	568	7	3	/	0	0	2009.11.24pm	
990	骨	N101E96	⑦	L13	61	91	566	1	1	/	2	0	2009.11.24pm	
991	骨	N101E96	⑦	L13	62	82	567	7	2	/	2	0	2009.11.24pm	
992	石	N101E96	⑦	L13	65	81	568	4	1	/	0	0	2009.11.24pm	
993	石	N101E96	⑦	L13	63	73	568	2	2	/	0	0	2009.11.24pm	
994	骨	N101E96	⑦	L13	63	68	566	4	2	/	2	0	2009.11.24pm	
995	骨	N101E96	⑦	L13	60	52	565	1	1	/	2	0	2009.11.24pm	
996	石	N101E96	⑦	L13	66	49	568	9	4	│	0	0	2009.11.24pm	
997	石	N101E96	⑦	L13	65	44	565	6	3	/	0	0	2009.11.24pm	
998	石	N101E96	⑦	L13	66	43	567	9	2	│	0	0	2009.11.24pm	
999	石	N101E96	⑦	L13	62	36	565	2	4	/	0	0	2009.11.24pm	
1000	石	N101E96	⑦	L13	88	22	572	3	3	/	0	0	2009.11.24pm	
1001	石	N101E96	⑦	L13	96	22	572	4	1	/	0	0	2009.11.24pm	
1002	石	N101E96	⑦	L13	90	36	575	9	1	│	0	0	2009.11.24pm	

续表

编号	野外鉴定	探方号	地层	水平层	北	东	深	倾向	长轴	倾角	风化	磨蚀	日期	备注
1003	石	N101E96	⑦	L13	97	36	575	9	3	|	0	0	2009.11.24pm	
1004	石	N101E96	⑦	L13	98	41	573	3	1	/	0	0	2009.11.24pm	
1005	石	N101E96	⑦	L13	92	58	569	7	1	/	0	0	2009.11.24pm	
1006	石	N101E96	⑦	L13	92	52	567	9	3	|	0	0	2009.11.24pm	
1007	石	N101E96	⑦	L13	73	45	572	2	4	/	0	0	2009.11.24pm	
1008	石	N101E96	⑦	L13	68	39	569				0	0	2009.11.24pm	动
1009	骨	N101E96	⑦	L13	64	35	565	2	4	/	2	0	2009.11.24pm	
1010	石	N101E96	⑦	L13	71	32	566	4	4	/	0	0	2009.11.24pm	
1011	石	N101E96	⑦	L13	73	27	568	7	3	/	0	0	2009.11.24pm	
1012	骨	N101E96	⑦	L13	62	26	567	7	4	/	2	0	2009.11.24pm	已碎
1013	石	N101E96	⑦	L13	69	28	569	7	3	/	0	0	2009.11.24pm	
1014	骨	N101E96	⑦	L13	51	22	567	4	4	/	2	0	2009.11.24pm	
1015	石	N101E96	⑦	L13	50	28	565	6	2	/	0	0	2009.11.24pm	
1016	石	N101E96	⑦	L13	52	27	566	5	1	/	0	0	2009.11.24pm	
1017	石	N101E96	⑦	L13	51	24	566	8	4	/	0	0	2009.11.24pm	
1018	石	N101E96	⑦	L13	39	15	573	0	3	—	0	0	2009.11.24pm	
1019	石	N101E96	⑦	L13	28	19	567	7	4	/	0	0	2009.11.24pm	
1020	石	N101E96	⑦	L13	40	19	566	7	1	/	0	0	2009.11.24pm	
1021	石	N101E96	⑦	L13	17	25	564	9	4	|	0	0	2009.11.24pm	
1022	石	N101E96	⑦	L13	17	17	574	6	1	/	0	0	2009.11.24pm	
1023	石	N101E96	⑦	L13	8	26	569				0	0	2009.11.24pm	动
1024	石	N102E96	⑦	L13	5	39	572	1	3	/	0	0	2009.11.24pm	
1025	石	N101E97	⑦	L13	3	14	575	0	2	—	0	0	2009.11.25am	
1026	骨	N101E96	⑦	L13	51	98	575	6	2	/	0	0	2009.11.25am	
1027	石	N101E96	⑦	L13	52	90	576	5	1	/	0	0	2009.11.25am	
1028	石	N101E96	⑦	L13	52	83	574				0	0	2009.11.25am	动
1029	石	N101E96	⑦	L13	50	70	574	0	4	—	0	0	2009.11.25am	
1030	骨	N101E96	⑦	L13	60	49	573	8	3	/	0	0	2009.11.25am	
1031	骨	N101E96	⑦	L13	48	40	568	1	3	/	0	0	2009.11.25am	
1032	石	N101E96	⑦	L13	46	30	568	0	4	—	0	0	2009.11.25am	
1033	石	N101E96	⑦	L13	29	26	567	6	2	/	0	0	2009.11.25am	
1034	石	N101E96	⑦	L13	95	26	573	1	4	/	0	0	2009.11.25am	
1035	骨	N101E96	⑦	L13	43	22	571				0	0	2009.11.25am	动
1036	石	N101E96	⑦	L13	52	31	569	4	4	/	0	0	2009.11.25am	
1037	石	N100E96	⑦	L13	98	71	569	3	1	/	0	0	2009.11.25am	
1038	石	N101E96	⑦	L13	37	27	574	0	1	—	0	0	2009.11.25am	

编号	野外鉴定	探方号	地层	水平层	北	东	深	倾向	长轴	倾角	风化	磨蚀	日期	备注
1039	石	N101E96	⑦	L13	40	46	573	8	2	/	0	0	2009.11.25am	
1040	石	N100E96	⑦	L13	88	34	573	0	1	—	0	0	2009.11.25am	
1041	石	N100E96	⑦	L13	65	39	575	6	3	/	0	0	2009.11.25am	
1042	石	N100E96	⑦	L13	61	28	580	5	1	/	0	0	2009.11.25am	
1043	石	N101E96	⑦	L13	47	31	573				0	0	2009.11.25am	动
1044	石	N100E96	⑦	L13	55	57	576	4	4	/	0	0	2009.11.25am	
1045	石	N100E96	⑦	L13	61	48	576	2	2	/	0	0	2009.11.25am	
1046	石	N101E96	⑦	L13	13	30	566	9	2	|	0	0	2009.11.25am	
1047	石	N107E96	⑦	L15	24	38	580				0	0	2009.11.25pm	动
1048	石	N109E96	⑦	L15	93	13	573				0	0	2009.11.25pm	动
1049	石	N109E96	⑦	L15	91	50	566				0	0	2009.11.25pm	动
1050	骨	N101E96	⑦	L13	32	94	573	3	2	/	2	0	2009.11.27am	
1051	石	N101E96	⑦	L13	34	79	571	8	4	/	0	0	2009.11.27am	
1052	石	N101E96	⑦	L13	26	63	580	9	2	|	0	0	2009.11.27am	
1053	石	N101E96	⑦	L13	32	57	575	2	4	/	0	0	2009.11.27am	
1054	石	N101E96	⑦	L13	27	57	574	1	1	/	0	0	2009.11.27am	
1055	石	N101E96	⑦	L13	56	35	578	6	4	/	0	0	2009.11.27am	
1056	石	N101E96	⑦	L13	30	34	574	9	2	|	0	0	2009.11.27am	
1057	石	N101E96	⑦	L13	25	38	573	4	2	/	0	0	2009.11.27am	
1058	石	N101E96	⑦	L13	15	40	575	4	2	/	0	0	2009.11.27am	
1059	石	N101E96	⑦	L13	26	41	572	0	1	—	0	0	2009.11.27am	
1060	石	N101E96	⑦	L13	3	48	575	0	2	—	0	0	2009.11.27am	
1061	石	N101E96	⑦	L13	9	50	575				0	0	2009.11.27am	动
1062	石	N101E96	⑦	L13	7	31	578	4	4	/	0	0	2009.11.27am	
1063	石	N100E96	⑦	L13	72	97	574	0	4	—	0	0	2009.11.27am	
1064	石	N100E96	⑦	L13	70	95	574	0	2	—	0	0	2009.11.27am	
1065	石	N100E96	⑦	L13	78	78	572	2	4	/	0	0	2009.11.27am	
1066	石	N100E96	⑦	L13	80	72	571	2	3	/	0	0	2009.11.27am	
1067	石	N100E96	⑦	L13	95	71	570	5	4	/	0	0	2009.11.27am	
1068	石	N100E96	⑦	L13	71	59	571	1	3	/	0	0	2009.11.27am	
1069	石	N100E96	⑦	L13	94	54	574	3	3	/	0	0	2009.11.27am	
1070	石	N100E96	⑦	L13	91	47	573	1	3	/	0	0	2009.11.27am	
1071	石	N100E96	⑦	L13	82	41	573				0	0	2009.11.27am	动
1072	石	N100E96	⑦	L13	83	47	572	6	2	/	0	0	2009.11.27am	
1073	骨	N100E96	⑦	L13	85	44	573	7	2	/	2	0	2009.11.27am	
1074	石	N100E96	⑦	L13	86	49	572	9	3	|	0	0	2009.11.27am	

编号	野外鉴定	探方号	地层	水平层	北	东	深	倾向	长轴	倾角	风化	磨蚀	日期	备注
1075	石	N100E96	⑦	L13	70	43	576	4	3	/	0	0	2009.11.27am	
1076	石	N100E96	⑦	L13	27	40	577	0	4	—	0	0	2009.11.27am	
1077	石	N100E96	⑦	L13	30	35	578				0	0	2009.11.27am	动
1078	石	N107E95	⑦	L18	76	92	592	8	2	/	0	0	2009.11.27pm	
1079	石	N107E95	⑦	L18	41	89	587	1	1	/	0	0	2009.11.27pm	
1080	石	N105E96	⑦	L18	85	29	596	5	4	/	0	0	2009.11.27pm	
1081	石	N105E96	⑦	L18	74	23	598	2	3	/	0	0	2009.11.27pm	
1082	石	N105E96	⑦	L18	73	14	599	0	3	—	0	0	2009.11.27pm	
1083	石	N105E96	⑦	L18	50	22	598	6	2	/	0	0	2009.11.27pm	
1084	石	N105E96	⑦	L18	23	19	598	4	3	/	0	0	2009.11.27pm	
1085	石	N105E96	⑦	L18	35	10	599	3	3	/	0	0	2009.11.27pm	
1086	石	N105E96	⑦	L18	24	11	596	7	3	/	0	0	2009.11.27pm	
1087	石	N105E95	⑦	L18	26	92	594				0	0	2009.11.27pm	动
1088	石	N105E96	⑦	L18	21	8	596	6	4	/	0	0	2009.11.27pm	
1089	骨	N105E95	⑦	L18	23	92	596	1	3	/	2	0	2009.11.27pm	
1090	石	N105E95	⑦	L18	21	86	599	7	1	/	0	0	2009.11.27pm	
1091	石	N105E95	⑦	L18	6	91	600	5	1	/	0	0	2009.11.27pm	
1092	石	N101E96	⑦	L14	32	99	580	0	4	—	0	0	2009.11.29pm	
1093	石	N101E96	⑦	L14	27	97	582				0	0	2009.11.29pm	动
1094	石	N101E96	⑦	L14	42	94	583				0	0	2009.11.29pm	动
1095	石	N101E96	⑦	L14	40	92	583				0	0	2009.11.29pm	动
1096	石	N101E96	⑦	L14	35	95	583	7	4	/	0	0	2009.11.29pm	
1097	骨	N101E96	⑦	L14	22	80	583	0	1	—	2	0	2009.11.29pm	
1098	骨	N101E96	⑦	L14	43	75	583	4	4	/	2	0	2009.11.29pm	
1099	石	N101E96	⑦	L14	51	68	583	4	4	/	0	0	2009.11.29pm	
1100	石	N101E96	⑦	L14	89	38	583	5	1	/	0	0	2009.11.29pm	
1101	石	N101E96	⑦	L14	63	34	583	4	4	/	0	0	2009.11.29pm	
1102	骨	N101E96	⑦	L14	38	46	583	2	3	/	0	0	2009.11.29pm	
1103	石	N101E96	⑦	L14	39	49	584	0	1	—	0	0	2009.11.29pm	
1104	石	N101E96	⑦	L14	30	50	583	3	3	/	0	0	2009.11.29pm	
1105	石	N101E96	⑦	L14	26	50	583	3	3	/	0	0	2009.11.29pm	
1106	石	N101E96	⑦	L14	18	49	583	1	1	/	0	0	2009.11.29pm	
1107	石	N101E96	⑦	L14	11	35	583	7	3	/	0	0	2009.11.29pm	
1108	石	N101E96	⑦	L14	7	25	582	1	1	/	0	0	2009.11.29pm	
1109	石	N101E96	⑦	L14	10	47	588	0	3	—	0	0	2009.11.29pm	
1110	石	N101E96	⑦	L14	10	42	586	9	4	|	0	0	2009.11.29pm	

编号	野外鉴定	探方号	地层	水平层	北	东	深	倾向	长轴	倾角	风化	磨蚀	日期	备注
1111	骨	N100E96	⑦	L14	91	55	581	0	2	—	2	0	2009.11.29pm	
1112	石	N101E96	⑦	L14	2	50	582	8	4	/	0	0	2009.11.29pm	
1113	石	N100E96	⑦	L14	92	98	581	7	3	/	0	0	2009.11.29pm	
1114	石	N100E96	⑦	L14	82	98	582	3	4	/	0	0	2009.11.29pm	
1115	石	N100E96	⑦	L14	72	93	581				0	0	2009.11.29pm	动
1116	骨	N100E96	⑦	L14	75	88	582	6	2	/	2	0	2009.11.29pm	
1117	石	N100E96	⑦	L14	76	82	583	1	1	/	0	0	2009.11.29pm	
1118	骨	N100E96	⑦	L14	86	84	582	0	2	—	2	0	2009.11.29pm	
1119	石	N100E96	⑦	L14	86	73	582				0	0	2009.11.29pm	动
1120	石	N100E96	⑦	L14	92	73	583	3	4	/	0	0	2009.11.29pm	
1121	骨	N100E96	⑦	L14	97	74	583	1	1	/	2	0	2009.11.29pm	
1122	骨	N100E96	⑦	L14	82	66	581	2	4	/	2	0	2009.11.29pm	
1123	石	N100E96	⑦	L14	83	62	582	0	4	—	0	0	2009.11.29pm	
1124	石	N100E96	⑦	L14	95	52	581	7	3	/	0	0	2009.11.29pm	
1125	骨	N100E96	⑦	L14	93	48	580	0	3	—	2	0	2009.11.29pm	
1126	骨	N100E96	⑦	L14	90	45	581	0	4	—	2	0	2009.11.29pm	
1127	石	N100E96	⑦	L14	86	46	582				0	0	2009.11.29pm	动
1128	石	N100E96	⑦	L14	88	43	582				0	0	2009.11.29pm	动
1129	骨	N100E96	⑦	L14	89	33	581	7	2	/	2	0	2009.11.29pm	
1130	骨	N100E96	⑦	L14	76	23	581				2	0	2009.11.29pm	多件
1131	骨	N100E96	⑦	L14	63	7	582	0	1	—	2	0	2009.11.29pm	
1132	骨	N100E96	⑦	L14	45	20	582	5	1	/	2	0	2009.11.29pm	
1133	石	N100E96	⑦	L14	26	42	579	0	4	—	0	0	2009.11.29pm	
1134	石	N100E96	⑦	L14	40	45	580	2	4	/	0	0	2009.11.29pm	
1135	石	N100E96	⑦	L14	43	54	579	3	2	/	0	0	2009.11.29pm	
1136	石	N100E96	⑦	L14	52	47	579	4	4	/	0	0	2009.11.29pm	
1137	石	N100E96	⑦	L14	32	58	579	0	4	—	0	0	2009.11.29pm	
1138	石	N100E96	⑦	L14	45	65	578	7	4	/	0	0	2009.11.29pm	
1139	石	N100E96	⑦	L14	60	60	578	3	3	/	0	0	2009.11.29pm	
1140	石	N100E96	⑦	L14	76	48	579	6	3	/	0	0	2009.11.29pm	
1141	石	N100E96	⑦	L14	72	53	577	2	1	/	0	0	2009.11.29pm	
1142	石	N100E96	⑦	L14	87	64	581	9	3	|	0	0	2009.11.29pm	
1143	石	N100E96	⑦	L14	70	66	581	2	4	/	0	0	2009.11.29pm	
1144	石	N100E96	⑦	L14	66	70	580				0	0	2009.11.29pm	动
1145	石	N100E96	⑦	L14	93	38	582	7	3	/	0	0	2009.11.29pm	
1146	石	N100E96	⑦	L14	87	38	581	4	4	/	0	0	2009.11.29pm	

续表

编号	野外鉴定	探方号	地层	水平层	北	东	深	倾向	长轴	倾角	风化	磨蚀	日期	备注
1147	石	N100E96	⑦	L14	76	54	584	2	2	/	0	0	2009.11.29pm	
1148	石	N100E96	⑦	L14	46	39	584	3	1	/	0	0	2009.11.29pm	
1149	石	N101E96	⑦	L14	1	43	584	2	4	/	0	0	2009.11.29pm	
1150	石	N102E96	⑦	L15	3	60	588	4	2	/	0	0	2009.11.30am	
1151	石	N101E96	⑦	L15	92	30	586	2	4	/	0	0	2009.11.30am	
1152	石	N101E96	⑦	L15	92	40	590	7	3	/	0	0	2009.11.30am	
1153	石	N101E96	⑦	L15	99	55	586	4	2	/	0	0	2009.11.30am	
1154	石	N101E96	⑦	L15	86	69	588	4	2	/	0	0	2009.11.30am	
1155	石	N101E96	⑦	L15	72	43	588	9	2	|	0	0	2009.11.30am	
1156	石	N101E96	⑦	L15	76	28	588	9	1	|	0	0	2009.11.30am	
1157	石	N101E96	⑦	L15	65	37	587	3	3	/	0	0	2009.11.30am	
1158	石	N101E96	⑦	L15	40	59	586	0	2	—	0	0	2009.11.30am	
1159	石	N101E96	⑦	L15	37	52	586	8	4	/	0	0	2009.11.30am	
1160	石	N101E96	⑦	L15	30	54	585	4	4	/	0	0	2009.11.30am	
1161	石	N101E96	⑦	L15	33	58	587				0	0	2009.11.30am	动
1162	石	N101E96	⑦	L15	41	76	588	0	1	—	0	0	2009.11.30am	
1163	石	N101E96	⑦	L15	39	78	588	4	1	/	0	0	2009.11.30am	
1164	骨	N101E96	⑦	L15	42	88	586	2	4	/	0	0	2009.11.30am	
1165	骨	N101E96	⑦	L15	25	69	587	0	3	—	0	0	2009.11.30am	
1166	骨	N101E96	⑦	L15	15	89	586	0	1	—	0	0	2009.11.30am	
1167	石	N101E96	⑦	L15	13	67	587	1	3	/	0	0	2009.11.30am	
1168	石	N101E96	⑦	L15	12	71	587				0	0	2009.11.30am	动
1169	石	N101E96	⑦	L15	4	62	586	9	4	|	0	0	2009.11.30am	
1170	石	N101E96	⑦	L15	4	67	586	9	4	|	0	0	2009.11.30am	
1171	石	N100E96	⑦	L15	97	92	588	0	3	—	0	0	2009.11.30am	
1172	石	N100E96	⑦	L15	86	90	587	0	2	—	0	0	2009.11.30am	
1173	石	N100E96	⑦	L15	68	78	587	0	1	—	0	0	2009.11.30am	
1174	石	N100E96	⑦	L15	92	70	590	0	2	—	0	0	2009.11.30am	
1175	石	N100E96	⑦	L15	99	54	587	0	2	—	0	0	2009.11.30am	
1176	骨	N100E96	⑦	L15	95	46	585	7	3	/	0	0	2009.11.30am	
1177	石	N100E96	⑦	L15	91	53	587	9	2	|	0	0	2009.11.30am	
1178	骨	N100E96	⑦	L15	86	35	584	0	2	—	0	0	2009.11.30am	
1179	石	N100E96	⑦	L15	71	43	586	4	4	/	0	0	2009.11.30am	
1180	石	N100E96	⑦	L15	64	51	586	4	4	/	0	0	2009.11.30am	
1181	石	N100E96	⑦	L15	68	60	590	9	1	|	0	0	2009.11.30am	
1182	石	N100E96	⑦	L15	77	62	593	9	4	|	0	0	2009.11.30am	

续表

编号	野外鉴定	探方号	地层	水平层	北	东	深	倾向	长轴	倾角	风化	磨蚀	日期	备注
1183	石	N100E96	⑦	L15	47	79	587	7	2	/	0	0	2009.11.30am	
1184	石	N100E96	⑦	L15	26	71	587	6	2	/	0	0	2009.11.30am	
1185	石	N100E96	⑦	L15	53	61	590	0	3	—	0	0	2009.11.30am	
1186	石	N100E96	⑦	L15	33	64	592	0	4	—	0	0	2009.11.30am	
1187	石	N100E96	⑦	L15	35	54	591	6	4	/	0	0	2009.11.30am	
1188	石	N100E96	⑦	L15	42	53	588	6	3	/	0	0	2009.11.30am	
1189	石	N100E96	⑦	L15	58	44	589	6	2	/	0	0	2009.11.30am	
1190	石	N100E96	⑦	L15	63	37	589	2	2	/	0	0	2009.11.30am	
1191	石	N100E96	⑦	L15	56	34	587	4	1	/	0	0	2009.11.30am	
1192	石	N100E96	⑦	L15	50	40	588	2	2	/	0	0	2009.11.30am	
1193	石	N100E96	⑦	L15	53	25	588	3	3	/	0	0	2009.11.30am	
1194	石	N100E96	⑦	L15	45	25	588	4	4	/	0	0	2009.11.30am	
1195	石	N100E96	⑦	L15	35	31	587	0	1	—	0	0	2009.11.30am	
1196	石	N100E96	⑦	L15	28	56	586				0	0	2009.11.30am	动
1197	石	N100E96	⑦	L15	28	50	587	4	4	/	0	0	2009.11.30am	
1198	石	N100E96	⑦	L15	24	54	586	4	2	/	0	0	2009.11.30am	
1199	石	N100E96	⑦	L15	28	41	587	4	3	/	0	0	2009.11.30am	
1200	石	N100E96	⑦	L15	20	30	587	4	4	/	0	0	2009.11.30am	
1201	石	N100E96	⑦	L15	16	40	586	2	2	/	0	0	2009.11.30am	
1202	石	N100E97	⑦	L15	17	64	587				0	0	2009.11.30am	动
1203	石	N100E96	⑦	L15	23	41	587	4	4	/	0	0	2009.11.30pm	
1204	石	N100E96	⑦	L15	32	45	590	3	3	/	0	0	2009.11.30pm	
1205	石	N100E96	⑦	L15	31	56	591	6	3	/	0	0	2009.11.30pm	
1206	石	N100E96	⑦	L15	31	62	587				0	0	2009.11.30pm	动
1207	石	N100E96	⑦	L15	28	65	588				0	0	2009.11.30pm	动
1208	石	N101E96	⑦	L16	34	66	588	5	1	/	0	0	2009.11.30pm	
1209	石	N101E96	⑦	L16	23	64	589	6	3	/	0	0	2009.11.30pm	
1210	石	N101E96	⑦	L16	20	75	589	9	1			0	0	2009.11.30pm	
1211	石	N101E96	⑦	L16	6	78	590	0	1	—	0	0	2009.11.30pm	
1212	石	N100E96	⑦	L16	73	51	590	2	4	/	0	0	2009.11.30pm	
1213	石	N100E96	⑦	L16	35	25	595	5	1	/	0	0	2009.11.30pm	
1214	石	N100E96	⑦	L16	76	70	591	0	1	—	0	0	2009.11.30pm	
1215	石	N100E96	⑦	L16	64	74	591	3	2	/	0	0	2009.11.30pm	
1216	石	N100E96	⑦	L16	55	15	592	0	1	—	0	0	2009.11.30pm	
1217	石	N100E96	⑦	L16	48	16	593	3	3	/	0	0	2009.11.30pm	
1218	石	N100E96	⑦	L16	56	18	595	9	3			0	0	2009.11.30pm	

编号	野外鉴定	探方号	地层	水平层	北	东	深	倾向	长轴	倾角	风化	磨蚀	日期	备注
1219	石	N100E96	⑦	L16	50	33	588				0	0	2009.11.30pm	动
1220	石	N100E96	⑦	L16	51	30	590	3	1	/	0	0	2009.11.30pm	
1221	石	N100E96	⑦	L16	50	23	591	0	1	—	0	0	2009.11.30pm	
1222	石	N100E96	⑦	L16	45	32	589	6	3	/	0	0	2009.11.30pm	
1223	石	N100E96	⑦	L16	29	30	590	0	2	—	0	0	2009.11.30pm	
1224	石	N100E96	⑦	L16	43	45	589	3	1	/	0	0	2009.11.30pm	
1225	石	N100E96	⑦	L16	32	40	591	1	3	/	0	0	2009.11.30pm	
1226	石	N100E96	⑦	L16	24	50	593	1	1	/	0	0	2009.11.30pm	
1227	石	N100E96	⑦	L16	20	42	593	7	2	/	0	0	2009.11.30pm	
1228	石	N100E96	⑦	L16	16	43	593	4	3	/	0	0	2009.11.30pm	
1229	石	N100E96	⑦	L16	15	57	591	5	1	/	0	0	2009.11.30pm	
1230	石	N100E96	⑦	L16	18	61	590	9	4	|	0	0	2009.11.30pm	·
1231	石	N100E96	⑦	L16	25	70	591	0	3	—	0	0	2009.11.30pm	
1232	石	N100E96	⑦	L16	52	42	593	4	4	/	0	0	2009.11.30pm	
1233	石	N105E96	⑦	L19	61	12	600	4	2	/	0	0	2009.12.1am	
1234	石	N105E96	⑦	L19	42	19	600	6	1	/	0	0	2009.12.1am	
1235	石	N105E96	⑦	L19	91	42	600				0	0	2009.12.1am	动
1236	石	N105E96	⑦	L19	90	12	601				0	0	2009.12.1am	动
1237	石	N105E96	⑦	L19	47	7	601	3	4	/	0	0	2009.12.1am	
1238	石	N105E96	⑦	L19	56	12	600	7	1	/	0	0	2009.12.1am	
1239	石	N103E95	⑦	L19	13	95	606	4	2	/	0	0	2009.12.1am	
1240	骨	N104E98	⑦	L19	27	16	605				2	0	2009.12.1am	动
1241	石	N101E98	⑦	L19	27	39	606	2	2	/	0	0	2009.12.1am	
1242	石	N100E96	⑦	L19	85	75	598	7	3	/	0	0	2009.12.1am	
1243	石	N100E96	⑦	L19	41	51	600	0	1	—	0	0	2009.12.1am	
1244	石	N100E96	⑦	L19	24	59	600	7	3	/	0	0	2009.12.1am	
1245	石	N100E96	⑦	L19	14	64	599	8	3	/	0	0	2009.12.1am	
1246	石	N100E96	⑦	L19	19	61	595	1	4	/	0	0	2009.12.1am	
1247	石	N100E96	⑦	L19	11	52	595	4	4	/	0	0	2009.12.1am	
1248	石	N100E96	⑦	L19	16	54	595	5	3	/	0	0	2009.12.1am	
1249	石	N100E96	⑦	L19	16	41	599	2	4	/	0	0	2009.12.1am	
1250	石	N100E96	⑦	L19	22	45	599	0	3	—	0	0	2009.12.1am	
1251	石	N100E96	⑦	L19	28	37	598	2	2	/	0	0	2009.12.1am	
1252	石	N100E96	⑦	L19	24	26	596	0	1	—	0	0	2009.12.1am	
1253	石	N100E96	⑦	L19	29	30	602	2	4	/	0	0	2009.12.1am	
1254	石	N102E96	⑦	L20	94	11	610	0	2	—	0	0	2009.12.1pm	

编号	野外鉴定	探方号	地层	水平层	北	东	深	倾向	长轴	倾角	风化	磨蚀	日期	备注
1255	石	N100E96	⑦	L20	12	29	593	2	2	／	0	0	2009.12.1pm	
1256	石	N100E96	⑦	L20	20	60	602	0	2	—	0	0	2009.12.1pm	
1257	石	N100E98	⑦	L20	29	20	612	9	1	∣	0	0	2009.12.1pm	
1258	石	N100E98	⑦	L20	50	24	612	0	4	—	0	0	2009.12.1pm	
1259	石	N108E97	⑥	L5	25	22	513	4	4	／	0	0	2009.11.21pm	补充

参 考 文 献

北京大学考古文博学院，郑州市文物考古研究院. 中原腹地首次发现石叶工业——河南登封西施旧石器时代考古重大突破［N］. 中国文物报，2011-02-24（004）.

北京大学考古文博学院，郑州市文物考古研究院. 河南新郑赵庄旧石器时代遗址发掘简报［J］. 中原文物，2018（6）：8-15.

北京大学考古文博学院，郑州市文物考古研究院. 2015年郑州老奶奶庙遗址第2地点发掘简报［J］. 中原文物，2018（6）：16-21.

北京大学考古文博学院，郑州市文物考古研究院. 2017年河南登封西施东区旧石器晚期遗址发掘简报［J］. 中原文物，2018（6）：54-61.

北京大学考古文博学院，郑州市文物考古研究院. 河南新密李家沟遗址南区2010年发掘简报［J］. 中原文物，2018（6）：38-45.

北京大学中国考古学研究中心，郑州市文物考古研究院. 河南新密李家沟遗址2009年发掘报告［A］.∥古代文明（第九辑）［C］. 2013：208-239.

陈宥成. 嵩山东麓MIS3阶段人群石器技术与行为模式——老奶奶庙遗址研究［D］. 北京：北京大学考古文博学院，2015.

高渭清. 天津蓟县晚更新世象化石分布与地貌特征［J］. 天津师范大学学报（自然科学版），2008，28（1）：24-27.

高霄旭. 西施旧石器遗址石制品研究［D］. 北京：北京大学考古文博学院，2011.

高星. 周口店15地点石器原料开发［J］. 方略与经济形态研究，2001，20（3）：186-200.

河南省地质局区域地质测量队. 中华人民共和国地质图·许昌幅［M］，1978.

河南省新郑县地方史志编纂委员会编，刘文学主编. 中华人民共和国地方志丛书：新郑县志［M］. 西安：陕西人民出版社，1992.

黄春长. 环境变迁［M］. 北京：科学出版社，1998：78-79.

李锋. 陇中盆地徐家城旧石器时代遗址初步研究. 中国科学院研究生院硕士学位论文［D］. 2010：1-181.

李文成，汪松枝，顾万发，等. 河南郑州老奶奶庙第3地点初步研究［J］. 人类学学报，2018（3）：317-326.

林壹，顾万发，汪松枝，等. 河南登封方家沟遗址发掘简报［J］. 人类学学报，2017，36（1）：17-25.

林壹. 河南登封方家沟遗址的埋藏学观察［J］. 中原文物，2018（6）：62-68.

吕遵谔，黄蕴平. 大型食肉类动物啃咬骨骼和敲骨取髓破碎骨片的特征［A］.∥北京大学考古系编. 纪念北京大学考古专业三十周年论文集［C］. 北京：文物出版社. 1990：4-39.

祈国琴. 有关中国古菱齿象的几个问题［A］.∥王元青，邓涛主编. 第七届中国古脊椎动物学学术年会论文集［C］.北京：海洋出版社，1999：201-210.

曲彤丽.织机洞遗址石器工业研究——晚更新世技术和人类行为的演变［D］.北京：北京大学博士学位论文，2009：1-164.

曲彤丽，顾万发，汪松枝，等.郑州地区晚更新世中期人类的生计方式——老奶奶庙遗址动物遗存研究［J］.人类学学报，2018（1）：70-78.

陕西省考古研究院，商洛地区文管会，洛南县博物馆.花石浪（Ⅰ）：洛南盆地狂野类型旧石器地点群研究［M］.北京.科学出版社，2007：1-250.

宋嘉莉.河南郑州老奶奶庙旧石器时代遗址动物遗存研究［D］.北京大学硕士学位论文，2013.

王佳音，张松林，汪松枝，等.河南新郑黄帝口遗址2009年发掘简报［J］.人类学学报，2012，31（2）：127-136.

王幼平.石器研究——旧石器时代考古方法初探［M］.北京：北京大学出版社，2006：63-139.

王幼平，张松林，何嘉宁，等.河南新密市李家沟遗址发掘简报［J］.考古，2011（4）：3-7.

王幼平，张松林，顾万发，等.李家沟遗址的石器工业［J］.人类学学报，2013（4）：411-420.

王幼平.新密李家沟遗址研究进展及相关问题［J］.中原文物，2014（1）：20-24.

王幼平，汪松枝.MIS3阶段嵩山东麓旧石器发现与问题［J］.人类学学报，2014（3）：304-314.

王幼平，顾万发.从现代人出现到农业起源——郑州地区旧石器时代考古新进展［J］.中原文物，2018（6）：4-7.

卫奇.石制品观察格式探讨［A］.// 邓涛，王原主编.第八届中国古脊椎动物学学术年会论文集［C］.北京：海洋出版社，2001：209-218.

张俊娜.中原地区旧石器中晚期——文明起源期间人类的生存环境［D］.北京：北京大学博士学位论文，2012：1-236.

张松林，王幼平，汪松枝，等.河南新郑赵庄和登封西施旧石器时代遗址［A］.// 2010年中国考古重要发现［C］.北京：文物出版社，2011.

张松林，刘彦峰.织机洞旧石器时代遗址发掘报告［J］.人类学学报，2003（1）：1-17.

张玉萍.中国的古菱齿象属［J］.古脊椎动物与古人类，1983，Vol. XXI（4），301-311.

赵潮.登封东施遗址石制品研究［D］.北京：北京大学硕士学位论文，2015.

赵静芳.嵩山东麓MIS3阶段人类象征性行为的出现——新郑赵庄遗址综合研究［D］.北京：北京大学博士学位论文，2015：1-223.

赵静芳.MIS3阶段中国古人类生存的环境背景与年代学研究［A］.// 山西省考古研究所编著.砥砺集——丁村遗址发现60周年纪念文集［C］.太原：三晋出版社，2017：166-191.

郑州市文物考古研究院，北京大学考古文博学院，郑州市二七区文化旅游局.郑州老奶奶庙遗址暨嵩山东南麓旧石器地点群［N］.中国文物报，2012-01-13（004）.

郑州市文物考古研究院，北京大学考古文博学院.河南新密李家沟遗址北区2010年发掘简报［J］.中原文物，2018（6）：31-37.

郑州市文物考古研究院，北京大学考古文博学院.2013年河南登封东施旧石器晚期遗址发掘简报［J］.中原文物，2018（6）：46-53.

郑州市文物考古研究院，北京大学中国考古学研究中心. 河南新密李家沟遗址北区2009年发掘报告［A］.// 古代文明（第九辑）［C］. 2013：177-207.

郑州市文物考古研究院，北京大学考古文博学院. 郑州老奶奶庙第3地点动物遗存研究报告［J］. 中原文物，2018（6）：22-30.

郑州市文物考古研究院，河南省文物管理局南水北调文物保护办公室. 河南新郑市唐户遗址裴李岗文化遗存2007年发掘简报［J］. 考古，2010（05）：3-23.

郑州市文物考古研究院. 郑州地区旧石器考古调查成果报告之五：新郑市旧石器考古初步调查报告［M］. 2006（内部资料）：1-55.

周明镇. 北京西郊的Paleoloxodon化石及中国Namadicus类象化石的初步讨论［J］. 古生物学报，1957，5（2）：283-394.

周明镇，张玉萍. 中国的象化石［M］. 北京：科学出版社，1974：39-64.

Toth N. The Oldowan reassessed: a close look at early stone artifacts［J］. *Journal of Archaeological Science*, 1985 (12): 101-120.

Wang Y P, Zhang S L, Gu W F, Wang S Z , He J N, Wu X H, Qu T L, Zhao J F, Chen Y C, Bar-Yosef O. Lijiagou: an early Holocene site in Henan Province, China［J］. *Antiquity*, 2015 (89): 73-291.

Zhang X L, Ha B B, Wang S J. Chen J Z, Ge J Y, Long H, He W, Da W, Nian X M, Yi M J, Zhou X Y, Zhang P Q, Jin Y S, Bar-Yosef O, Olsen J W, Gao X. The earliest human occupation of the high-altitude Tibetan Plateau 40 thousand to 30 thousand years ago［J］. *Science*, 2018, 362 (6418): 1049-1051.

附　　录

附录一　^{14}C测试报告

北京大学
Peking University

加速器质谱（AMS）^{14}C测试报告

送样单位　北京大学考古文博学院

送样人　王幼平

测量时间　2010-7

Lab编号	样品	地层	深度（cm）	^{14}C年代（BP）	树轮校正后年代	
					1σ (68.2%)	2σ (95.4%)
BA10006	木炭	⑦	558	30690±155	34804BP (68.2%)34472BP	34950BP (95.4%)34266BP
BA10007	木炭	⑦	565	29515±110	33840BP (68.2%)33609BP	33956BP (95.4%)33491BP
BA10008	木炭	⑦	600	28735±100	33091BP (68.2%)32691BP	33306BP (95.4%)32476BP

注：所用碳十四半衰期为5568年，BP为距1950年的年代。

　　样品无法满足实验需要，即有如下原因：送测样品无测量物质；样品成分无法满足制样需要；样品中碳含量不能满足测量需要。

　　树轮校正所用曲线为IntCal13，所用程序为OxCal v4.2.4。

1. Reimer PJ, MGL Baillie, E Bard, A Bayliss, JW Beck, C Bertrand, PG Blackwell, CE Buck, G Burr, KB Cutler, PE Damon, RL Edwards, RG Fairbanks, M Friedrich, TP Guilderson, KA Hughen, B Kromer, FG McCormac, S Manning, C Bronk Ramsey, RW Reimer, S Remmele, JR Southon, M Stuiver, S Talamo, FW Taylor, J van der Plicht, and CE Weyhenmeyer. 2004 *Radiocarbon* 46:1029-1058.

2. Christopher Bronk Ramsey 2015, www.rlaha.ox.ac.uk/orau/oxcal.html

北京大学　

北京大学
Peking University

加速器质谱（AMS）^{14}C测试报告

送样单位　北京大学考古文博学院

送样人　王幼平

测量时间　2011-6

Lab编号	样品	地层	深度（cm）	^{14}C年代（BP）	树轮校正后年代	
					1σ (68.2%)	2σ (95.4%)
BA11071	木炭	⑦	563	33040±170	37489BP (68.2%)36735BP	37896BP (95.4%)36495BP

注：所用碳十四半衰期为5568年，BP为距1950年的年代。

　　样品无法满足实验需要，即有如下原因：送测样品无测量物质；样品成分无法满足制样需要；样品中碳含量不能满足测量需要。

　　树轮校正所用曲线为IntCal13，所用程序为OxCal v4.2.4。

1. Reimer PJ, MGL Baillie, E Bard, A Bayliss, JW Beck, C Bertrand, PG Blackwell, CE Buck, G Burr, KB Cutler, PE Damon, RL Edwards, RG Fairbanks, M Friedrich, TP Guilderson, KA Hughen, B Kromer, FG McCormac, S Manning, C Bronk Ramsey, RW Reimer, S Remmele, JR Southon, M Stuiver, S Talamo, FW Taylor, J van der Plicht, and CE Weyhenmeyer. 2004 *Radiocarbon* 46:1029-1058.

2. Christopher Bronk Ramsey 2015，www.rlaha.ox.ac.uk/orau/oxcal.html

北京大学　

附录二　赵庄遗址发掘记录方法

为了控制发掘进度，科学记录发掘过程，我们采用了一套野外记录的标准化模式，这套模式从2009年李家沟遗址发掘开始启用，赵庄继续使用并根据实际情况修改后，沿用至今。这个模式主要包括一张日记表格和三张记录表格，以及相应的照片和影像记录。

1. 一张日记表格

是指探方日记。国家文物局颁布的《田野考古操作规程》当中已经规范了探方日记的记录内容，在此基础上，我们结合旧石器水平层发掘、每件标本都编号测绘的发掘特点，并参考部分国外旧石器考古同行的田野记录表格，创立了旧石器考古《探方日记表》。日记的正面为一表格，需要填写发掘过程中的各项内容，反面则为米格纸，可以将当天的情况绘图说明。正反表格结合起来共同呈现一个探方（根据实际发掘情况也可以改为二个探方或四个探方）一天的发掘情况（附图1）。

（1）表格正面。

探方日记正面包括表头、基本信息、深度、发掘进展、采样情况、各项记录和备注等几个部分。

表头是"××年度×××遗址/地点×××探方日记"，比如"2009年度李家沟遗址N101E100探方日记"，如果一个年度只发掘一个地点，可以直接将年度和遗址名称打印出来，每天只要填写探方名称即可。

表格的前两行包括日期、天气、发掘者、记录者，以及当天发掘的文化层和水平层等常规内容。这些内容相对简单，但需要探方负责人坚持每天忠实记录。整理过程中遇到需要核实基础材料的时候，这方面的记录会帮助我们找到相关人员、时间等信息。

第三行是深度。由于旧石器发掘采用水平层发掘的模式，每个水平层5cm或者10cm。但是在实际操作的过程中，每层的深度是不容易控制的；如果发掘范围比较大，就更不容易控制。同时，若发掘标本非常密集，就不容易做到5cm一个水平层，根据实际情况可能会比5cm更小，为2cm或者3cm一个水平层；相反，若遗物稀疏，为了节省发掘时间，则水平层也有可能会比设定的深度大。所以用起始点和结束点来记录每一天每个探方四个角(即东北角、东南角、西南角、东南角)的深度，用来控制整个探方的发掘进度，也方便以后的查询。每天开始发掘时把前一天的结束点数据抄写在起始点上。一天的发掘结束后，会再次测量深度，确定结束点。一般情况下，要保证四个角的数据不会相差太大。如果遇到特殊的发掘情况，比如发现了火塘、打制石器制造场所等遗迹，由于发现遗物密集，就会做得比较薄，在深度上也会体现出来。

发掘进度是探方日记的主体部分，分为地层、遗物、遗迹和其他需要说明的情况。因为这几项内容往往会交叉在一起，所以我们没有将每项单独列成一行，而是合并在一起，留出了较大的空白，以方便负责人填写。地层变化，主要指土质、土色、包含物的变化，对地层进行初步的判断。这些内容需要记录者与工地执行领队沟通，获得统一的地层描述后，再针对自己负责探方里

年度　　　　　遗址/地点　　　探方日记

日期		天气		发掘者		
文化层		水平层		记录者		
深度	起始点	NW	NE	结束点	NW	NE
		SW	SE		SW	SE
发掘进展	地层					
	遗物					
	遗迹					
	其他情况					
采样情况	沉积土样					
	浮选样品					
	孢粉样品					
	测年样品					
各项记录	绘图记录	共绘制　张	图号　图名			
	照相记录	共照相　张	照相号　照相内容			
	其他记录					
备注						

附图1　探方日记表格（正面）

的情况进行记录，尤其要注意新的地层出露之后的描述。遗物包括当天发现的遗物数量、遗物种类，说明当天遗物的编号情况。比较特殊的遗物，如打制石器精制品、装饰品等记下标本号，需要的时候进一步描述出土时的状况。遗迹也是一样，要记录所发现遗迹的分布、形状、包含遗物种类数量等相关信息，以及初步的判断。如果推翻了或者证实了之前的判断，也要记录下来。其他情况是指一些与发掘进展相关的、探方负责人认为需要记录下来的方面。这部分内容不要怕字数多，越详细越好。

如果当天采集了样品，我们要填写采样情况，包括沉积土样、浮选样品、孢粉样品、测年样品等几个方面。由于我们还有单独的采样登记表需要填写，这里的采样登机只是简单地记录一下相关的信息，比如样品编号、采样量等。如果没有采集也建议填写"无"，保证表格每项都有填写，以防漏项。

各项记录包括当天拍摄照片和照相的记录，包括数量、编号以及大致内容。这些记录目前基本上趋于电子化，每个探方都会在电脑上有单独的文件夹存放照片和影像，所以在日记表格上记录的内容也相对简单。如果工地领队需要用胶卷来拍摄负片、正片等记录时，这项工作就必须及时记录，否则等胶卷冲洗出来有可能会忘记自己拍摄的方向、具体要表现的内容。

备注里要把以上没有涵盖的内容，一些特殊情况需要记录的记下来。

（2）表格背面。

探方日记表的背面是米格纸，用来绘制1∶10或1∶5的图。

首先要绘制探方的边框，在边框左下角标明探方号。然后绘制标本图，方法是根据测量的三维坐标数据在图上找到标本的中心位置，对着标本把轮廓按照比例勾出来。画完一个标本要记得在旁边标明标本编号，并绘制地层线、指北针。

主体绘制完后要记得标明是第几文化层、第几水平层，在后期整理时，就可以将每个探方的图纸扫描到电脑里面、拼合成每个水平层的发掘区平面图。

每个探方每天都要填写一张探方记录表格，待一个发掘季度完成，把每个探方的日记表格整理在一起，可以对一个探方的出土情况一目了然。比通常的探方日记要明确，需要什么信息就直接到表格对应的位置寻找。这种标准化记录模式更符合旧石器发掘的特殊情况，无论人员如何更换，每个人记录的内容是相同的，不会由于人为原因而缺项，保证了探方日记资料的连续性。

2. 三张记录表格

包括出土标本登记表、采样登记表、照相记录表（附图2～附图5）。

（1）出土标本登记表（附图2）。

出土标本登记表用来记录标本出土位置、产状和埋藏情况等信息。

由于野外时间有限，对"野外鉴定"的填写比较简单。对旧石器发掘来说，以"石制品""化石"为最多，偶尔会有陶器，为了提高效率，经常以"石"和"骨""陶""蚌"等来代替。如果有重要的遗物，可以在备注里说明，引起整理者的注意。

年度　　　　地点出土标本登记表

第　页　共　页

编号	野外鉴定	探方	地层	水平层	北	东	深	倾向	长轴	倾角	风化	磨蚀	日期	备注

附图2　出土标本登记表样表

　　出土位置指的是所测量标本距离探方北壁、东壁的数据和距离基点的深度，表格上用"北""东""深"来表示，也称为三维坐标。测量方式分为传统和现代两种方式。传统方式是指用皮尺、钢卷尺配合水平管或水准仪测量。现代方式是指运用仪器来测量。随着全站仪的普及，标本的三维坐标测量已经基本上由全站仪代为操作。更为准确的北纬和东经数据加海拔高度三者结合，后期整理可以用Arcgis软件直接出标本分布图，非常快捷方便。赵庄遗址的发掘仍然是按照传统方式进行的。测量三维的时候注意是从标本的中心位置。深度是指距离基点的数据。

　　产状是指标本出土时的状态和方位，借用了地质学的名词，包括倾向、长轴、倾角三个数据。它们之间互相结合才可以说明出土标本产状，缺一不可。记录有两种方式，一种是用罗盘直接量取每个数据，赵庄遗址发掘则运用了另一种简化的记录方式。长轴指遗物出土时，其长轴在水平面上的方向。我们将0~180°的方向划分为4个方向，即1~4，表示从正北或正南开始每45°角为一个方向。倾向是遗物出土时倾斜的方向，我们用0~9来概括0~360°的方向，其中0表示水平，9表示垂直，1~8表示从正北方向开始每45°角划分为一个单位。倾角是指遗物出土的角度，概括为水平、倾斜、垂直三个级别，分别用"—""/""|"三个符号来表示（附图3）。

　　埋藏是指在出土时标本的保存状况，包括风化、磨蚀两个指标。根据表面的新鲜程度和断口的磨蚀程度分为0~3四个等级，分别代表无、中度、轻度、重度。

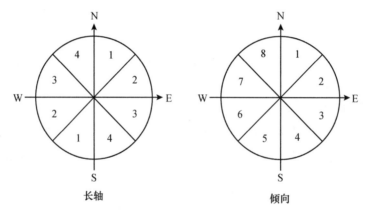

长轴　　　　　　　　　　倾向

附图3　出土标本产状记录示意图

　　（2）采样登记表（附图4）

　　单独记录探方里采样情况，根据采样的目的和数量可以分为测年样品、沉积土样、浮选土样等。要记录样品的类型、采样的位置、采样量、采样方法、采样工具以及具体实施的采样人和时间等信息。

　　（3）照相记录表（附图5）

　　工地总负责人和探方负责人都需要每天照相和录像记录当天的发掘状况，与以上文字表格相符合。由于现在以电子照片为主，发掘过程中最关键的事情是及时更改照片的名字，以免时间太久忘记拍摄的内容。

<h1 style="text-align:center">年　　　　地点采样登记表</h1>

采样性质（浮选、孢粉植硅石、^{14}C、释光等）	编号	采样层位	采样探方	采样水平层	采样量	采样方法（干筛、湿筛、浮选、柱状剖面、打孔、直接提取）	采样工具	采样时间	采样人	备注

附图4　采样登记表样表

<h1 style="text-align:center">年　　　　地点照相记录</h1>

第　页　　共　页

编号	照相内容	拍摄方向	天气	拍摄指数	时间	记录人

附图5　照相记录登记表样表

3. 注意事项

以上四张表格均在发掘开工前打印在A4纸上，尤其是探方记录表格使用频率高，使用量大，一定要提前、大量准备。之所以打印在A4纸上是为了方便携带，我们可以将其夹在A4纸大小的夹板上携带至发掘现场。由于背面带有米格纸，简化了另外携带米格纸的工作，也避免了后期整理时日记和绘图是两张皮，需要单独整理的繁琐程序。

在开方面积较大、技术人员较少的情况，我们也可以一张探方日记表记录2~4个探方。最多4个探方是因为背面米格纸若要绘制1：10的标本图，A4纸上最多能够容纳4个探方。

当然在无纸化操作的今天，我们也可以直接带笔记本电脑或ipad带到工地现场，把表格里的内容在田野里完成，避免二次填写带来的笔误问题，节省了时间。最重要的是在工地对遗物遗迹直接的记录工作是最可靠的第一手资料。

Summary

Introduction

The Zhaozhuang site is an open-air Paleolithic site located in the eastern area of Songshan Mountain, North China. The geographic coordinates are 34°18.026′N, 113°8′41.548′E. It is about 50km southeast of Zhengzhou, the capital city of Henan Province.

Zhaozhuang site was discovered in 2004, and was systematically excavated in 2009 by the School of Archaeology and Museology in Peking University together with the Institute of Cultural Relics and Archaeology of Zhengzhou City. The site covered an area of 60m^2. Archaeological remains include 6635 lithic artifacts and 493 animal fossils were fully excavated and recovered from the site.

This book describes the discovery of Zhaozhuang site. Details of geomorphology, stratigraphy, paleoenvironment, space distribution, as well as lithic assemblages are presented.

Stratigraphy and chronology

The deposits have a total thickness of 625cm. The stratigraphy of the site was divided into seven layers. Layer 1 was disturbed and layer 2 contained a few red baldish clay pottery fragments. Layer 3-5 were silty clay and belonged to Malan Loess. No artefacts have been found in these three layers. Layers 6 and 7 are cultural layers. Geomorphological study suggests they belonged to the riverbed sand dam accumulation. Very few archaeological materials were recovered from layer 6. Most of them came from layer 7. These two cultural layers are divided into 22 levels. Finds include a large quantity of vein quartz artifacts, a heap of red quartzite sand stones and one huge elephant head were buried in layer 7 and subsequently recovered in the excavations.

The carbon-14 dating of charcoal conducted in the Archaeological Laboratory of Archaeology and Museology School in Peking University, suggests the AMS ^{14}C date is 33-38ka cal B.P., which belongs to the marine isotope stages 3 (MIS3).

According to the preliminary study of taphonomy, the occurrence, weathering and abrasion of the relics are analyzed. It is concluded that Zhaozhuang site is basically *in-situ* burial.

Spatial distribution of relics

Spatial analysis suggests the head of the *Palaeoloxodon* was deliberately placed on a heap of sandstones and the quartz were mainly found north of the sandstones. Further *Chaîne Opératoire* analysis on the sandstones shows that the sandstone heap acted as a place where the elephant head was erected. The carefully arranged sandstones, quartz and elephant head might demonstrate evidence of primitive humans engaged in symbolic behaviours in the Zhaozhuang site. The red sandstones appeared to have been sourced from far afield and were then piled on top of the sandbank before the elephant head was placed on top of them.

Stone artifacts

A total of 6341 vein-quartz artifacts were recovered and most of them are less than 50mm. The vein-quartz lithics include cores, flakes, tools and debris indicate that primitive humans engaged in different human behaviors, from obtaining raw materials to discarding wastes on the site. Most of the raw materials had been found on Jucishan Mountain, about 10km from the site. After being taken back to the site, the raw materials were then debitaged with hard-hammer stone or bipolar method. For some of the chunks, flakes were retouched, and for some of the tools, chunks and flakes were used. And almost all lithic debitaged were later discarded on site. The Chaîne Opératoire of quartz offers a glimpse of the daily life of primitive human.

A total of 276 quartzite sand artifacts were recovered from the site and weighed 215kg. The red quartzite sandstones show different features with the quartz products. The raw materials of these sandstones were obtained from Xinshan Mountain, which is 4km from the site through the sourcing study. The sandstones were primarily debitaged at their original place. The cores, flakes, chunks and rock blocks were subsequently transported to the Zhaozhuang site. Few of them were retouched or used after being moved to the site. Most of the sand stones were piled on top of each other. It is concluded that because the rock blocks were too large to carry, they were divided into smaller pieces at the original place. Thus, the sandstones include an unspecific Chaîne Opératoire of daily life but they showed a clear Chaîne Opératoire of being piled up.

Animal fossils

Only a small quantity of animal bones was present in the site. Three animal species were found and identified: *Palaeoloxodon* sp., *Cervus* sp. and *Ovis/Capra* sp. The most important species in the Zhaozhuang site is *Palaeoloxodon*.

Conclusion

The date of Zhaozhuang site is 33-38ka B.P. when anatomically Modern humans began to emerge and develop across the world. The human symbolic behavior found in this site is an important evidence of advanced cultural activities emerging in China during the MIS3. And these advanced cultural activities began to emerge as early as the early and middle Paleolithic Age in China. They were the results of continued development of Chinese traditional culture with no outside influence.

后 记

《新郑赵庄旧石器时代遗址发掘报告》是郑州市文物考古研究院与北京大学考古文博学院长期合作，共同承担国家社会科学基金重大项目"中原地区晚更新世古人类文化发展研究"（项目编号：11&ZD120），郑州中华之源与嵩山文明研究会重大项目"东亚现代人起源——以嵩山地区为中心的研究"（项目编号DZ-3）等项目的成果。在遗址发掘与整理过程中，一直得到国家文物局与郑州市文物考古研究院田野考古发掘经费的大力支持。值此发掘报告完成并交付出版之际，特别向对上述支持致以最诚挚的谢意！

自2009年下半年赵庄遗址发掘以来，郑州市文物考古研究院领导对赵庄遗址的田野考古工作，以及随后开始的室内整理与多学科研究一直予以大力支持。在发掘工作期间，时任院长张松林先生，尽管主持全院工作十分繁忙，还专门兼任赵庄遗址发掘项目的领队，精心安排各项与发掘相关的工作。郑州市文物考古研究院唐户考古队负责人信应君先生为保证发掘工作顺利进行，多方协调、妥善安排，还不辞辛苦与汪松枝、刘青彬先生共同参加发掘。北京大学考古文博学院方面参加发掘的有旧石器考古教研室教师王幼平、何嘉宁，研究生赵静芳、王佳音与高霄旭。

为赵庄遗址的发掘与报告整理编写工作，付出精力最多的是赵静芳与汪松枝两位。赵静芳博士负责赵庄遗址的发掘、资料整理和研究，在此基础上完成博士学位论文，并撰写本报告。汪松枝先生从调查发现赵庄遗址开始，一直辛苦地全程参加发掘；在后期整理与综合研究阶段，更竭尽全力做好各项安排，保证报告编写的顺利进行。郑州市文物考古研究院顾万发院长也长期关心赵庄遗址资料整理与报告编写工作，不断给予鼓励与诸多帮助。

赵庄遗址发掘与研究工作，还得到国内外旧石器考古学者的关心和支持。中国科学院古脊椎动物与古人类研究所高星、王社江研究员，湖南省文物考古研究院袁家荣研究员，江苏省南京博物院房迎三研究员，以及美国哈佛大学Ofer Bar-Yosef教授等，曾先后亲临发掘现场或整理基地，给予诸多指导与建议。北京大学考古文博学院的领导及前辈先生也十分关心赵庄项目的进展，李伯谦先生与赵辉教授等在发掘期间专程赶到赵庄工地考察慰问，黄蕴平教授在整理期间到基地指导。

郑州市文物考古研究院赵向莉女士等负责方家沟遗址及附近地形图测绘工作。北京大学城市与环境学院夏正楷教授与张俊娜博士多次前往发掘现场，分析遗址堆积形成原因与过程，提取并分析古环境分析样品，承担报告古环境部分的撰写。北京大学考古文博学院吴小红教授、潘岩老师负责加速器14C年代测定，为本研究提供了关键的年代数据；宝文博老师多次到现场，采集光释光测年样品进行分析测试；崔剑锋老师帮助做遗址石器原料产地分析。中国科学院大学研究生李京亚帮助清绘地层剖面图。值此赵庄遗址发掘报告正式出版之际，谨向为赵庄遗址发掘与研究工作辛勤努力，做出重要贡献的各位，致以最诚挚的谢意！

　　报告执笔：赵静芳（北京联合大学应用文理学院）　第一至三章，第五至十章及附录；

　　　　　　　张俊娜（北京联合大学应用文理学院）、夏正楷　第四章。

编　者

2020年8月

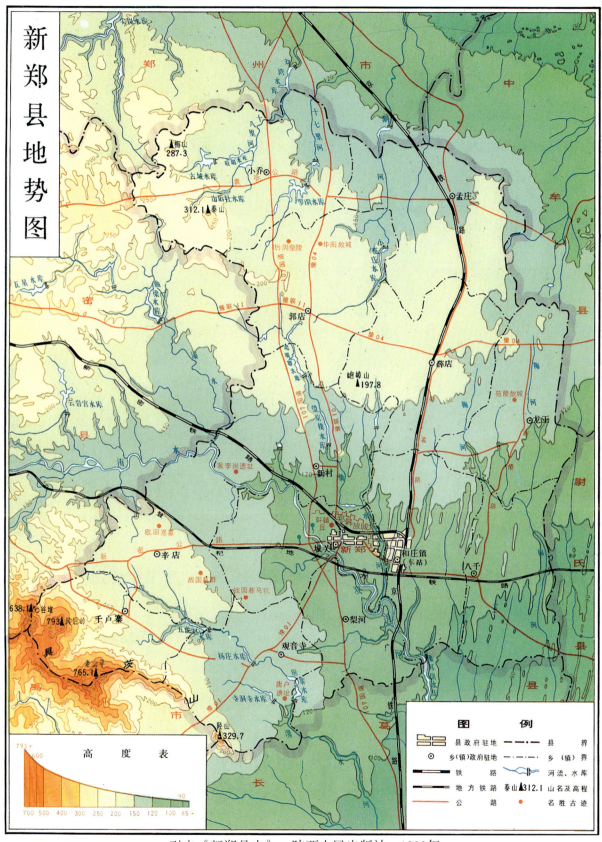

新郑县地势图

引自《新郑县志》，陕西人民出版社，1992年

新郑县（现新郑市）地势图

图版2

赵庄遗址

赵庄遗址航拍图（正北）

1. 地层剖面：上部马兰，下部河湖相堆积
（西—东）

2. 出露剖面（西南—东北）

调查地层剖面

图版4

2. 象化石尺寸

4. 细部尺寸

地层剖面细部

1. 剖面出露的象化石

3. 剖面出露的石制品和化石

1. 调查人员在拍照

2. 上：宝文博、刘青彬，下：王佳音、王幼平、汪松枝、赵静芳

调查工作照片及合影

1. 布方开工（北—南）

2. 发掘①层下H1和H2以及②、③层（北—南）

3. 发掘南区（北—南）

工作照片

1.③层远景（西—东）

2.⑥层远景（西—东）

探方远景

图版8

1. L7平面图（东—西）

2. L7平面图局部（象门齿，东—西）

L7平面

1. L9平面（东—西）

2. L9平面局部（象头及红色石英砂岩，东—西）

L9平面

1. L10平面（东—西）

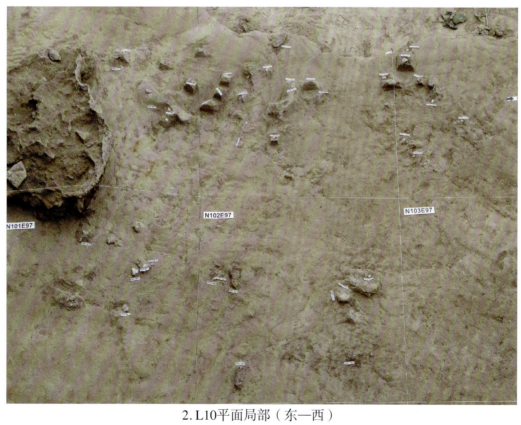

2. L10平面局部（东—西）

L10平面

1.L10（东—西）

2.L10（北—南）

3.L10（西北—东南）

L10平、剖面

1.L11、L12平面（南部八探方为L11，其余为L12，东—西）

2.象头北侧L12平面（东—西）

L11、L12平面

1. 象头北侧L13平面局部（东—西）

2. 象头北侧L14、东侧L15平面（东—西）

L13~L15平面

1. 象头北侧L14（北—南）

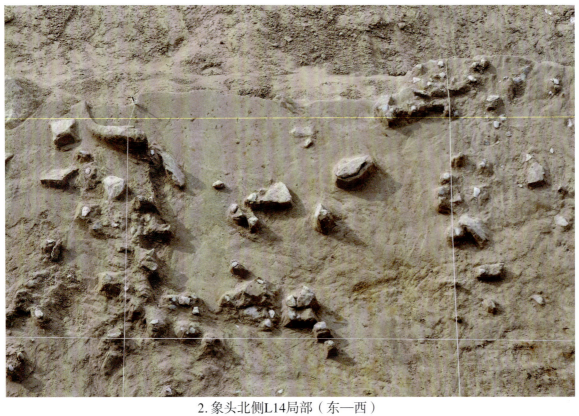

2. 象头北侧L14局部（东—西）

L14平面

1. 象头北侧L15（东—西）

2. 象头北侧L15局部（东—西）

L15平面

1. 象头北侧L16平面（东—西）

2. 象头北侧L16细部（东—西）

L16平面

2. 象头下L12侧面（北一南）

4. 象头下L12侧面（东一西）

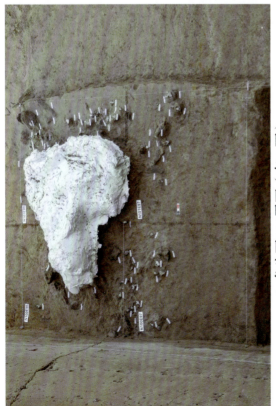

1. 象头下L12平面（东一西）

3. 象头下L12侧面（西一东）

象头下L12平、侧面

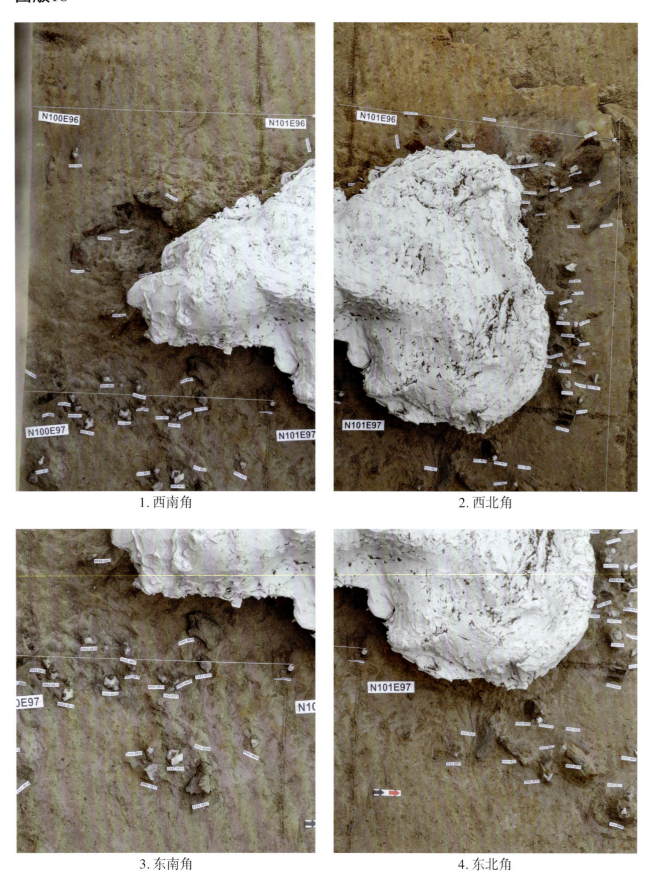

1. 西南角

2. 西北角

3. 东南角

4. 东北角

象头下L12细部（东—西）

1. 象头下L13平面（东—西）

2. 象头下L13细部（西北—东南）

3. 象头下L13侧面（西—东）

象头下L13平、侧面

1.L13取完象头后（东—西）

2.象头下L14平面（东—西）

L13、L14平面

1. 象头下L15平面（东—西）

2. 象头下L15局部（东—西）

L15平面及局部

图版22

1. L16平面（东—西）

2. L16剖面（西北—东南）

3. L16平面局部（东—西）

L16平、剖面

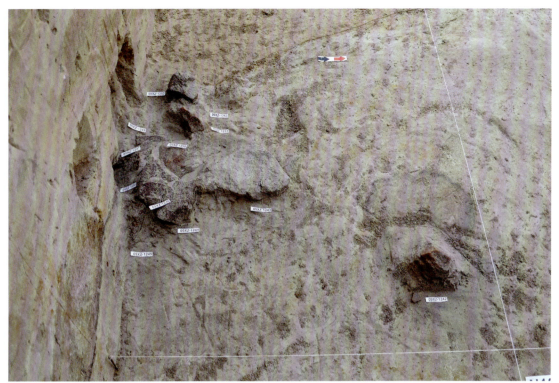

1. L19平面局部（东—西）

2. L20平面（东—西）

L19、L20平面

1. 收工照（西—东）

2. 收工照（西北—东南）

工作照片

2. 照相

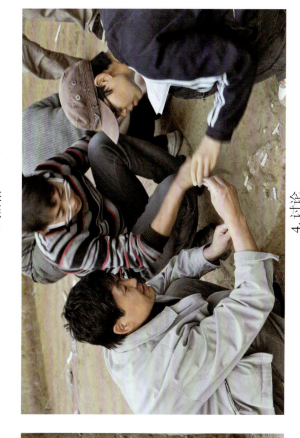

4. 讨论

1. 清理

3. 思考

发掘工作照片

1.夏正楷先生（左一）、张俊娜博士（左三）

2.高星（左二）、袁家荣（左三）、房迎三（左五）先生

专家参观指导

南壁剖面

图版28

南发掘区东壁剖面

1.北发掘区东壁剖面

2.南发掘区北壁剖面

北发掘区东壁、南发掘区北壁剖面

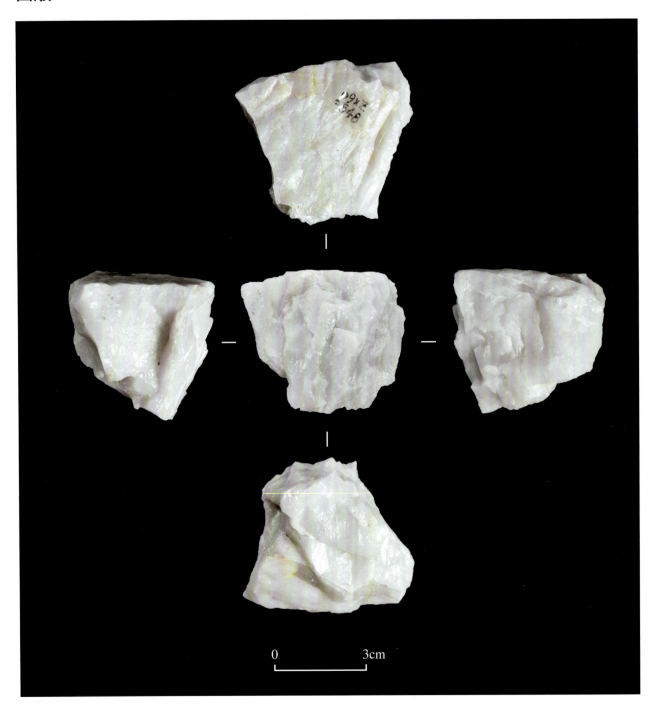

0   3cm

Ⅱ2型脉石英石核（09XZ·0584）

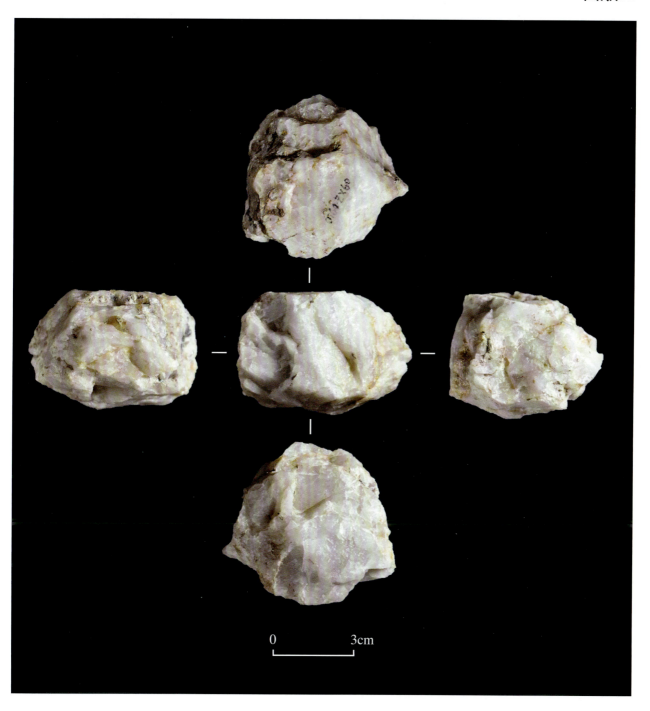

Ⅱ2型脉石英石核（09XZ·0910）

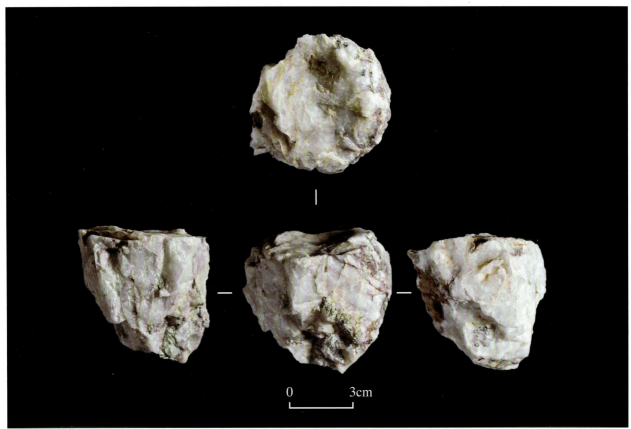

1. Ⅱ2型石核（09XZ·0956）

2. Ⅲ型石核（09XZ·0406）

脉石英石核

1. Ⅲ型石核（09XZ · 0646）

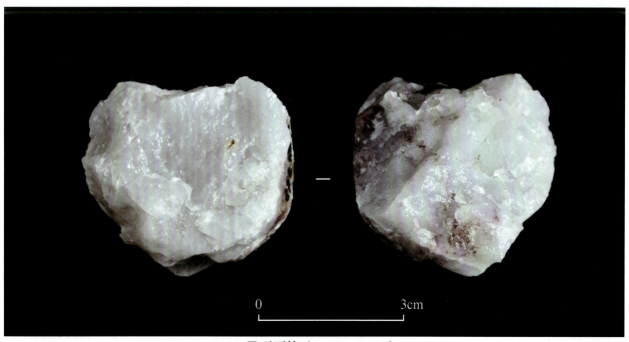

2. Ⅲ型石核（09XZ · 0815）

脉石英石核

0　　　　　3cm

1. Ⅲ型石核（09XZ・0878）

0　　　　　3cm

2. Ⅲ型石核（09XZ・0915）

脉石英石核

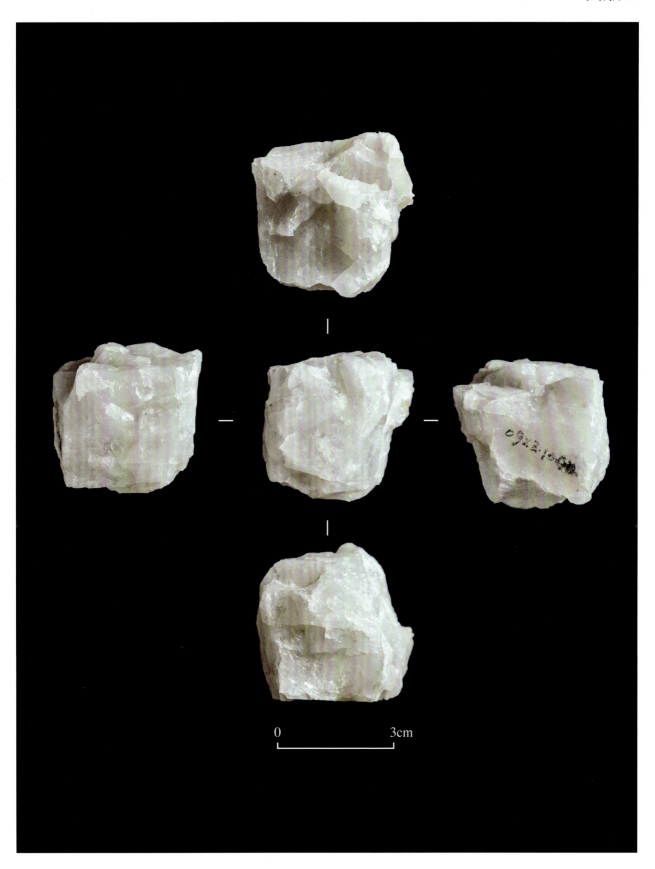

Ⅲ型脉石英石核（09XZ·1040）

0   3cm

1. 砸击石核（09XZ·0752）

0   3cm

2. 砸击石核（09XZ·1369）

脉石英石核

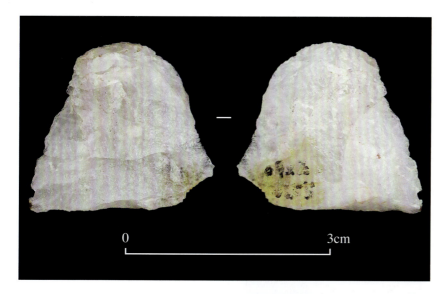

1. Ⅱ型石片（09XZ·0155）

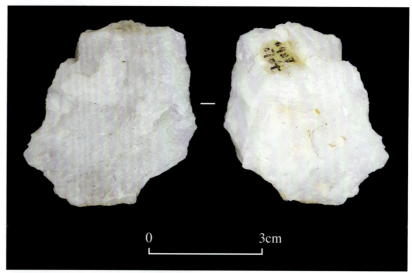

2. Ⅱ型石片（09XZ·0704）

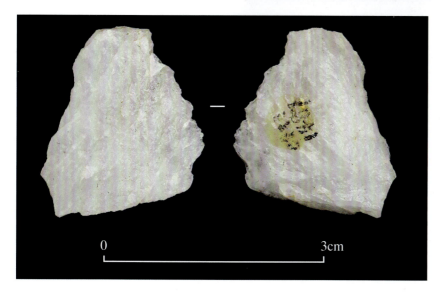

3. Ⅲ型石片（09XZ·1487）

脉石英石片

图版38

0   3cm

1. Ⅲ型石片（09XZ·0928）

0   3cm

2. Ⅳ型石片（09XZ·0260）

0   3cm

3. Ⅴ型石片（09XZ·0255）

脉石英石片

1. V型石片（09XZ·0743）

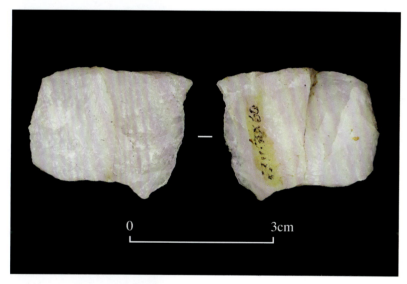

2. VI型石片（09XZ·1163）

3. VI型石片（09XZ·0526）

脉石英石片

1. 砸击石片（09XZ·0194）

2. 砸击石片（09XZ·0303）

3. 砸击石片（09XZ·0574）

脉石英石片

1. 单直刃刮削器（09XZ·1158）

2. 双直刃刮削器（09XZ·1084）

3. 单直刃刮削器（锯齿刃）（09XZ·0750）

脉石英工具（刮削器）

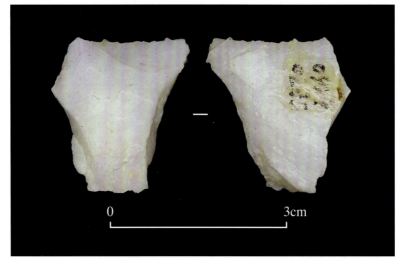

1.单直刃刮削器（09XZ·0285）

2.单直刃刮削器（锯齿刃）（09XZ·0912）

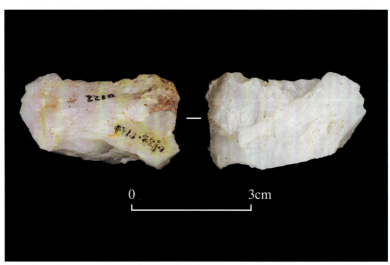

3.单直刃刮削器（09XZ·0122）

脉石英工具（刮削器）

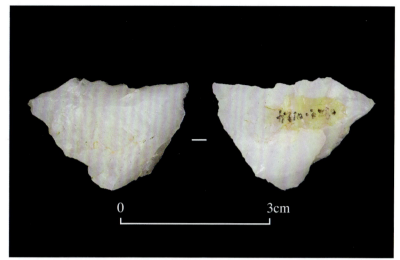

1. 单直刃刮削器（锯齿刃）（09XZ·0124）

2. 单直刃刮削器（09XZ·0291）

3. 单直刃刮削器（09XZ·0459）

脉石英工具（刮削器）

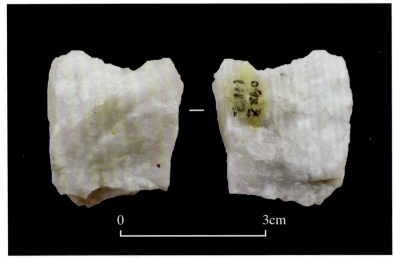

1. 单凹刃刮削器（09XZ·1112）

2. 单凹刃刮削器（09XZ·0345）

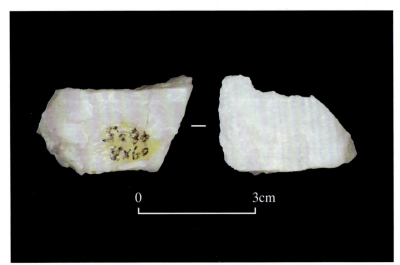

3. 单凹刃刮削器（09XZ·0825）

脉石英工具（刮削器）

1. 单凸刃刮削器（09XZ·0490）

2. 复刃刮削器（09XZ·0998）

3. 复刃刮削器（09XZ·0701）

脉石英工具（刮削器）

1. 尖状器（09XZ・0038）

2. 尖状器（09XZ・0676）

3. 尖状器（09XZ・1445）

脉石英工具（尖状器）

0 3cm

脉石英工具（砍砸器）（09XZ·0765）

1. 未加工者（上排：1058、1023、0450、0607　下排：0936、1194、1182、0050）

2. 块状石核［上排：0944、0453、0454、06011（采集品）　下排：1174、1231、1257、1075］

石英砂岩石制品（未加工者、块状石核）

上排：1186、1195、1052、1239　下排：1185、1201、0884、1214

上排：1186、1195、1052、1239　下排：1185、1201、0884、1214

石英砂岩石制品（带石皮石核）

1.石片（09XZ·1154）

2.石片（09XZ·0451）

石英砂岩石制品（石片）

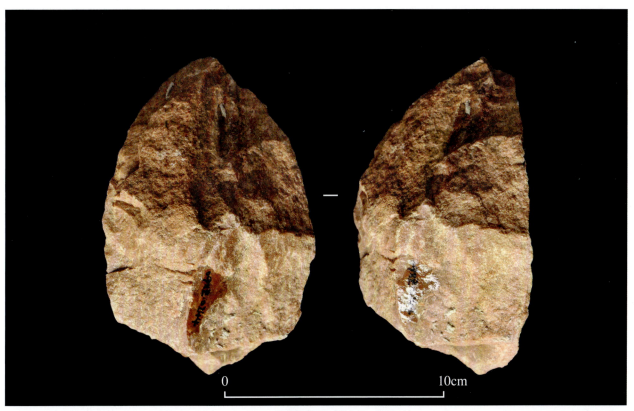

1.09XZ・0244

2.09XZ・1001

石英砂岩石制品（工具）

0   3cm

石英砂岩石制品（工具）（09XZ·1068）

1. 鹿角残枝（09XZ·0455）

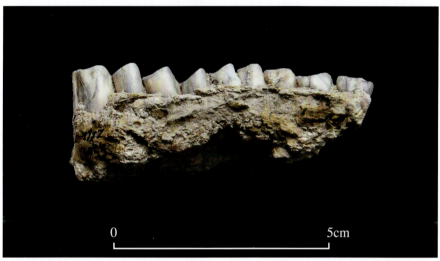

2. 羊右上颌（09XZ·0055）

3. 古菱齿象左侧上臼齿

哺乳动物化石

1. 09XZ · 0249

2. 09XZ · 0666

3. 09XZ · 0872

4. 09XZ · 1097

哺乳动物化石（肢骨片）

1.清理完的象头

2.打石膏加固

3.四周套箱

4.用麦秸与土填充空隙

5.用木板盖上上盖

6.将上盖钉牢固

象头化石套箱

1.加固

2.清理

3.枕髁

4.上颌

5.整体

6.复原

象头化石修复